무한한 부의 시대가 온다

# THE NEW ROARING TWENTIES

# 무한한 부의 시대가 온타

팬데믹 이후 **무한한 부**를 창출할
**12개의 기회**는 무엇인가?

폴 제인 필저, 스티븐 P. 자초 지음 | 유지연 옮김

오월구일

# 우리 손자 세대를 위한
# 경제적 가능성

우리는 자녀와 손자들에게 더 나은 세상을 물려주기 원한다. 이것은 변동성의 시대에 번영을 추구하려는 궁극적인 이유다.

경제학자 존 메이너드 케인스John Maynard Keynes는 1931년에 《우리 손자 세대를 위한 경제적 가능성Economic Possibilities for Our Grandchildren》을 발표했다. 이 책에서 그는 99년 후 세상이 어떤 모습일지 예측했다.*

오늘날 미국 인구 3억 3000만 명 가운데 노동인구는 약 50퍼센트인 1억 6500만 명이다. 1931년에는 미국 인구의 60퍼센트가 노동인구였다. 케인스는 2030년이 되면 노동인구가 전체 인구의 33퍼센트에 불과할 것이며 하루 노동 시간은 약 3시간일 것이라고 예측했다. 케인스는 막대한 기술 혁신 덕분에 노동인구의 생산성이 매우 높을

---

* 엘리자베스 콜버트Elizabeth Kolbert, 「시간이 없다No Time」, 〈뉴요커New Yorker〉, 2014년 5월 19일; 존 메이너드 케인스, 《설득의 경제학Essays in Persuasion》(W.W. Norton & Co, 1963).

것이며 따라서 3분의 1의 노동인구가 전체 인구의 수요를 모두 충족할 것이라고 말했다. 혁신을 통해 최대 3인분의 일을 3분의 1의 시간으로 수행할 수 있기 때문에(평균 개인 생산성 9배까지 향상) 많은 사람들이 부유해질 것이다. 케인스는 기술이 생산성에 미치는 영향뿐만 아니라 2020년대의 대퇴사Great Resignation(코로나19 이후 미국을 중심으로 직장인이 자발적으로 대거 퇴사하는 현상을 뜻하는 용어_편집자 주) 또한 유효하게 예견했다.

케인스의 예측이 광란의 20년대Roaring Twenties(1920~1929)로 알려진 호황기 이후 경제 붕괴가 일어난 대공황 시기에 이루어졌음을 기억하자. 광란의 20년대는 전 세계 5000만 명의 목숨을 앗아간 비참한 전쟁과 독감 대유행 이후 찾아왔다.*

케인스의 1931년 예측은 다음과 같은 질문을 제기한다. 일하지 않는 3분의 2의 사람들은 자유 시간에 무엇을 할 것인가? 그들은 먹고, 입고, 거주하는 문제를 어떻게 해결하는가? 사회는 노동인구 3분의 1 가운데 일부가 받는 지나친 보상을 어떻게 재분배할 것인가?

나는 이 세 가지에 더해 네 번째 질문을 제기하고 싶다. 생산성을 9배 향상시키기 위해 당신이나 나는 현재 무엇을 할 수 있는가?

이 책은 이러한 네 가지 질문에 답하고자 시도할 것이나 주로 마지막 질문, 즉 당신과 당신의 사업이 다음 10년 동안 어떻게 생산성

---

* 케인스는 저서 《평화의 경제적 결과The Economic Consequences of the Peace》에서 제1차 세계대전 이후 독일에 부과된 배상금의 위선을 비난하고 그로 인해 장차 유럽에 일어날 참사, 즉 제2차 세계대전을 예측했다. 그럼에도 불구하고 그는 여전히 긍정적인 장기 관점을 유지했다.

을 최대 9배 높일 수 있는지에 초점을 맞출 것이다.

케인스가 낙관적인 장기 경제 예측을 내놓기까지 3년이 걸린 이유 중 하나는 1929년의 주식 시장 붕괴였다. 이에 대해 케인스는 "장기적으로 보면 훨씬 더 크고 관대한 추세 속에서 사소한 중단에 불과한 것으로 판명될 슬럼프"라고 썼다. 1931년 발표된 《우리 손자 세대를 위한 경제적 가능성》 최종판에서 케인스는 독자들에게 대공황의 '일시적인 불균형 단계'를 넘어 '장밋빛 미래'를 볼 것을 촉구했다.[**]

1인당 GDP가 평균 4~8배 증가할 것이라고 내다본 케인스의 경제 예측은 그가 예측한 시기보다 10년 앞서 옳은 것으로 드러났다.[***] 1930년부터 2020년까지 미국의 실질 GDP는 20배 증가했다. 미국 인구가 1억 2300만 명에서 3억 3000만 명으로 증가한 것을 반영한 1인당 실질 GDP는 1930년 8130달러에서 2020년 6만 3593달러로 증가했다. 평균적인 미국인의 경제적 산출물과 부가 8배 증가한 것이다.[****]

안타깝게도 이 '평균'은 대부분의 미국인에게는 해당되지 않는다. 오늘날 미국의 평균 연소득은 약 5만 2000달러이며 중위 소득은

---

[**]  케인스는 분명 20세기의 가장 위대한 경제학자다. 1936년 출간된 가장 유명한 저서 《고용, 이자 및 화폐의 일반이론The General Theory of Employment, Interest and Money》은 미래의 경제 이론과 실천에 대한 기본서였다.

[***]  1991년까지 국내총생산Gross Domestic Product(GDP)은 국민총생산Gross National Product(GNP)으로 불렸다. GDP는 특정 기간 동안, 일반적으로 1년 동안 한 나라 안에서 생산된 최종 상품 및 서비스의 화폐 가치를 모두 합산한 값이다. 일반적으로 인플레이션을 반영하고 시기 및 지역에 따른 비교를 용이하게 하기 위해 GDP에 조정이 이루어진다.

[****]  세계은행 국민계정 데이터, OECD 국민계정 데이터, Tradingeconomics.com.

약 6만 7000달러다. 하지만 미국 인구의 50퍼센트 이상은 1년에 3만 달러 이하를 벌고 있다.* 우리는 8장 '보편적 기본소득'에서 이 문제와 해결책을 살펴볼 것이다.

케인스는 2030년에 대한 또 다른 예측으로, 노동인구가 훨씬 줄어들 것이며 각 노동자는 경제적 목표를 달성해 더 적은 시간 동안 일할 것이라고 전망했으나 이는 몇 가지 이유로 실현되지 않았다.

첫째, 여성의 참여로 노동인구가 두 배가량 증가했다. 미국 노동인구에서 여성의 비율은 1930년 24퍼센트에서 2019년 57퍼센트로 늘었다. 이는 주로 일의 특성이 체력보다 두뇌를 선호하는 쪽으로 바뀌었기 때문이다.

둘째, 케인스는 제2차 세계대전 이후 우리 경제를 지배해 온 인간 행동의 근본적 특성을 잘못 판단했다. 3장 '기술 주도의 부'에서 설명할 내용처럼 사람은 더 많이 가질수록 더 많이 원하게 된다. 소비에는 한계가 없으며 특히 지난 50년 동안 미국 경제를 지배해 온 베이비붐 세대의 경우 더욱 그렇다. 하지만 9장 '밀레니얼 세대의 도약'에서 설명하듯이 밀레니얼 세대가 인구의 가장 큰 비중을 차지하게 됨에 따라 만족할 줄 모르는 욕구는 다소 줄어들 것이다.

광란의 20년대는 급격한 사회적, 정치적 변화의 시기였다. 미국은 제1차 세계대전(2000만 명 이상의 사망자와 2000만 명 이상의 부상자를 낳았다)과 파괴적인 독감 대유행(5000만 명 이상의 사망자를 낳았다) 이후 정상으로 돌아간 것을 축하했다. 미국의 부는 두 배 증가했고, 처

---

* www.indeed.com, www.payscale.com, www.salaryexplorer.com, www.ziprecruiter.com.

음으로 농촌보다 도시에 사는 사람들이 많아졌다.

1919년 제정된 수정헌법 제18조는 음료용 알코올의 제조 및 판매를 금지했다. 당시 음주는 무허가 술집에서 음성적으로 이루어졌으며 유통은 주류 밀매업자와 범죄단체들이 주로 장악했다. 일각에서는 금주법이 다루기 힘든 이민자와 사회적으로 부적절한 사람들을 통제하는 방법이라고 생각했다. 1924년 제정된 출신국가법<sup>National Origins Act</sup>은 이민 한도를 설정해 많은 동유럽인, 아시아인, 아프리카인을 배제했다.

1920년에 최초의 상업 라디오 방송국이 개국했고 1920년대 말에는 1200만 가구에 라디오가 보급되었다. 또한 미국 인구의 4분의 3이 매주 영화관에 갔다. 자동차는 1920년대 초에 사치품으로 시작되었으나 1920년대 말에는 필수품이 되었다. 1920년대는 매스컴과 마케팅이 처음 등장한 시대였다.

화려했던 20년대는 1929년 월스트리트 붕괴로 막을 내렸다. 이는 미국 역사상 가장 파괴적인 주식시장 붕괴였다. 이후 시장은 1954년까지 1929년의 고점을 회복하지 못했다.

베이비붐 시대 이전 대공황 시기에 저서를 집필한 케인스가 무한한 수요의 가능성을 인정하지 않은 이유는 쉽게 알 수 있다. 모든 가정이 실내 욕실이 있는 단독주택과 자동차를 동경했던 1930년 당시, 이 목표를 달성한 뒤에도 대부분의 가정이 여러 개의 욕실이 있는 더 큰 집과 여러 대의 자동차를 갖기 위해 더 열심히 일할 것이라고 생각하기는 어려웠다. 1930년대의 경제 위기 너머를 내다본 케인스는 대부분의 미국인이 자동차와 방 4개, 욕실 1개짜리 집을 가지게 될 것이라고 예견했다. 한때 그는 프랭클린 루스벨트<sup>Franklin D. Roosevelt</sup> 대통령
에게 대부분의 사람들이 아메리칸 드림을 이루고 나면 일하려는 동
기를 일부 잃을 것이라고 경고했다. 케인스는 생산적인 미국인들이
늘어난 소득을 소비에서 저축으로 전환할 것이라고 생각했다. 경제가
멈춰 설 때까지, 말하자면 스스로 성공의 희생양이 될 때까지 말이다.

더 적은 근로자가 더 적은 시간 일함으로써 GDP가 증가한다는
케인스의 예측은 오늘날 대폭 늘어난 혁신 덕분에 적어도 어느 정
도까지는 실현될 수 있을 것이다. 다음 10년 동안은 1억 6500만 명
의 현재 노동인구가 상당히 감소할 것이며 광란의 20년대에 GDP가
50퍼센트 가까이 증가한 것처럼 22조 달러의 현재 GDP가 50퍼센트
증가할 것이다.

2023~2033년, 노동인구의 3분의 1이 일자리를 잃을 수 있는 반
면 나머지 3분의 2는 증가한 GDP에서 매년 10조 달러 이상을 임
금 인상으로 가져갈 것이다. 즉 남아 있는 노동인구 1인당 평균 10만
2000달러가 인상된다. 기업에서 일하는 직장인이든, 자기 사업을 하
는 사업가든 지금은 다가올 무한한 부의 시대를 대비해 당신의 사업
과 인생을 준비할 때다. 이 시기는 놀라움과 변동성으로 가득한, 세
계 역사상 가장 흥미로운 시대가 될 것이다. 바로 새로운 광란의 20년
대<sup>The New Roaring Twenties</sup>다!

# THE NEW
# ROARING
# TWENTIES

THE NEW
ROARING
TWENTIES

## /목/차/

THE NEW
ROARING
TWENTIES

THE NEW
ROARING
TWENTIES

# 12개의
# 기둥

코로나19 대유행이 일어나기 전, 내 아이들은 급격한 기술 변화가 이루어지는 세상에서 자신들의 미래에 대해 질문하기 시작했다. 아이들은 대학에 가야 한다면 무엇을 공부해야 하는지, 성인으로서 어떻게 독립할지 궁금해 했다. 아이들의 질문을 계기로 나는 앞으로 수십 년 동안 우리 삶이 어떻게 바뀔지에 대한 장기 전망을 연구하기 시작했다. 그리고 이러한 질문이 내 아이들에게만 해당되는 것이 아니며 이 책을 필요로 하는 사람들이 있음을 깨달았다.

구체적으로, 나는 미국과 다른 선진국이 2033년까지 다음과 같이 변화할 것이라고 전망한다.

- ◆ 우리 삶의 토대는 사회와 일터에 근본적인 혁신을 일으키고 모든 것을 변화시킬 6개의 경제적 기둥과 6개의 사회적 기둥에 기초할 것이다.
- ◆ GDP로 측정한 미국의 경제적 부는 급격히 증가할 것이다. 하

지만 세계 인구 3분의 1에 달하는 극빈층과 마찬가지로 수백만 명의 개인 경제는 곤두박질칠 것이다. 이는 선진국 가운데 안전 망이 가장 취약한 미국에서 특히 해결하기 어려울 것이다.

◆ 12개의 기둥을 이해하는 개인 및 기업은 전통적인 사업체에서 일하든, 직접 사업을 운영하든 자신의 경제생활을 재정비함으 로써 보상을 받을 것이다.

새로운 사회와 경제를 떠받치는 12개의 기둥은 다음과 같다.

### 경제적 기둥

◆ 기술 주도의 부                    ◆ 에너지 혁명

◆ 구조적 실업                       ◆ 로봇이 온다

◆ 긱 이코노미                       ◆ 보편적 기본소득

### 사회적 기둥

◆ 밀레니얼 세대의 도약              ◆ 공유 혁명

◆ 소비자 잉여                       ◆ 국민총행복

◆ 중국의 도전                       ◆ 러시아 와일드카드

이 책의 각 장에서는 12개의 기둥을 하나씩 살펴본다.

당초 코로나19는 모든 부문이 폐쇄됨에 따라 세계 경제를 파괴할 것처럼 보였다. 자가 격리, 마스크 착용, 사회적 거리두기는 우리 일 상생활의 주요 부분이 되었다. 개인과 기업들은 자신의 토대가 흔들

리는 것을 경험했다.

수많은 개인과 기업이 고통을 겪었음에도 불구하고 많은 이들이 살아남았다. 심지어 번창한 이들도 있었고 재정비를 통해 팬데믹 이후의 새로운 시대를 대비한 이들도 있었다. 이제 우리는 온갖 종류의 코로나바이러스 변이를 물리치고 코로나19 장기화가 미친 폭넓은 영향에 대응해야 하는 긴 싸움에 직면해 있다.

구체적으로 살펴보면, 소규모 기업은 노동인구의 절반가량을 고용한다. 소규모 기업의 3분의 1 이상이 코로나19 대유행 기간에 문을 닫았고 대부분은 영업을 재개하지 못했다. 한편 직원 10명 미만의 영세 사업체는 온라인을 활용하며 증가했다. 2020년 미국의 온라인 비즈니스 창업은 2019년보다 300만 건 정도 많았다. 기업가정신은 다소 타격을 입었음에도 불구하고 여전히 우세했다.

코로나19 대유행이 미친 영향은 개인이나 기업마다 달랐으나 살아남아 번창한 이들에게는 한 가지 공통점이 있었다. 바로 변화의 속도였다. 살아남은 개인 및 기업들은 코로나19 대유행 동안 전보다 빠르게 기술 변화를 받아들였다. 디지털 역량은 소규모 기업에게 점점 더 중요해졌다.

이전에 내가 30년이 걸릴 것이라고 생각했던 여러 사회적, 경제적 변화가 이제 10년 또는 그보다 짧은 기간 안에 보편화될 것이다. 거대한 사회적 변화와 더불어 혁신적인 기술의 신속한 채택은 내가 '새로운 광란의 20년대(2023~2033)'라고 칭하는 시기를 불러올 것이다.

# 12개의 기둥 요약

새로운 광란의 20년대는 모든 것을 변화시키고 있는 6개의 경제적 기둥과 6개의 사회적 기둥 위에 코로나19 이후의 경제가 어떻게 기초하는지 설명해준다. 이 12개의 기둥을 이해하는 개인과 기업은 앞으로 10년 안에 성공을 거둘 것이다.

## 6개의 경제적 기둥

6개의 경제적 기둥은 새로운 광란의 20년대에 무엇이 주요 경제적 동인으로 작용할지 이해하는 프레임워크를 제공한다. 획기적인 기술 및 에너지 개발이 이루어지고 있지만 변동성, 인플레이션, 공급망 이슈, 전쟁으로 인한 고통 또한 수반된다.

### 기술 주도의 부

역사적으로 부(W)는 물적 자원(P)에 기술(T)을 곱한 것과 같았다 ($W = P \times T$). 한 개인 또는 한 나라의 부는 그들이 보유한 물적 자원(농지, 광물, 화석연료, 깨끗한 물 등)과 이러한 자원을 이용하며 살아가는 기술 시대(석기 시대, 청동기 시대, 철기 시대, 전자 시대 등)의 곱으로 이루어진다. 기술은 대다수 사람들의 일생동안 일정했기 때문에 어떤 사람이 더 부유해질 수 있는 방법은 더 많은 물적 자원을 대체로 폭력적인 방법을 통해 획득하는 것밖에 없었다.

이러한 상황은 제2차 세계대전 이후 인류가 기술 발전에 적극 나서면서 바뀌게 되었다. 정보기술의 발전은 핵심 방정식 $W = P \times Tn$(여기서 n은 정보기술의 발전이 모든 기술에 미치는 지수적 영향을 나타낸다)을 실질적으로 변화시키는 지수적 특성을 띠었다.

예전에는 한 산업이나 한 국가의 기술이 단순히 경제 성장과 함께 발전했다. 그러나 더 이상 그렇지 않다. 이제 특정 기술의 발전이 먼저 기업, 산업, 국가의 경제 성장을 가져온다. 이후 정보 및 디지털 기술의 확대가 모든 기술 수준을 급격히 끌어올린다.

예를 들어, 기계식 연료분사는 1970년대에 연비를 10mpg(갤런당 마일)에서 20mpg로 두 배 높여 사실상 휘발유 공급을 두 배 증가시켰다. 2000년대에 디지털 정보기술이 전자식 연료분사기와 연결되면서 연비는 40mpg로 다시 두 배가 되었다. 전기 자동차는 머지않아 연비 100mpg를 평범한 성능으로 만들 것이다. 연비가 20mpg인 자동차 대신 100mpg인 자동차를 타면 갤런당 5달러였던 연료비가 갤런당 1달러로 낮아지는 것과 동일하다.

우리 시대에는 물적 자원의 상대적 가치가 크게 낮아져 부와 기술이 동일한 경우가 많다. 우리 대부분에게 물적 자원을 관리하는 것은 더 이상 의사결정 프로세스의 일부가 아니다. 20세기 초, 존 D. 록펠러John D. Rockefeller는 화석 연료를 통해 미국 최초의 억만장자가 되었다. 오늘날 미국 억만장자의 80퍼센트는 정보기술을 다른 기업(애플, 알파벳, 마이크로소프트, 시스코 등)에 공급하거나 전자상거래 같이 다른 기업이 개발한 기술을 전통적인 사업(월마트, 아마존, 테슬라, 넷플릭스 등)에 적용함으로써 부를 얻는다.

## 에너지 혁명

오늘날 많은 전문가들은 수압파쇄, 바람, 태양 같은 새로운 원천 덕분에 풍부한 에너지 공급이 이루어질 것이라고 예측하고 있다. 하지만 그들의 생각은 절반만 옳다. 전기 자동차, 냉난방 시스템, 주택 건설, LED 조명 등 에너지를 사용하는 장치에 더 발전된 기술을 적용함으로써 그만큼 에너지를 절감할 수 있을 것이며, 이는 해당 지역에 곧바로 금전적 절약과 오염 감소를 가져온다.

예를 들어, 매년 전 세계 에너지 생산에 사용되는 9조 달러 중 22퍼센트(2조 달러)가 조명에 사용된다. 백열전구를 LED 전구로 바꾸기만 해도 조명에 소비되는 에너지를 최대 90퍼센트 줄일 수 있으며 (10배 향상) 초기 비용을 95퍼센트 절감할 수 있다(20배 향상, LED 전구의 수명이 20배 길기 때문이다). 이 한 가지 변화만으로도 전 세계가 매년 화석 연료에 낭비하는 2조 달러(일본 총경제규모의 절반가량)를 절약할 수 있을 것이다. 이는 전 세계 인구 80억 명에게 연간 지원금 267달러를 지급하기에 충분한 금액이다.

## 구조적 실업

대부분의 정부는 경제가 회복되고 사람들이 이전 일자리로 복귀할 때까지 실업급여를 지급하기 위해 다양한 경기부양책을 제공함으로써 2020~2021년 팬데믹 경제에 대응했다. 이는 정치적 안정을 위해 필요한 조치였을 수도 있으나 많은 실업자들에게는 잔인한 장난이었다. 코로나19 대유행 동안 실직한 대부분의 사람들은 경제 상황에 관계없이 이전 일자리로 복귀할 수 없을 것이다. 인공지능으로 무장한 로봇, 긱 이코노미 그리고 나머지 기둥들로 인해 그들의 일자리가 영구적으로 사라졌기 때문이다. 한편 하찮은 저임금 일자리로 돌아가기를 원하지 않고 새로운 기술을 갖추고 싶어 하는 사람들도 있을 것이다.

100명의 직원이 1000만 달러의 매출, 즉 1인당 10만 달러의 매출을 올리는 회사나 조직을 내게 알려 달라. 그러면 나는 구조조정을 통해 50명의 직원으로 똑같은 매출, 즉 1인당 20만 달러의 매출을 올릴 수 있는 방법 또는 동일한 100명은 아니지만 직원 수 100명을 유지하면서 매출을 20만 달러로 두 배 늘려 역시 1인당 20만 달러의 매출을 올릴 수 있는 방법을 알려줄 것이다.

우리 중 일부는 코로나19 대유행 동안 특정 서비스 제공업체에서 이러한 일이 일어나는 것을 경험했다. 살아남은 업체들은 코로나19 대유행으로 인해 실행할 수밖에 없었던 신기술과 새로운 인력운영을 통해 매출과 수익을 유지하거나 증가시켰다.

### 로봇이 온다

많은 사람들은 2020년대 이후 로봇이 상당수의 일자리를 없앨 것이라고 생각한다. 이는 부분적으로만 옳다. 로봇은 기존 일자리의 대부분을 없앨 것이다. 사람이 하던 일을 대체하는 것이 로봇을 설계한 목적이기 때문이다. 기술적 도구가 노동을 대체하는 것은 수천 년 동안 있어 온 일이지만 도구가 관리직을 비롯해 거의 모든 일자리를 대체한 적은 없었다. 6장 '로봇이 온다'에서는 이전 직업에서 배운 지식을 인공지능이 탑재된 자가 학습 기계에 이전하여 산업 최초의 로봇을 만들고 로봇으로 직원을 대체한 기업가들에게 어떤 잠재적인 부가 기다리는지 살펴볼 것이다.

## 긱 이코노미

사회적 통념상, 새로운 제품이나 서비스 생산에서는 거의 누구나 기업가가 될 수 있지만 판매와 마케팅에서는 성공할 수 있는 성격과 기질을 지닌 사람이 드물다. 내가 여러 기업가의 벤처를 경험한 결과 전형적인 기업가는 없었다.

기업가정신은 그야말로 모두를 위한 가능성이며, 특히 긱 이코노미Gig Economy에서는 많은 기회가 급격히 열리면서 누구나 기업가정신을 발휘할 수 있게 되었다. 긱 이코노미는 평생직장이 아닌 단기 계약 및 프리랜서 업무가 특징인 노동시장이다. 긱 노동자는 독립 계약자, 온라인 플랫폼 노동자, 외주업체 노동자, 호출 대기 노동자, 임시직 노동자를 말한다. 업무의 정의와 구조는 계속 바뀌고 있다.

기득권층과 전통적인 기업들은 단계마다 긱 이코노미와 싸우곤 한다. 예를 들어, 메리어트는 에어비앤비Airbnb 호텔방의 법적 타당성에 이의를 제기했고, 캘리포니아에서는 우버Uber 운전자를 각종 수당의 수급자격이 있는 직원으로 재분류하기 위한 무기명 투표가 실시되었다. 7장 '긱 이코노미'에서는 새로운 질서에 대한 이러한 도전이 어째서 대체로 실패하는지 살펴본다. 기업가의 최대 비즈니스 기회는 다른 기업가들이 반복적으로 긱 비즈니스를 창출하도록 촉진하는 것이다. 16장 '비즈니스 기회를 창출하는 새로운 비즈니스'를 참고하라.

### 보편적 기본소득

경제학자 존 메이너드 케인스는 2030년경이면 인구의 3분의 1이 일주일에 15시간만 일해도 생산성이 매우 높아 세계 인구가 모두 풍족한 삶을 살 수 있는 전환점에 직면할 것이라고 예견했다. 오늘날 미국 인구(3억 3000만 명) 가운데 취업자는 절반(1억 6500만 명)에 불과하며, 논란의 여지가 있지만 우리는 이 전환점에 다가가고 있다.

이는 보편적 기본소득Universal Basic Income(UBI)의 가능성을 높인다. 예를 들면, 부유하든 가난하든 매월 가구당 1000달러(1인당 500달러)를 지급하는 것이다. UBI를 지급하면 많은 사람들이 게을러지고 일하지 않을 것이라는 사회적 통념이 있다. 8장 '보편적 기본소득'에서 살펴볼 내용처럼 대부분의 근로자는 보조금을 받으면 생활을 향상시키기 위해 기존보다 더 열심히 일할 것이다. 게다가 현물 지원(공공주택, 식품 구입 쿠폰, 메디케이드)을 금전 지원(현물을 구입할 수 있는 현금)으로 전환하는 것은 그 자체로 더 큰 이익일 것이다. 1조 6000억 달러 규모의 전혀 새로운 UBI 산업이 창출될 것이며 그동안 경제에서 소외되었던 1억 명의 미국인들에게 도움이 될 것이다. 뿐만 아니라 모든 사람에게 지급되는 UBI는 빈부에 관계없이 삶의 질을 획기적으로 개선할 것이며 그 자체로 경제 성장에 기여할 것이다.


### 6개의 사회적 기둥

6개의 사회적 기둥은 새로운 광란의 20년대에 중요한 사회적 영향과 그에 상응하는 경제적 영향을 미칠 것이다. 사회적 기둥은 우리 삶의 질을 결정하고 어떤 유형의 삶이 있을지 밝히는 데 도움이 될 것이다.

### 밀레니얼 세대의 도약

밀레니얼 세대는 뒤이은 Z세대와 함께 도약하고 있다. 그들은 당신의 고객일 뿐 아니라 직원(때로는 고용주)이기도 하다. 그들은 현재 8300만 명으로 7200만 명의 베이비붐 세대를 넘어 미국 인구에서 가장 큰 비중을 차지한다. 밀레니얼 세대에 대한 당신의 지식과 Z세대의 등장은 새로운 광란의 20년대에 당신의 성패를 좌우할 것이다.

밀레니얼 세대는 공정성에 관심을 갖는다. 공정성은 그에 맞는 방향으로 구매를 이끌며 특히 코로나19 대유행 이후 사회에 대변혁을 일으키고 있다. 밀레니얼 세대는 부분적으로 욕망에 의해, 부분적으로 필요에 의해 소규모 생활공간으로 이루어진 주택시장 붐을 일으킬 것이다. 1930년대 평균적인 미국인의 생활공간은 200제곱피트(약 18제곱미터)인 반면 지금은 600제곱피트다. 이제 우리는 생활공간의 의미 있는 축소를 보게 될 것이다. 밀레니얼 세대의 가치에 맞게 주택 및 소매 부분을 재정비하는 것만으로도 미국 경제의 상당 부분을 뒷받침할 것이다.

### 공유 혁명

2010년대의 공유 경제에서는 우버 탑승이나 에어비앤비 숙박처럼 모르는 사람과 비용을 나눠 내고 함께 사용함으로써 원하는 많은 것을 반값에 얻을 수 있었다. 하지만 2020년대의 공유 혁명에서는 동일한 50퍼센트의 가격 혜택(2배 향상)과 더불어 새로운 친구나 잠재 비즈니스 파트너를 만남으로써 두 배 더 가치 있는 제품(또 다른 2배 향상, 총 4배 향상)을 얻을 것이다. 언젠가는 이미 알고 있는 사람이나 알고 싶은 사람 중 누구와 함께 식사할지에 따라 식당 테이블을 선택하게 될지도 모른다. 10장 '공유 혁명'을 참조하라.

## 소비자 잉여

'고객이 지불한 만큼 제공하라'라는 오래된 비즈니스 격언은 이제 재앙을 초래하는 방안이 되었다. 대부분의 제품 및 서비스의 한계 비용이 0에 가까워지고 있는 오늘날의 세상에서는 고객을 유지하기 위해 고객에게 지불한 것 이상을 제공해야 한다. 새로운 광란의 20년대에는 그렇게 할 수 있는 여력이 있다. 경제학자들은 이를 '소비자 잉여Consumer's Surplus'라고 부르며, 이는 아마존, 우버, 에어비앤비 등 많은 기업의 가장 중요한 성공 요인이다. 성공한 이들 기업은 일반적으로 순고객추천지수Net Promoter Score(NPS)라는 척도로 모든 거래의 소비자 잉여를 측정한다. 11장 '소비자 잉여'에서 설명하듯이 당신도 그렇게 할 수 있다.

## 국민총행복

경제학자 사이먼 쿠즈네츠Simon Kuznets는 1930년대에 경제성과를 측정하는 보편적인 정량 척도를 개발한 공로로 1971년에 노벨 경제학상을 수상했다. 이 척도는 바로 국민총생산Gross National Product(GNP)이며 현재는 국내총생산Gross Domestic Product(GDP)으로 알려져 있다. 그는 많은 사람들이 먹을 것을 충분히 얻지 못했던 대공황 시기에 이 척도를 개발했기 때문에 대부분의 사람들이 미국 헌법에 보장된 행복(예를 들어 생명권, 자유권, 행복추구권)보다 제품 및 서비스를 더 원한다고 가정했다. 12장 '국민총행복'에서는 2012년 이후 전 세계 경제학자들이 사람들이 진정으로 원하는 것을 측정하는 국민총행복Gross National Happiness(GNH)이라는 새로운 측정 수단을 어떻게 사용했는지 살펴본다. 놀랍게도 GNH 조사 결과 대부분의 사람들이 더 많은 돈보다 더 높은 안전 및 안정성을 선호하는 것으로 나타났다. 오늘날 빠르게 성장하는 대부분의 기업은 '행복 총괄 담당'이라는 새로운 고위 관리자를 두고 있다. 인간의 발전을 측정하는 새로운 GNH 척도는 인간다운 삶과 번영을 조화시킨다.

### 중국의 도전

미국과 중국은 세계 인구의 22퍼센트, 세계 GDP의 50퍼센트를 차지한다. 많은 전문가들은 중국을 미국과 미국 번영의 경제적, 실존적 위협으로 여긴다. 13장 '중국의 도전'에서 설명하듯이 중국과 미국의 관계는 두 나라가 보편적 자유 무역을 통해 새로운 패러다임을 확립할 수 있는 사회경제적 기회를 제공한다. 역사상 처음으로, 세계에서 가장 강력한 두 나라의 번영이 전 세계의 상호 이익을 위해 하나로 묶여 있다. 두 나라는 서로에게 배울 점이 많다. 나는 두 나라의 관계가 궁극적으로 세상을 더 나은 방향으로 변화시킬 것이라고 생각한다.

### 러시아 와일드카드

2022년 세계 뉴스는 러시아의 우크라이나 침공에 집중되었다. 이 사건이 일어난 이유를 이해하기 위해서는 러시아의 역사와 두 나라의 고통스러운 관계를 알아야 한다. 더불어 푸틴 대통령의 생각을 살펴보고 그가 자신의 행동을 전적으로 정당하다고 생각하는 이유를 파악해야 한다. 이 모든 요인들의 영향은 신냉전, 서구의 부활, 의도하지 않은 결과 등으로 다양하게 혼재되어 나타난다.

러시아는 1962년 쿠바 미사일 위기 이후 실제로 볼 수 없었던 전술핵 위협을 제기하며 새로운 광란의 20년대의 와일드카드가 되었다. 러시아의 우크라이나 침공은 공급망, 밀, 화석 연료뿐만 아니라 세계 경제 및 정치 안보에 영향을 미쳤다.


## 새로운 광란의 20년대를 위한 전략

새로운 광란의 20년대에 세계가 직면한 가장 큰 정치적, 사회·경제적 도전은 기술이 급격히 발전하고 구조적 실업이 증가하는 시대에 정치적 안정을 유지하는 것이다. 그 해결책은 12개의 기둥에서 찾을 수 있다. 이 도전을 이해하는 것은 개인의 전략을 명확히 세우는 데 도움이 될 수 있다.

### 해고되기 전에 그만두어야 하는가?

이것은 독자들이 각 장마다 마주하는 질문이다. 수백만 명에게 그 답은 단순히 '그렇다'에 그치지 않고 두 번째 질문으로 이어진다. 바로 '언제 그만두어야 하는가?'다. 많은 독자들에게 두 번째 질문의 답은 바로 '지금'이다. 15장은 당신이 독립해야 할 또는 현재 위치에 머물러야 할 최적의 시기를 찾는 데 도움이 될 것이다.

## 비즈니스 기회를 창출하는 새로운 비즈니스

에어비앤비와 우버는 공유 경제에서 집주인과 자동차 주인이 자신의 집과 자동차를 사용하지 않을 때 추가 수입을 얻을 수 있는 기회를 제공하기 시작했다. 하지만 에어비앤비나 우버에서 대규모로 서비스를 제공하는 개인들을 면밀히 조사한 결과, 이들이 이미 소비자에게 숙박이나 이동 수단을 제공하는 사업을 운영하면서 새로운 사업가들에게 비즈니스 및 고용 기회를 제공하는 것으로 나타났다. 평균적으로 에어비앤비 호스트는 한 지역에서 여러 숙소를 보유하거나 관리한다. 따라서 그들은 집을 한 채 소유한 집주인이라기보다 전문적이고 사용자 친화적인 호텔리어에 더 가깝다. 우버 역시 마찬가지로 개인 사업자들이 여러 대의 우버 차량(머지않아 자율주행 차량이 될)을 보유하고 관리한다. 아마존 또한 온라인 서점으로 시작했으나 온라인 매장을 토대로 자신들의 온라인 고객을 사업가로 전환시키는 제휴 마케터가 되었다. 당신에게 가장 적합한 방향이 이러한 비즈니스의 고객이 되는 것인지 아니면 다른 사람들에게 비즈니스를 제공하는 사람이 되는 것인지 아니면 둘 다인지 파악하기 위해 16장 '비즈니스 기회를 창출하는 새로운 비즈니스'를 참조하라.

## 진짜는 지금부터

우리가 직면한 도전과 변동성에도 불구하고 낙관적으로 앞날을 바라보는 데에는 그만한 이유가 있다. 17장에서는 기술이 우리 삶과 비즈니스에 미치는 막대한 영향을 마지막으로 살펴본다. 12개의 기둥은 특히 다른 사람들을 도움으로써 새로운 광란의 20년대에 번영의 토대가 될 것이다.

윌리엄 셰익스피어William Shakespeare는 희곡 《폭풍우The Tempest》에서 "지난 과거는 다가올 미래의 서막이다"라고 말했다. 이는 과거에 대한 이해와 올바른 평가가 미래의 전략을 알려준다는 의미다. 하지만 우리는 '좋았던 옛 시절'로 돌아갈 수 없다. 기술은 계속해서 모든 것을 변화시킨다. 백미러만 봐서는 목적지에 도착할 수 없다.

1부

## 최악의 시대이자
## 최고의 시대

새로운 광란의 20년대는 당신의 인생에서 가장 의미 있는 시대가 될 수 있다. 하지만 이 새로운 시대의 포문을 연 것은 막대한 경제적, 신체적, 정신적 트라우마를 동반한 세계적인 전염병이었다. 더불어 전 세계는 엄청난 기술혁신을 경험했고, 일과 삶의 목표를 재평가했으며, 진정으로 중요한 것을 조금이나마 다시 깨달았다. 의료계 종사자들의 감동적인 헌신, 긴급구조대원들의 용감한 활동, 코로나19 대유행의 영향을 받은 여러 가정의 사연은 말할 것도 없다. 새로운 광란의 20년대는 최고의 시대이자 최악의 시대였다.

THE NEW
ROARING
TWENTIES

# 1장

# 우리가 알던 세상의 종말

새로운 광란의 20년대에 펼쳐질 경제의 향방을 이해하기 위해서는 최근의 경제 상황을 이해해야 한다.

2019년 말 미국 경제는 매우 탄탄했다. 공식 실업률은 3.45퍼센트로 낮은 수준이었고 풍부한 자본 덕분에 이자율도 비교적 낮았다. 가계 가처분소득 증가로 실질 GDP가 상승했으며 주식 시장 또한 역대 최고치를 기록했다. 게다가 역설적이게도, 당시 연방 재정적자가 9840억 달러(GDP의 4.6퍼센트)로 매우 높았음에도 불구하고 물가상승률은 1.81퍼센트로 현저히 낮았다.*

장기적으로 미국 경제는 역사상 가장 오랜 기간 경제 확장을 누리고 있었다. 이 확장은 2009년 7월, 18개월 동안의 대침체$^{Great}$ $^{Recession}$(2007~2009)가 끝난 이후 10년 넘게 이어졌다. 공교롭게도 2009년은 연방 재정적자가 1조 4100억 달러로 사상 최고치를 기록한 해였고, 대침체를 종식시키기 위해 계획된 이러한 적자는 결국 그 목적을 달성했다.

대침체와 그에 따른 위기는 미국의 주택담보대출과 주택저당증권$^{Mortgage-backed\ Securities}$(금융기관이 집이나 건물을 담보로 대출을 제공하고 이를 근거로 발행한 채권 상품) 확대에서 비롯되었다. 이들 채권을 담보로 다시 증권을 발행한 금융기관들은 위험도가 높은 서브프라임 모기지$^{Subprime\ Mortgages}$(신용등급이 낮은 사람들을 대상으로 한 주택담보대출)를 제공했다.

주택가격 하락과 공격적이고 무책임한 증권인수 관행이 맞물린 결과 주요 증권 및 투자 회사(베어 스턴스$^{Bear\ Stearns}$, 리먼 브라더스$^{Lehman}$

---

* 미국 상무부$^{US\ Department\ of\ Commerce}$ 산하 경제분석국$^{Bureau\ of\ Economic\ Analysis}$, 미국 노동통계국$^{US\ Bureau\ of\ Labor\ Statistics}$.

Brothers, AIG, 메릴린치Merrill Lynch, 뱅크오브아메리카Bank of America, 시티그룹 Citigroup, 골드만삭스Goldman Sachs)들은 붕괴 직전에 처하거나 붕괴되기에 이르렀다. 이를 해결하기 위해 연방준비제도와 미국 재무부는 수십억 달러의 구제금융을 제공해야 했다. 이는 제2차 세계대전 이후 가장 심각한 경기침체였고 회복되기까지 수년이 걸렸다.*

2019년 말, 모든 징후들은 호황이 장기간 이어질 것임을 나타냈다. 내가 우리 삶을 뒤바꾸리라 생각한 12개 기둥에 관해 연구를 시작한 것은 바로 그 무렵이었다.

중요한 점은 2020년 초에 모든 사람이 이러한 신경제의 혜택을 누리고 있는 것은 아니었으며, 발표된 실업자 수가 이전 연도와 비교할 때 정확하지도 않았다는 사실이다.

미국의 노동인구 1억 6500만 명 가운데 공식 집계된 실업률은 3.45퍼센트(570만 명)였으나 이외에도 경제학자들이 구직단념자 Discouraged Worker라고 부르는 실업자가 5퍼센트(830만 명)나 더 있었다 (총 실업자 1400만 명).

구직단념자는 '일하려는 의사와 능력이 있지만 취업 전망이 불확

---

* 「대공황과 그 여파The Great Recession and Its Aftermath」, 연방준비제도의 역사Federal Reserve History; 벤자민 버냉키Benjamin Bernanke, 「통화정책과 주택거품Monetary Policy and the Housing Bubble」, 전미경제학회American Economic Association 연례회의(2010년 1월 3일); 벤자민 버냉키, 「위기 발생 이후의 통화정책Monetary Policy Since the Onset of the Crisis」, 캔자스시티 연방준비은행 경제 심포지엄(2012년 8월 31일). 빌 뱀버Bill Bamber, 앤드류 스펜서Andrew Spencer, 《베어 트랩Bear Trap》(Brick Tower, 2008); 베서니 맥린 Bethany McLean, 조 노세라Joe Nocera, 《모든 악마는 여기에All the Devils are Here》(Penguin Group, 2010, 2011); 그렉 파렐Greg Farrell, 《타이탄의 몰락Crash of the Titans》(Crown, 2010).

실하거나 불확실하다고 인식하기 때문에 현재 구직 활동을 하지 않는 사람'으로 정의한다. 지난 1년 동안 구직 활동을 해왔으나 지난달에는 하지 않았다면 그 사람은 구직단념자에 해당된다.

1967년 이후 미국 노동통계국은 더 이상 적극적인 구직 활동을 하지 않는 것으로 간주하여 구직단념자를 실업자 수에 포함하지 않았다. 게다가 이들 추가 실업자는 빙산의 일각에 불과했다.

이 수치의 이면을 살펴보자. 총 실업자 1400만 명(570만 명+830만 명)에게는 수백만 명의 배우자, 자녀, 부모, 조부모, 그 밖의 동거인 및 피부양인이 있다. 2020년 미국의 평균 가구 규모는 2.53명이며, 이는 3500만 명(1400만 명×2.53)이 실업 가구원(구직단념자 포함)과 살고 있음을 뜻한다. 실업 가구원과 살고 있는 3500만 명은 정부가 공식 집계한 실업자 수 570만 명보다 614퍼센트나 더 많은 수치다.

뿐만 아니라 2019년에 일자리를 갖고 있던 1억 6500만 명 중에서도 상당수는 상황이 그리 나아지지 않았다. '평균' 가계 소득과 1인당 GDP가 최고치를 기록했음에도 불구하고 미국인 가운데 50~75퍼센트는 소득이 없어질 경우를 대비한 어떤 안전망도 없이 그달 그달 근근이 살아갔다. 게다가 57만 5000명이 노숙자였고 4200만 명이 빈곤선 이하에 놓여 있었다! 흑인 실업률은 백인 실업률의 두 배였다. 이는 2020년 5월 25일 미니애폴리스에서 조지 플로이드George Floyd 살해 사건이 발생한 이후 여러 도시에서 일어난 폭동과 약탈에 간접적인 영향을 미쳤다.

# 코로나19

그 무렵 코로나19가 닥쳤다. 코로나19 대유행은 거의 모든 사람에게 경제적 고통을 가중시키고 두려움을 더욱 악화시켰다. 구직단념자를 제외한 2020년 공식 실업률은 2월 3.45퍼센트, 3월 4.4퍼센트, 4월 14.7퍼센트로 급격히 치솟았고, 2020년 봄에만 3000만 명 이상이 일자리를 잃었다.

코로나19는 2019년 12월 중국 우한에서 발병했다. 이후 2020년 중반까지 지구상의 모든 사람, 모든 일자리, 모든 나라에 직접적인 영향을 미치고 있다. 공급망이 와해되었고 여러 원재료들의 가격이 상승했다.

### 2020년 3월 20일 오후 4시 4분, 당신은 어떤 상황이었는가?

2020년 3월 11일, 코로나바이러스 감염증이 대유행으로 공식 선언되었다. 9일 뒤인 2020년 3월 20일 오후 4시 4분, 코로나19 대유행으로 인한 경제적 재앙이 본격화한 가운데 나는 대공황 시기에 경제회복이 어떻게 주춤했는지 줌을 통해 이야기하고 있었다. 강연 도중 나는 잠시 멈춰 아내 리사의 다급한 전화를 받았다. 아내는 열다섯 살 아들이 3일 전 입원한 솔트레이크시티의 프라이머리 아동 병원에 있었다. 리사는 아들의 병세가 여전히 위중하고 스스로 호흡을 할 수 없는 상태지만 코로나19 검사 결과가 음성으로 나왔다고 알려주었다. 나는 감사의 기도를 올렸다. 그리고 그 순간 내가 어떤 상황에 있었는지 평생 기억할 것임을 절실히 느꼈다. 내 삶을 영원히 바꿔놓을 것이라고 생각했던 지난 여섯 번의 역사적인 순간에 내가 어떤 상황이었는지 생생히 기억하는 것처럼 말이다.

### ① 1963년 11월 22일, 케네디<sup>John F. Kennedy</sup> 대통령 암살

오후 2시 38분, 5학년 담임이었던 홀리데이 선생님이 부름을 받고 교실을 나갔다. 몇 분 뒤 눈물을 흘리며 돌아온 선생님은 천천히 자신의 책상으로 걸어갔다. 그리고 케네디 대통령이 암살되었음을 알려주었다.

### ② 1963년 11월 24일, 리 하비 오스월드<sup>Lee Harvey Oswald</sup> 살해

낮 12시 21분, 어머니는 점심식사를 준비하고 있었고 형 스티븐은 지하실에서 텔레비전을 보고 있었다. 형은 위층에 있는 우리 가족에게 오스월드가 잭 루비<sup>Jack Ruby</sup>의 총에 맞았다고 소리쳤다.(리 하비 오스월드는 케네디 대통령의 암살범으로 지목된 인물이며 체포 후 다른 교도소로 호송되던 중 나이트클럽 주인인 잭 루비에게 암살되었다-옮긴이)

### ③ 1974년 8월 8일, 닉슨<sup>Richard Nixon</sup> 대통령 사임

밤 9시, 나는 뉴욕 68번가 헌터 대학교<sup>Hunter College</sup>에서 포트란 프로그래밍 수업을 마치고 나왔다. 파크 애비뉴를 따라 걷던 도중 행인들이 멈춰선 자동차와 택시 주변에 삼삼오오 모여 있는 모습을 보았다. 사람들은 자동차 라디오를 통해 닉슨 대통령 사임 발표를 듣고 있었다.

### ④ 1987년 10월 19일, '검은 월요일'에 주식시장 22.6퍼센트 폭락

밤 10시 무렵, 나는 웨스트 윙West Wing(백악관 서쪽 건물로, 대통령 집무실과 보좌관들의 사무실이 있는 집무 공간-옮긴이)에서 열리는 한 사교 행사에 참석하고 있었다. 그곳에서 레이건Ronald Reagan 대통령이 대공황 시기에 미국 경제에 대한 믿음을 잃게 된 자신의 부모님 사연을 이야기하며 눈시울을 붉히는 모습을 보았다.

### ⑤ 2001년 9월 11일, 유나이티드 항공 175편이 세계무역센터에 충돌

오전 9시 3분, 나는 임신한 아내와 한 살 된 딸을 태우고 맨해튼 다리를 운전해서 건너던 중 두 번째 비행기가 충돌하는 것을 보았다. 당시 나는 이 세상에 어떤 일이 일어나고 있는지, 앞으로 우리 삶이 어떻게 될 것인지 의구심이 들었다.

### ⑥ 2007년 12월~2009년 6월, 대침체

18개월의 침체기 동안 나는 미국 경제의 회복력에 대한 믿음을 잃은 끔찍한 순간을 몇 차례 경험했다. 나는 이민자였던 내 아버지가 당시 살아계시지 않은 것이 다행스럽다. 아버지가 그토록 사랑한 나라에 대해 내가 믿음을 잃은 모습을 보지 못하셨기 때문이다.

### ⑦ 2020년 3월 20일, 아들의 코로나19 검사 음성 판정

나는 입원 중인 열다섯 살 아들이 코로나19에 걸리지 않았다는 소식을 듣고 매우 기뻤다. 그러나 아들의 상태가 여전히 위중하며 우리의 삶이 새로운 국면을 맞이할 것임을 알고 있었다.

코로나19 대유행에서 당신이 겪은 가장 중요한 경험은 무엇인가? 당신의 삶에서 혹은 경력에서 코로나19 대유행 국면이 시작된 순간은 언제인가?

중국 우한에 사는 어느 생물학자에게는 2019년 12월 31일, 연구팀이 새로운 바이러스를 처음 발견한 순간일 것이다. 뉴욕 퀸즈에 사는 어느 여성에게는 2020년 6월의 어느 날, 인공호흡기를 끼고 혼수상태에 빠져 있던 어머니가 가족의 병실 출입을 금지한 규정 때문에 홀로 돌아가신 순간일 것이다. 로스앤젤레스에서 레스토랑을 운영하며 월 급여로 10만 달러를 지급해야 하는 어느 사업가에게는 케어스법Coronavirus, Aid, Relief, and Economic Security Act(CARES)에 따른 중소기업청 급여보호 프로그램을 통해 25만 달러(월 급여액의 2.5배)의 '상환면제가능 대출Forgivable Loan'을 처음 받고 정부 지원 덕분에 사업의 위기를 넘길 수 있을 것이라고 실감한 순간일 것이다.*

우리 모두가 알고 있듯이 2020년 내내 세상이 끝나가는 것 같았다. 그러나 세상이 갑자기 끝나는 일은 일어나지 않았다. 뿐만 아니라 미국을 시작으로 세계 경제는 누구도 가능하다고 생각하지 않았던 새로운 수준으로 빠르게 회복되었다.

---

* 케어스법은 코로나바이러스 지원, 구호 및 경제안정법이다. 상환면제가능 대출은 대출금의 최소 75퍼센트를 급여에 사용할 경우 상환하지 않아도 되는 대출을 의미한다.

## 플래닛 피트니스와 2020년의 영업제한

아내와 나는 2010년부터 솔트레이크시티에서 플래닛 피트니스라는 프랜차이즈 헬스장 두 곳을 운영했다. 2020년 3월 17일 화요일, 우리는 본사로부터(이후 유타주로부터) 주 전체에 적용되는 영업제한 조치에 따라 헬스장 영업을 중단하라는 지시를 받았다. 그리고 이는 곧 전국으로 확산되었다. 우리는 당시 수금된 월 35만 달러가량의 회비를 1만 6000명의 회원들에게 돌려주거나 청구하지 않아야 했고, 회원들은 법적으로 더 이상 아무 헬스장도 이용할 수 없었다. 아내와 내가 운영하던 가족 사업은 월 10만 달러, 연 120만 달러의 수익을 올리는 흑자 사업에서 월 16만 7000달러, 연 200만 달러의 손실을 내는 적자 사업으로 하루아침에 뒤바뀌고 말았다. 맙소사!

2020년 5월 초, 본사는 지자체 보건국이 헬스장 영업재개를 허용한다면 2020년 5월 18일 이후 헬스장을 다시 열 수 있을 것이라고 알려왔다. 물론 마스크 착용, 사회적 거리두기, 그 밖의 방역 및 보건 규정을 준수해야 했다. 영업을 중단해야 했던 62일 동안 수많은 어려움이 있었지만 가장 큰 어려움은 불확실성이었다. 우리는 사업을 파산시킬 것인지 아니면 때가 되었을 때 영업을 재개할 수 있도록 매주 4만 달러를 어음으로 지불할 것인지 매일같이 고민해야 했다. 더 이상 회비가 청구되지 않는 1만 6000명의 회원들과 연락을 지속하는 것 외에도 우리는 플래닛 피트니스의 직원, 건물주, 은행, 청소부, 트레이너, 그 밖의 납품 업체들로부터 날마다 연락을 받았다. 그들은 우리가 언제 다시 문을 여는지, 그들이 언제 다시 원래 생활을 회복할 수 있는지 알아보려 했다. 하지만 우리는 그들에게 알려줄 수 있는 것이 전혀 없었다.

우리의 개인적 위기를 국가 차원에서 보면, 우리는 2020년 당시 전국에 1500만 명 넘는 회원을 보유한 플래닛 피트니스 헬스장 2039개 가운데 불과 두 개를 소유하고 있었다. 플래닛 피트니스 헬스장 2039개는 2020년에 똑같은 어려움에 처해 있던 전국 헬스장 10만 2148개 중 2퍼센트에도 미치지 못했다. 그리고 10만 2148개 헬스장은 미국의 소규모 사업체 3200만 개 가운데 0.3퍼센트가 채 되지 않았으며, 소규모 사업체 대부분은 언제 영업을 재개할 수 있을지 모른 채 마찬가지로 운영을 중단해야 했다.

2020년 5월 18일 월요일, 몇몇 주에서 155개 플래닛 피트니스 지점에 영업재개를 허용했고 우리가 운영하는 헬스장도 포함되었다. 이후 9개월 동안 매월 더 많은 지점이 영업재개를 허가받았다. 그 동안 본사는 미국 역사상 유례없는 영업정지 기간 동안 사람들이 신체적, 정신적 건강을 유지하도록 돕기 위해 무료 온라인 운동 프로그램을 비롯해 온라인 및 매장 내 프로그램을 개발했다.

코로나19 대유행으로 미국에서 약 9000만 명이 감염되고 100만 명 이상이 사망했다. 전 세계 감염자 수는 5억 명 이상, 사망자 수는 1500만 명에 달한다. 그리고 이 수치는 계속 늘어나고 있다.*

---

* 헬렌 브랜스웰Helen Branswell, 「세계보건기구: 코로나19 대유행 2년 만에 약 1500만 명이 코로나19로 사망WHO: Nearly 15 million people died as a result of Covid-19 in first two years of pandemic」, 스탯뉴스STAT, 2022년 5월 5일. 각국이 보고한 사망자 수는 700만 명을 넘는 것으로 알려져 있다. 세계보건기구는 실제 사망자 수가 1500만 명에 이르는 것으로 보고 있다.

각각의 감염 사례들은 개인적, 경제적 혼란과 더불어 인간의 깊은 고통을 보여준다. 여러 도시의 텅 빈 상점들은 많은 이들의 잃어버리거나 지연된 꿈을 나타낸다.

여러 업체들의 임시휴업, 마스크 의무 착용, 자가 격리, 사회적 거리두기 등은 우리의 현실 인식과 서로간의 관계를 바꾸어 놓았다. 우리는 코로나19 대유행에 대해 그리고 대유행이 우리가 알던 세상을 어떻게 끝냈는지에 대해 저마다의 사연이 있다.

THE NEW
ROARING
TWENTIES

# 대회복:
# 당신은 회복하지 못했는가?

코로나19 대유행에서 경제적으로 회복하지 못했다 해도 걱정하지 말라. 당신이 이 책을 읽는 대부분의 중상류층 미국인과 비슷하다면 코로나19 대유행으로 인한 대부분의 불황은 애초에 당신을 비껴갔을 것이다. 적어도 경제적으로 당신은 대유행을 견뎌냈다. 하지만 대유행이 많은 사람들에게 미친 영향은 매우 파괴적이고 지속적이었다.

이 장에서는 코로나19 대유행이 심각한 침체를 야기하지 않았고 앞으로도 야기하지 않을 여섯 가지 이유를 살펴볼 것이다. 민간 및 공공 부문이 취한 조치들은 새로운 광란의 20년대의 경제적 토대를 마련하는 데 도움이 되었다.

1. '필수 서비스'를 제공하여 영업정지를 완전히 모면한 대형소매 유통업체와 제조업체들
2. 코로나19 대유행에 대한 전례 없는 정부 지출
3. 예측할 수 없는 주식시장
4. 동네 술집을 비롯해 실물경제의 대담한 생존자들
5. 무한한 자본과 상대적으로 낮은 이자율
6. 원격 근무에 적응하고 비즈니스 방식을 변화시킨 기업들

## 시작할 뻔했던 침체

일반적으로 침체는 GDP 감소나 실업률 상승 같은 부정적인 경제 지표가 2분기 이상 연속되는 것을 말한다. 미국 경제는 2020년 1분기와 2분기에 이 기준을 정확히 충족했다. GDP 증가율은 1분기에 -5퍼센트, 2분기에 -31.4퍼센트로 총 36.4퍼센트 감소했고, 이는 미국 역사상 가장 큰 폭의 하락이었다.

그러나 2020년 3분기와 4분기에는 GDP 증가율이 33.4퍼센트와 4.3퍼센트로 다시 살아나 총 37.7퍼센트를 기록했고 1~2분기의 하락

폭을 완전히 만회하면서 2020년 연간 GDP 증가율은 1.3퍼센트로 마무리되었다. 따라서 2020년 전체로 볼 때 미국은 침체를 겪지 않았다.

GDP의 이 같은 두 자릿수 변화는 보통 1년 동안 몇 개월에 걸쳐 일어나는 것이 아니라 수십 년에 걸쳐 일어난다.

이후 2021년 미국 경제는 연율Annualized Growth Rate(전분기 대비 성장률을 연간 기준으로 환산하여 나타내는 방식) 기준으로 1분기 6.4퍼센트, 2분기 6.5퍼센트, 3분기 2.3퍼센트, 4분기 6.9퍼센트의 GDP 증가율을 기록하며 급격한 성장세를 이어갔다. 나는 광란의 20년대인 1920년대에 그랬던 것처럼 이와 비슷한 GDP 증가가 2020년대 내내 평균적으로 지속될 것이라고 예상한다.

**2020~2021년 미국 GDP**

| 기간 | 상승/하락 | 미국 GDP | 누적 |
|---|---|---|---|
| 2020년 1분기 | GDP 하락 | -5.0% | -5.0% |
| 2020년 2분기 | GDP 하락 | -31.4% | -36.4% |
| 2020년 3분기 | GDP 상승 | +33.4% | -3.0% |
| 2020년 4분기 | GDP 상승 | +4.3% | +1.3% |
| 2021년 1분기 | GDP 상승 | +6.4% | +7.7% |
| 2021년 2분기 | GDP 상승 | +6.5% | +14.2% |
| 2021년 3분기 | GDP 상승 | +2.3% | +16.5% |
| 2021년 4분기 | GDP 상승 | +6.9% | +23.4% |

# 코로나19 대유행은 어째서
# 심각한 침체나 공황을 일으키지 않았는가?

침체는 경제활동 축소를 뜻한다. 그렇다면 우리는 모든 것이 중단된 것 같았던 2020년에 심각한 침체(또는 원래 광란의 20년대 이후 일어난 것과 같은 침체)에서 어떻게 빠져나왔는가? 코로나19 대유행이 2020년에 심각한 침체나 공황을 일으키지 않은 여섯 가지 이유를 살펴보자. 그 다음 가장 중요한 일곱 번째 이유인 12개 기둥에 대해 알아보자. 이 12개 기둥은 새로운 광란의 20년대와 그 이후에 우리 경제가 전반적으로 번영할 것임을 시사한다.

## ① 필수 서비스를 제공한 대형소매유통업체

2020년 3월, 미국의 거의 모든 주에서 영업정지 명령이 내려졌을 때, 대형소매유통업체와 그 밖의 주요 공급업체 및 식량 공급업체(월마트Walmart, 애플Apple, 코스트코Costco, 타겟Target, 샘스클럽Sam's Club, 식품점체인 등)는 필수 서비스로 간주되었다. 이에 따라 그들은 필수적인 식품, 제품 및 서비스가 개인과 기업에 원활히 공급되도록 유지하며 영업정지와 잠재 불황을 면했다. 수많은 필수 서비스 공급업체 가운데 두 곳의 사례를 살펴보자.

### 월마트

미국은 월마트를 비롯한 유통업체의 영업을 허용함으로써 미국 최대 기업들을 통해 GDP를 유지하는 추가적인 이득을 얻었다. 그들은 평소와 비슷하게 매장을 운영할 수 있었다. 게다가 월마트는 전자 상거래 역량을 크게 확대했다.

월마트의 전 세계 매출은 2019년 5100억 달러, 2020년 5190억 달러, 2021년 5550억 달러였다. 또한 미국 내 매출은 2019년 3410억 달러에서 2020년 3700억 달러로 증가했다. 무엇이 침체라고 할 수 있겠는가? 각 가정과 사업체에 상품을 공급한 월마트와 그 밖의 대기업들은 2020년에 영업을 계속할 필요가 있었다.[*]

코로나19 대유행 동안 월마트의 최대 난관은 노동력 확보였다. 월마트는 직원 수 160만 명으로 미국에서 가장 많은 노동자를 고용하는 민간 기업이다. 2021년, 전 세계 월마트 매장의 고객 방문 횟수는 2억 4000만 회였다. 2020년, 미국은 최악의 노동력 부족을 겪었다. 이는 부분적으로 수천만 명이 순급여보다 더 많은 실업급여를 받았기 때문이며, 실업급여가 순급여의 2~3배에 이르는 경우도 있었다.

월마트는 이러한 노동력 문제를 해결하기 위해 수년 간 여러 방식으로 로봇을 활용했다. 기존에 도입한 셀프 계산대 로봇 계산원 외에 (1)고객이 계산대에 멈추지 않고 구매한 물건을 바로 가지고 나갈 수 있게 해주는 RFID 판독 로봇[**], (2)고객이 카트에 넣은 물건을 모니터링하는 스마트폰 내장형 칩 로봇, (3)온라인 쇼핑과 배달 경험을

---

[*]　〈마켓플레이스 펄스Marketplace Pulse〉(2021년 5월 28일); 스태티스타 연구소 Statista Research Department (2022년 1월 27일).

[**]　RFIDRadio-Frequency Identification는 무선주파수 인식을 말한다. RFID 판독기는 네트워크에 연결된 무선주파수 송수신기로, RFID 태그에서 정보를 읽거나 RFID 태그에 정보를 쓸 수 있다. 트랜스폰더Transponder는 RFID 태그 자체에 들어있다.

획기적으로 개선한 웹 기반 쇼핑 알고리즘(월마트의 수백만 고객은 매장 내 경험을 완전히 포기하고 온라인으로만 쇼핑했다) 등이 있다. 이는 궁극적으로 매장 직원(주로 계산원)에 대한 수요를 절반까지 감소시킬 수 있으며, 긍정적인 기대를 모으는 동시에 골치 아픈 문제를 야기한다.

### 애플

2020년 3월 13일, 애플은 중국 이외 지역의 모든 매장을 폐쇄하고 영업정지에 대응할 준비를 했다. 정부는 '필수 서비스' 판매처로 간주되지 않는 대부분의 소매점을 폐쇄시켰다.*** 당시 애플의 가치는 시가총액 9120억 달러, 주가 57달러였다. 며칠 뒤인 3월 26일, 애플 주가는 놀랍게도 62.5달러로 상승했고, 애플은 미국 역사상 최초로 시가총액 1조 달러를 달성한 기업이 되었다. 시가총액이 사상 최고치에 도달하고 코로나19 대유행이 시작된 이때, 애플은 신기술을 적용하여 원격학습 및 재택근무에 필요한 하드웨어를 제공하는 세계 최고의 하드웨어 공급업체가 될 기회를 포착했다. 애플은 상당수의 매장 직원을 해고하고 온라인 판매 기술에 투자를 집중하여 2020년에 온라인 직접 판매를 두 배로 늘렸다.

월스트리트는 애플이 온라인 판매를 위해 체계를 개편하면서 나타난 실적 변화에 반응했다. 3월 26일 이후 5개월 만인 8월 24일, 애플의 시가총액은 2조 달러로 두 배가 되었다. 이전 경제에서는 애플

---

*** 애플은 2020년에 모든 매장을 폐쇄했으나 애플의 제품은 필수 제품으로 여겨졌다. 따라서 애플 매장은 영업을 계속할 수도 있었을 것이다.

이 시가총액 1조 달러 기업이 되는 데 44년이 걸렸으나 팬데믹 경제에서는 시가총액이 1조 달러 증가하는 데(총 2조 달러) 불과 5개월이 걸렸다. 이 책을 쓰고 있는 지금, 애플의 시가총액은 약 2조 5000억 달러에 이른다.

2020년 애플의 경험과 팬데믹 경제의 여러 승자들을 살펴보며 나는 속도에 대해 깨달았다. 내가 원래 향후 30년 동안 실행될 것이라고 생각했던 변화들이 많은 경우 향후 10년 내에 이루어질 것이다.

## ② 전례 없는 정부지출

여기 10억, 저기 10억, 곧 더 큰 금액을 이야기하겠군요

 – 상원 의원 에버렛 맥킨리 더크센Everett McKinley Dirksen

'더 큰 금액'에 대해 이야기하기 전에 몇 가지 기본 정의를 짚고 넘어가자.

**부채Debt** 미국 연방정부가 어느 시점에 빚지고 있는 금액. 주로 미국 재무부가 발행하는 단기 채권Treasury Bill(만기 1년 이하), 중기 채권Treasury Note(만기 2~10년), 장기 채권Treasury Bond(만기 10~20년)으로 이루어진다.

**적자Deficit** 연방세 및 기타 모든 세입이 정부지출액보다 적어 마이너스인 상황. 반대로 플러스인 경우 흑자Surplus라고 한다.

**경기부양 지원금Stimulus** 전년도 소득 신고에서 특정 금액 이하(통상

7만 5000달러)로 소득이 감소한 모든 개인에게 직접 지급하는 금액.

**경기부양을 위한 세금 감면**Stimulus tax relief 경기부양책의 일환으로 납세자들이 세금을 납부할 때 공제되는 금액(사실상 '경기부양 지원금'과 동일).

**100만 달러**One million dollars 1000달러 지폐 1000장. 1969년 이후 1000달러 지폐가 없었으므로 100달러 지폐 1만 장이 더 정확한 정의일 것이다. 100만이 얼마나 큰 숫자인지 생각해보면, 100만까지 세는 데 하루 24시간 쉬지 않고 12일이 걸린다.

**10억 달러**One billion dollars 100만 달러 지폐(존재하지 않음) 1000장. 10억까지 세는 데 32년이 걸릴 것이다.

**1조 달러**One trillion dollars 100만 달러 지폐(존재하지 않음) 100만 장. 1조까지 세는 데 3만 2000년이 걸릴 것이다.

미국 정부가 2020년에 경기부양을 위해 얼마나 많은 돈을 지출했는지 이야기하기에 앞서 사람 관점을 추가해보자. 미국에는 합법 및 불법 거주자를 포함해 대략 3억 3000만 명이 거주하고 있다.

나는 2020년 코로나19 대유행으로 인한 경제 여파에 대응하기 위해 미국 정부가 세입보다 6조 5000억 달러를 더 지출한 것으로 추정한다. 적자 3조 1000억 달러, 경기부양 지원금 2조 6000억 달러, 경기부양을 위한 세금 감면 9000억 달러다.*

---

\* 〈포브스Forbes〉, 2021년 5월 28일.

6조 5000억 달러는 대침체에 대응하기 위해 2009년에 수립한 기록적인 연방 적자 1조 4000억 달러보다 네 배 반, 즉 450퍼센트 더 많은 금액이다.

이를 이해하기 쉽게 살펴보면, 6조 5000억 달러를 미국에 거주하는 모든 사람에게 똑같이 나눠줄 경우 1인당 약 2만 달러를 받을 것이다. 미국의 공식 집계된 빈곤층 거주자 4000만 명에게 이 금액을 나눠준다면 1인당 16만 2500달러(4인 가구당 65만 달러)를 받을 것이다. 이는 적어도 잠시 동안 미국의 빈곤을 해결하기에 충분한 돈이다.

이 책을 쓰고 있는 현재, 나는 2023년 초 미국 연방정부 부채가 30조 달러를 넘을 것으로 예상한다.*

이제 (1)미국 연방정부 부채 30조 달러의 진실, (2)미국 정부가 2020년 코로나19 대유행에 지출한 6조 5000억 달러에 대한 내 생각을 이야기하겠다.

## 미국 연방정부 부채 30조 달러의 진실

지금의 연방정부 부채 30조 달러는 중요하지 않다. 나는 공화당의 평생 당원으로서, 공화당의 전 국회의원 후보(텍사스 주)로서, 공화당 대통령 두 명을 보좌한 전 경제 고문으로서 이야기하고 있다.

다시 말하지만 연방정부 부채 30조 달러는 중요하지 않다. 그렇다면 연방정부 부채에서 무엇이 중요한가? 바로 부채상환비율이다.

---

* Statista.com; Datalab.usaspending.gov; Treasurydirect.gov; 재무성Bureau of Public Debt; 미 재무부 분기 보고서Quarterly Bulletins.

당신의 첫 주택담보대출을 생각해보라. 당신은 원금을 걱정했는 가 아니면 실직할 경우 월 납입액을 어떻게 마련할지 걱정했는가? 당신이 누군가에게 돈을 빌린다면 원금 상환과 월 납입액 마련 중 무엇이 더 중요한가? 바로 월 납입액 마련이다. 그리고 당신이 약정 한 이자와 원금을 상환하지 못할 경우 대출업체가 당신과 당신 가족 에게 합법적으로 취할 수 있는 조치가 중요하다.

그러면 연방정부 부채 30조 달러의 최대 보유자는 누구인가? 바 로 당신(당신과 당신의 친구, 당신의 거래처, 당신의 부모)이다. 연방정부 부채의 최대 투자자는 사회보장 신탁기금(16퍼센트), 연방준비제도 (12퍼센트), 뮤추얼 펀드(6퍼센트) 그리고 미국 시민들이 거의 대부분 을 소유한 수많은 조직들이다. 이들은 당신에게 큰 걱정거리가 아닐 것이다.

연방정부 부채의 33퍼센트 가량은 외국이 보유하고 있다. 그러나 보유국을 살펴보면 러시아도, 북한도 아니다! 2021년 연방정부 부채 를 가장 많이 보유한 상위 5개 국가는 중국(1조 800억 달러), 일본(1조 2800억 달러), 영국(3680억 달러), 아일랜드(3000억 달러), 룩셈부르크 (2678억 달러)다.

솔직히 말해서, 나는 이들 국가가 미국의 완전한 믿음과 신용Full Faith and Credit(부채상환 의무 이행에 대한 채권발행자의 보증이나 약속-옮긴 이)을 그토록 신뢰한다는 사실이 감사하다. 자국 시민의 안녕보다 미 국 시민의 안녕을 우선시한 100여 개 국가와 더불어 룩셈부르크에 축복이 있기를! 미국에 빌려준 돈은 고스란히 미국인의 생활방식을 개선하는 데 사용된다.

더구나 미국에 돈을 빌려준 사람들과 정부는 인플레이션으로 인해 통상적으로 그들이 빌려준 돈의 일부(9분의 1 또는 약 11퍼센트)만 돌려받았다. 1960년의 1000달러는 현재 구매력으로 9000달러의 가치가 있다. 인플레이션이 상승하면 이러한 현상이 계속될 것이다.

연방정부 부채와 그것이 당신에게 갖는 의미에 관심이 있다면 '무한한 자본과 상대적으로 낮은 이자율' 부분을 먼저 읽어보라. 해당 부분에서는 어째서 전 세계 사람들이 거의 무료로 미국에 돈을 빌려주기 위해(사실상 주기 위해) 줄을 서는지, 어째서 이러한 현상이 적어도 향후 수십 년 동안 계속될 것인지 설명한다. 미국에 대한 세계의 이 같은 관대함만으로도 향후 10년간의 경제호황 전망을 뒷받침할 수 있을 것이다.

이자율이 상승하면 연방정부의 부채상환비율이 높아질 것이라고 우려할 수도 있다. 그러나 걱정하지 않아도 된다. 곧 살펴보겠지만 당분간은 이자율이 두 자릿수로 돌아가지 않을 것이다. 미국의 국채 이자율이 14.97퍼센트로 최고치에 달했던 1980년대 이래로 이자율에 대한 내 전망은 계속 옳았다. 그리고 이자율이 감당할 수 없는 수준으로 오른다 해도 국민들이 국가 부채 30조 달러를 갚고자 한다면 미국인의 개인 순자산(저축) 137조 달러는 어떤 상황도 처리하고도 남을 만큼 충분하다. 그러나 현실적으로 당신의 저축이 국가 부채를 갚는 데 쓰일까 봐 너무 걱정할 필요는 없다.

다만 국민이 정말 필요로 하는 수준 이상의 걷잡을 수 없는 정부 지출과 관련하여 걱정해야 할 것이 있다. 바로 낭비와 부도덕이다. 8장 '보편적 기본소득'에서는 직장에서 벌 수 있는 돈보다 더 많은 돈을 지급하여 내 형을 집에 머물게 만든 정부의 헛된 장애지원 프로그램이 세상을 떠난 내 형의 삶을 어떻게 망가뜨렸는지 살펴볼 것이다.

### 코로나19 대유행에 지출한 6조 5000억 달러에 대한 견해

두 번째로, 코로나19 대유행에 대응하여 정부가 2020년 한 해에만 6조 5000억 달러를 지출한 것에 대해 내 생각을 이야기하겠다.

미국 정부는 국내 경제를 훌륭히 구해냈고, 6조 5000억 달러는 매우 바람직한 지출이었다. 2020년에 집권당이었던 공화당은 미국 경제를 부양하는 데 수조 달러를 쏟아 붓고 개인과 사업체에 직접 돈을 지급하여 당시 큰 성과를 거두었다. 2021년에 집권한 민주당 또한 경기부양 지원금을 계속 지급하며 마찬가지로 정부의 역할을 훌륭해 수행했다. S&P 500 지수가 보여주듯이 그 결과는 자명하다. 2020년 하반기 주식시장은 상반기의 손실을 훨씬 뛰어넘어 완전히 회복되었다.

2007~2009년, 미국은 대공황에 버금가는 경제 위기에 직면했다. 하지만 이는 백신으로 해결할 수 있는 문제 때문이 아니었다. 당시 S&P 지수는 6개월이 아닌 6년이 걸려 2013년에야 손실을 회복했다.

우리는 2020~2022년을 훌륭히 헤쳐 나갔고 2007~2009년 위기에서 많은 교훈을 얻었다. 그리고 그 교훈을 적용해 새로운 광란의 20년대를 위한 경제적, 사회적 토대를 마련하며 더 나은 나라를 만들었다.

### ③ 예측할 수 없는 주식시장

2020년 코로나19 대유행이 주식시장에 미친 초기의 부정적 충격은 1929년 주식시장 붕괴의 부정적 충격을 훨씬 능가했다. 그러나 경제는 연내에 완전히 되살아났고 이러한 호전은 회복이 가능하다는 확신을 촉발했다. 물론 이후 2022년에 시장은 내리막을 걸었다. 나는 새로운 광란의 20년대에 주식시장이 크게 요동칠 것이라고 예상한다. 물론 주식시장을 예측하는 것은 쓸데없는 일이다.

나는 주식시장보다 GDP와 고용이 경제성과를 예측하기에 더 효과적인 지표라고 생각한다. 주식시장의 가치 평가는 수익을 바탕으로 이루어지기보다 과장된 광고와 소위 모멘텀에 좌우되는 경우가 많다. 실제로 경우에 따라서는 높은 평가를 받는 데 수익이 전혀 필요하지 않을 때도 있다. 가치는 예측을 기반으로 이루어지며, 예측은 기껏해야 미래에 대한 추측일 뿐이다.

내 아버지는 1903년에 태어나 47번의 침체기 중 16번을 견뎌내셨다. 나는 침체Recession와 공황Depression의 차이가 무엇인지 아버지께 물은 적이 있다. 아버지는 유명한 농담을 인용해 이렇게 대답하셨다.

"그건 쉬워. 침체기에는 이웃이 실직하고 공황기에는 내가 실직하지."

대부분의 사람들에게 직접적인 '공황'이 닥친 것은 온 나라가, 곧 이어 전 세계가 영업정지와 사회적 거리두기 기간에 돌입했던 2020년 1~2분기였다. 수요 공급의 법칙이 야기한 1930년대 대공황과 달리 2020~2022년의 재앙은 생물학 법칙으로 인해 초래되었고, 이는 부유하든 가난하든 모든 사람이 그 영향권에 놓인다는 것을 의미했다.

2020년 2분기에 GDP는 연율 기준 31.7퍼센트 하락했다. 대공황과 비교해 보면, 대공황 초기 3년 동안 연간 GDP는 1930년에 8.5퍼센트, 1931년에 6.4퍼센트, 1932년에 12.9퍼센트밖에 떨어지지 않았다.

사실상 모든 것의 가치가 하락한 채 10년 동안 지속되었던 대공황과 달리 팬데믹 경제는 회복력이 있었다. 그것도 믿을 수 없을 정도로! 2020년 2분기에 연율 기준 31.7퍼센트 하락했던 GDP는 3분기에 반등하여 연율 기준 33.1퍼센트 증가했다. 그리고 2020년 한 해 동안 GDP는 1.3퍼센트 증가했다.

S&P 500은 500개 대기업의 주가를 종합한 지수로, 코로나19 대유행이 전 세계로 확산되기 직전인 2020년 1월 25일에 사상 최고치인 3855를 기록했고 당시 가치는 약 30조 달러였다. 이후 45일 동안 40.2퍼센트 하락하여 3월 23일에 2237을 기록했고, 이어 77일 동안 다시 회복하면서 44.58퍼센트 상승하여 6월 8일에 3232를 기록했다. 이러한 하락과 상승은 유례를 찾아볼 수 없을 만큼 빠른 변동이었다. 한 해 동안 6개월이 채 되지 않는 기간에 하락과 상승이 잇따라 발생했던 것이다. 주식시장은 코로나19 대유행, 이자율, 지정학적 사건, 그 밖의 외부 요인들이 기업에 어떤 영향을 미칠 것인지, 기업이 그러한 요인들에 어떻게 대처할 것인지에 대한 대중의 변화무쌍한 의견을 반영했다. 이 책을 쓰고 있는 현재 S&P 지수는 3650이다.

### ④ 실물경제의 생존자들

팬데믹 경제는 실물경제에서 승자와 패자를 만들어냈다. 가장 중요한 것은 팬데믹 경제가 일부 사업주들에게 그 어느 때보다 탄탄하게 체제를 개편하고 회복할 기회를 주었다는 점이다. 이것이 바로 '생존 후 번영Survive, then Thrive'을 보여주는 사례다.

당시에는 깨닫지 못했지만 나는 2020년 3월 17일 영업정지가 시작된 이후 가족들과 처음으로 저녁 식사를 하러 나간 2020년 5월 18일에 생존 후 번영 현상을 처음 목격했다.

우리는 집 근처에 있는 스키어스 펍(가명)이라는 레스토랑에 갔다. 스키어스 펍은 유타주 파크시티에 있는 150석 규모의 단독 패밀리 레스토랑이다. 내 아이들은 그곳을 다니며 자랐고, 우리 가족은 지역의 몇몇 레스토랑이 2020년 5월 18일 월요일에 '특별한 조건' 하에서 영업을 재개할 것이라는 소식을 들었을 때 그곳을 제일 먼저 가기로 했다.

스키어스 펍의 전화 안내와 웹사이트에는 사회적 거리두기를 위해 150석 중 75석만 이용할 수 있다고 공지되어 있었다. 또 마스크를 착용하지 않거나 스마트폰 앱으로 예약을 하지 않으면 건물 안으로 들어갈 수 없었다. 전화 안내에서는 이용 제한에 대한 사과와 함께 카운티 보건국의 명령에 따라 제한 사항을 준수해야 하며 규정을 따르지 않을 경우 보건국이 언제든 영업을 정지시킬 수 있다는 설명이 흘러나왔다. 이후 나는 카운티 보건국이 영업 중인 가게에서 코로나19 감염자가 나올 경우 손님을 추적하기 위해 휴대폰 번호를 요구했다는 사실을 알게 되었다.

우리는 직원과 통화하지 않고 내 휴대폰 번호만 입력해서 5월 18일 월요일 저녁 6시로 식당을 예약했다. 식당에 도착하자 아이패드를 든 안내 직원이 내 휴대폰 번호로 예약을 확인하고 한 번에 한 테이블씩 손님들을 안으로 들여보냈다.

안으로 들어가자 제시라는 다른 직원이 내 휴대폰 번호 뒷자리를 확인했고 나는 '직원을 따라 테이블로 가세요'라는 문자를 받았다.

테이블에 도착하자 제시는 음료를 주문 받아 아이패드에 입력했다. 그리고 휴대폰과 테이블에 놓인 QR 코드로만 메뉴 확인과 음식 주문을 할 수 있다고 설명했다. 제시는 휴대폰으로 메뉴를 보고 원하는 음식을 결정한 뒤 기다리면 서빙 직원이 음료를 가져와 메뉴에 대한 질문에 대답해 줄 거라고 말했다. 우리 일행 중 누구든 내 휴대폰 번호만 있으면 자신의 스마트폰으로 온라인 메뉴에 접속해 음식을 주문할 수 있었다. 잠시 후 담당 서버가 음료를 가져와 스마트폰 메뉴를 이용해 음식을 주문하도록 안내했다.

주문한 음식은 생각보다 훨씬 빨리 나왔다. 메인 요리를 거의 다 먹었을 때쯤 비슷한 복장의 또 다른 직원이 와서 디저트와 커피를 주문 받아 아이패드에 입력했다. 식사를 모두 마친 뒤 나는 직원을 불러 계산서를 요청했다. 그러자 직원은 계산서가 없어도 예약했던 휴대폰 번호만 있으면 일행 중 누구든 휴대폰으로 식사비를 계산하고 팁을 줄 수 있다고 설명했다.

나는 내 아이폰을 이용해 신용카드로 식사비를 계산하며 생각보다 금액이 적게 나온 것을 확인했다. 그리고 더 큰 그림을 깨달았다. 밖에 있던 안내 직원부터 계산 방법을 알려준 마지막 직원까지 우리가 접한 모든 직원들이 전자 기기로 연결되어 레스토랑이라는 공공 장소에서 필요한 역할을 모두 수행할 수 있었던 것이다. 훌륭한 서비스를 제공하는 측면에서 보면 마치 직원들의 두뇌가 동기화된 것 같았다. 각각의 직원은 서로를 대신할 수 있었고 "저는 이 테이블의 담당 서버가 아닙니다" 혹은 "그게 아직 남아 있는지 확인해봐야겠어요"라고 말할 필요가 없었다. 스키어스 펍은 표준화, 상용화된 서비스형 소프트웨어Software-as-a-service(SAAS) 프로그램을 사용해 운영 체계를 완전히 개편했고 모든 감독이 팀원에게 궁극적으로 원하는 결과, 즉 각 선수가 하나로 기능할 수 있는 능력을 이루어 냈다.

나는 큰 기대 없이 레스토랑에 갔다. 그저 가족과 밖에 나와 안전하게 식사할 장소를 원했을 뿐이다. 하지만 스키어스 펍은 내 기대를 완전히 넘어섰고 그 결과 '행복=현실-기대'라는 행복의 기본 요건을 모두 충족했다. 뿐만 아니라 11장에서 살펴볼 소비자 잉여 측면에서 볼 때 스키어스 펍은 진정한 소비자 잉여(내가 만족스럽게 더 많은 돈을 지불할 의사가 있는 제품이나 서비스)를 제공했다.

당시 스키어스 펍이 바꾼 모든 것은 살아남기 위한 조치였다. 그저 지역 당국이 정한 보건 및 안전 요건을 지키기 위해서였던 것이다. 2021년에 코로나바이러스가 통제되자 스키어스 펍은 생존에 그치지 않고 번영하기 시작했다. 그들은 생존을 위해 적용했던 기술 덕분에 운영 잠재력을 갖추게 되었다. 포장 주문을 대부분 자동화하여 전보다 매출을 두 배 높였고 가격을 낮춰 더 많은 사람들이 이용하게 되었다. 또 기술이 부족한 직원을 더 많이 고용해도 교육 시간을 줄일 수 있었고 직원들이 아프거나 휴가를 낼 경우 업무 공백을 줄일 수 있었다.

## ⑤ 무한한 자본과 상대적으로 낮은 이자율

심각한 침체에서 벗어나 다음 10년 동안 궁극의 번영을 이룰 수 있는 주된 경제적 요인 중 하나는 풍부한 자본과 상대적으로 낮은 이자율일 것이다. 인플레이션 재발과 그로 인한 이자율 상승에도 불구하고 이자율은 여전히 역사상 낮은 수준이며 성장 자본을 이용할 수 있는 상황이다.

경제적으로 종합해볼 때, 미국은 코로나19 대유행을 무사히 헤쳐 나왔다. 부분적으로 이는 노동의 대가를 미국 재무부와 국민들에게 빌려주며 스스로 발목을 잡은 다른 나라 예금자들의 희생으로 얻은 결과다.

나는 유타주 파크시티에 산다. 한때 광산촌이었던 이곳은 현재 스키로 유명한 지역이다. 1800년대, 수천 명의 이민 광부들은 일확천금의 꿈을 안고 파크시티로 모여들었다. 금이나 은을 발견하면 그들은 밤낮없이 광물을 캤다. 그리고 새롭게 얻은 자신의 부를 안전하게 보관하기 위해 중심가에 있는 은행 가운데 한 곳에 맡겼다.

당시 선택할 수 있는 은행은 세 군데였다. 은행들은 시내에서 가장 큰 건물에 있었고 사람이 드나들 수 있는 초대형 금고와 무장 경비대를 보유하고 있었다. 이자를 지급하는 지금의 은행과 달리 예금자들은 자신의 부(주로 금 원석)를 지켜주는 대가로 은행에 보관료를 냈다. 당시 사람들은 가장 높은 이자를 주는 은행을 선택하는 것과 대조적으로 가장 강한 경비대와 가장 안전한 금고가 있는 은행을 선택했다. 그 당시를 일컫는 '와일드 웨스트Wild West(무법자들이 판치던 서부개척 시대를 뜻하는 관용 표현-옮긴이)'라는 말이 괜히 나온 것이 아니었다!

오늘날, 특히 2007~2009년 대침체와 코로나19 대유행 이후 이와 비슷한 현상이 일어나고 있다. 여러 국가 및 외국 기업, 부유한 개인들이 미국에 부를 보관할 안전한 장소를 찾는 것이다. 이를 '할인 대출Lending at the Discount Rate'이라고 하며, 현재 미국의 연간 적자 지출 2조 달러는 다음과 같이 작동한다.

미국 재무부는 채권 보유자에게 52주 내 정해진 날짜에 1000달러를 지급하기로 약속하는 1000달러짜리 단기 채권(일반적으로 티빌 T-bill이라고 부름)을 매주 약 400억 달러 가까이 신규 발행한다.* 대부분의 단기 채권은 액면가가 1000달러이지만 재무부는 최대 500만 달러까지 채권을 발행할 수 있으며 만기는 며칠에서 1년까지 다양하다. 재무부는 경매를 열어 1000달러짜리 단기 채권을 통상 약 950달러의 할인된 가격에 판매한다. 그리고 구매자(대출자 A라고 하자)는 52주 뒤 재무부에 채권을 돌려주고 1000달러를 받는다.

대출자 A가 첫째 날 지불한 950달러와 365일째 날 받은 1000달러의 차이를 '할인액'이라고 하며, 사실상 이는 950달러를 365일 동안 빌린 것에 대해 재무부가 지불하는 이자인 셈이다. 이 경우 연간 이자율은 5.26퍼센트로 계산된다(대출금 950달러에 대한 이자 50달러). 이 거래는 재무부가 대출자 A에게서 5.26퍼센트의 이자율로 950달러

---

* 거의 모든 대출자가 만기에 도달한 채권을 신규 채권으로 연장하기 때문에 재무부는 만기에 이른 채권을 대체하기 위해 충분한 물량의 단기 채권을 발행한다. 또한 주당 400억 달러(연간 2조 달러)의 현행 적자 지출을 감당하기 위해 매주 400억 달러의 신규 채권을 발행한다(신규 대출).

를 빌린 뒤 1000달러를 갚은 것으로 볼 수도 있다. 이는 원금 950달러와 1년 뒤 이자 50달러에 해당한다.

이제 약 5퍼센트의 이자를 얻으면서 돈을 보관할 안전한 장소를 필요로 하는 사람이 대출자 A 외에도 더 있다고 가정하자. 특히 9.11 테러, 대침체, 코로나19 대유행 같은 주요 위기가 발생하면 이 같은 수요가 더욱 많아진다. 대출자 A가 1000달러짜리 단기 채권에 950달러를 제시할 경우 대출자 B는 960달러를 제시한다. 이는 960달러를 실효 이자율 4.17퍼센트(40달러/960달러)로 1년 동안 빌릴 수 있는 더 좋은 기회를 재무부에 제공한다. 재무부 경매가 끝나기 전에 대출자 C가 나타나 970달러를 제시한다. 이는 970달러를 이자율 3퍼센트 (30달러/970달러)로 1년 동안 빌려주는 것이다. 이러한 과정은 대출자 Z가 999.99달러를 제시할 때까지 이어진다. 결국 재무부는 999.99달러를 이자율 0.001퍼센트(0.01달러/999.99달러)로 1년 동안 빌릴 기회를 얻게 된다. 사실상 이자율 0퍼센트, 이자 1센트인 셈이다.

외국인이나 외국 기업은 어째서 비교적 이자율이 낮은 미국 부채를 그토록 보유하고 싶어 하는가? 여러 가지 이유가 있지만 가장 중요한 두 가지 이유를 집중적으로 살펴보자.

**미국의 정치적 안정**

전 세계 투자자들은 몰수, 조세, 공산주의 등으로 인해 자신들의 부가 박탈되는 것을 무엇보다 두려워한다. 2021년 1월 6일 의회 폭동, 극단적인 당파 정치, 총기 난사, 인종 불안 등의 사건이 일어난 이후에도 미국은 여전히 지구상에서 정치적, 경제적으로 가장 안정된 나라다. 또한 오늘날까지 부채를 결코 체납하지 않은 유일한 강대국이다.*

## 미국의 군사력

세계대전이 다시 발발한다면 마지막까지 견디는 나라는 미국이 될 가능성이 매우 높다. 미국은 부를 보관하기에 가장 안전한 장소다. 2020년, 미국은 국방 분야에 7480억 달러를 지출했다. 이는 미군이 지키는 165조 달러의 미국 자산, 즉 미국 부채 30조 달러+미국 가계자산 135조 달러(가계부채 제외)에 비하면 1년에 0.5퍼센트도 채 되지 않는 비용이다. 나는 미군이 미국 자체의 부를 보호하는 최후의 연방예금보험 프로그램이라고 생각한다. 또한 미군 재원으로 사용되는 연 7480억 달러가 일종의 예금 보험료로 최상위 부자들에게 그들의 부에 비례하여 직접 청구되어야 한다고 생각한다. 부유한 이들이 강력한 미군의 혜택을 가장 많이 받기 때문이다.

1989년 모스크바에서 소련의 한 경제학자가 《타인의 돈Other People's Money》이라는 내 책의 제목을 부정확하게 표현하며 폄하했다. 그녀는 "'타인의 돈'을 지키는 일에 얽매인 불쌍한 게으름뱅이"라고 미군을 비난했다.

안타깝게도, 그녀의 말은 일리가 있었지만 그녀가 생각했던 것과 정확히 일치하지는 않았다. 나는 미군이 점점 더 첨단화되고 군인들

---

\* 엄밀히 따지면, 미국은 1979년 4월 26일 만기인 단기 채권을 재정 문제가 아닌 운영 문제로 며칠 동안 체납했다.

이 복무에 대해 더 나은 재정적 보상을 받게 되길 바란다. 최상위 부자들은 세계 최강의 군대가 자신의 부를 지켜주는 혜택을 지나치게 누리고 있다. 언젠가는 그들이 보유한 부에 비례하여 그들에게 미군의 운영비가 과세될 것이다. 미국의 가계 순자산에 연 1퍼센트의 방위세가 부과되면 연간 군 예산은 2020년 군 예산 7480억 달러에서 200퍼센트 증가한 1조 4900억 달러가 될 것이다.

미국의 정치적 안정과 경제정책은 당신이 이에 대해 어떤 견해를 갖고 있든 투자자들에게 다른 나라보다 훨씬 더 좋은 조건이다. 미국은 완벽하지 않아도 된다. 전 세계의 자본을 끌어들이고 세계 최고의 똑똑한 인재들이 미국에 살고 싶어 하도록 정치적 안정과 군사력 면에서 상대적으로 최고가 되면 된다.

경제학자이자 공공정책 고문으로 일해 오면서 나는 세 번의 마이너스 이자율을 경험했다. 9.11 테러 이후, 2007~2009년 대침체, 코로나19 대유행이다. 이들 세 시기는 전문가로 일하는 동안 내게 가장 큰 영향을 미쳤다. 외국인 투자자들이 자기 나라가 무너지는 것을 얼마나 두려워하는지 이 시기를 통해 깨달았기 때문이다. 외국인 투자자들은 수익이 없거나 마이너스인데도 미국에 돈을 맡기려 할 만큼 자국의 붕괴를 두려워했다.

외국 기업, 정부, 개인이 사들인 미국 재무부 채권은 평범한 미국인들의 삶에 엄청난 선물이나 다름없다. 이는 명목 이자율, 때로는 마이너스 이자율을 받아들이려는 의지로 인해 더욱 복잡해진다.

앞서 설명했듯이 미국의 부채는 약 30조 달러이며 외국 기업이 3분의 1 이상을 갖고 있다. 외국 기업이 보유한 약 12조 달러는 외국 시민으로부터 미국 시민에게 부가 이전된 것과 같다. 의미상 부채 30조 달러는 이미 지출한 돈을 나타내기 때문이다. 13장 '중국의 도전'에서는 중국의 수많은 부호들과 그외 외국인들이 미국에 진정 원하는 것이 무엇인지, 이것이 미국 경제에 의미하는 바가 무엇인지 설명할 것이다. 애플, 아마존, 구글, 테슬라, 페이스북의 설립자들과 그밖의 수많은 억만장자들은 외국에서 태어났거나 나처럼 이민 1세대 미국인이다.

일반적으로 저금리는 부유한 나라와 투자자들에게 유리하고 저축을 빌려주는 사람들에게 불리하다. 중앙은행 총재를 비롯해 저금리가 경제에 득이 된다고 보는 이들이 많지만 다른 한편으로는 고려해야 할 불평등 또한 존재한다.

### 인플레이션에 대해

모든 사람이 인플레이션을 걱정한다. 제2차 세계대전 이후 미국은 장기간 이어진 두 자릿수 인플레이션을 세 차례 경험했다(1946~1948년, 1974~1975년, 1979~1981년). 인플레이션율이 10년 동안 7퍼센트를 초과하면서도 경제는 침체되었던 1970년대 같은 시기를 겪을 것이라는 실질적인 우려도 제기된다.

코로나19 대유행은 공급망 혼란을 야기했다. 정부의 경기부양책은 소비자의 소비력을 증대시켰다. 러시아의 우크라이나 공격은 원유와 밀의 가격 및 공급에 영향을 미쳤다.

나는 연방준비제도나 미국 정부가 취하는 어떤 조치보다 기술 발전과 생산성 향상이 인플레이션 둔화와 더 밀접한 관계가 있을 것이라고 생각한다.

흥미롭게도 대부분의 경우 소득은 인플레이션을 따라갔다. 가격 상승폭이 가장 큰 항목은 대체로 소비에서 차지하는 비중이 낮은 항목이었다. 예를 들어 세계 인구의 절반 이상이 먹는 쌀은 소득에서 적은 비중을 차지한다. 가처분소득에서 에너지와 식량이 차지하는 비중 또한 역사적으로 낮은 수준이다. 생산성 향상과 기술 발전은 소비자들이 쉽게 알아차릴 수 없는 방식이긴 하지만 인플레이션을 감소시키고 있다. 하지만 이것이 저소득층에게 특별히 위로가 되지는 않는다. 약간의 가격 인상도 그들의 생존을 위협할 수 있다. 전반적인 국민소득은 증가했으나 최저생계 예산으로 생활하는 사람들의 임금은 그만큼 증가하지 못했다.

이러한 사실은 8장에서 논의할 보편적 기본소득이라는 해결책을 시사한다. 그것은 많은 미국인들에게 그야말로 죽느냐 사느냐를 가르는 문제일 수 있다.

### ⑥ 원격 근무

사업주이자 기업가로서 나는 수년 동안 원격 근무가 유용하다는 것을 알게 되었다. 내 회사는 일정한 소재가 없으며 내 책임은 사업의 종류와 상황의 급박함에 따라 달라진다.

코로나19 대유행으로 인해 전통적인 '사무실 근무'가 재택근무나 하이브리드 근무로 대체되었다. 대유행이 진정되면서 점차 사무실로 돌아가려는 움직임이 일어나고 있다. 많은 고용주와 관리자들은 팀워크를 형성하고 시너지를 낼 수 있는 사무실 환경을 선호한다. 이러한 환경에서 그들은 사무실을 '돌아다님으로써', 동기부여를 위한 회의를 열어 한데 모임으로써 업무와 직원들을 관리할 수 있다.

직원들은 원격 근무를 좋아하게 되었다. 재택근무 덕분에 출퇴근 시간이 사라졌고 육아와 그 밖의 집안일을 할 수 있게 되었다. 또 직원들은 대부분 재택근무로 업무시간이 줄어들기보다 늘어났다.

사무실은 예전으로 돌아갈 것 같지 않다. 이제 원격 근무와 사무실 근무를 혼합한 하이브리드 시스템이 발전하고 있다. 이는 상업 부동산 시장에 영향을 미친다. 전통적인 사무 공간에 대한 수요는 전과 같지 않을 것이다. 특히 면적이 넓은 교외 및 중심상업지구 오피스 단지가 부정적인 영향을 받을 것이다. 기업들은 넓은 공간도, 이전과 같은 공간도 필요하지 않을 것이다.

게다가 원격 근무자들은 설계와 위치 모든 면에서 사무실의 필요성을 만족시키는 집을 원할 것이다. 예를 들어 뉴욕에서 일자리를 얻고 유타주 파크시티에 살면서 일하는 것도 가능할 것이다.

## 가장 중요한 일곱 번째 이유: 12개의 기둥

미국은 공공 및 민간 부문의 조치와 앞서 제시한 여러 이유들 덕분에 코로나19 대유행으로 인한 침체 또는 공황에 빠지지 않았다. 하지만 이러한 주요 조치들은 코로나19 대유행으로부터 경제적으로 우리를 구한 12개의 기둥(12개의 기둥이 지닌 경제 잠재력과 그것이 미국 경제에 미치는 긍정적, 장기적 영향)에 비하면 미미하다. 사업가라면 누구나 이들 12개의 기둥이 주는 보상을 이해하려고 노력해야 한다. 12개의 기둥은 우리 경제를 새로운 광란의 20년대로 데려가고 있다.

　하지만 그렇다고 해서 주식시장의 하락 및 조정이 일어나지 않는 것은 아니다. 침체가 발생하지 않는 것도 아니다. 우리는 다가오는 변동성의 시대에 주식시장의 하락 및 조정과 경기 침체를 어느 정도 예상해야 한다. 그러나 이와 더불어 12개의 기둥을 이해하는 것은 당신의 생존과 번영에 도움이 될 것이다.

## 2부

# 6개의 경제적 기둥

새로운 광란의 20년대가 지닌 경제적 가능성은 6개의 경제적 기둥에 상당 부분 근거한다. 무엇보다도 기술이 부를 견인할 것이며 우리가 쉽게 인지할 수 없는 방식으로 우리 일상에 영향을 미칠 것이다. 세계는 성장을 위해 개편되고 있다. 이는 우리가 한 번도 경험해보지 못한 에너지 혁명을 통해 강화될 것이다.

구조적 실업은 성장과 발전을 나타내는 징후다. 하지만 그로 인한 사람들의 희생은 매우 큰 충격을 남긴다. 널리 보급된 수많은 로봇 응용 프로그램은 이러한 우려를 가속화할 것이다. 이를 해결할 수 있는 방법에는 성장하는 긱 이코노미와 보편적 기본소득이라는 중요한 개념이 있다. 새로운 광란의 20년대에 우리는 변동성과 전에 없는 도전을 마주하겠지만 놀라운 기술 진보 또한 경험할 것이다.

# 3장

# 기술 주도의 부

대부분의 전통적 경제이론은 희소성에 기반을 둔다.
풍부함을 바탕으로 한 경제 연금술 이론은 새로운
광란의 20년대에 우리 경제와 사회를 견인할 12개
기둥의 근간을 이룬다.

이 장에서는 끊임없이 확장되는 기술(즉, 인간의 독창성)을 물적 자원에 적용하여 현재 우리가 어떻게 무한한 부를 갖게 되었는지 설명하는 경제 연금술을 살펴볼 것이다.

W(부) = P(물적 자원) × T(기술)

정보기술은 승수효과(n)를 갖는다

W=P×T는 기술(T)이 대다수 사람들의 일생 동안 일정한 경우가 많았다는 점을 제외하면 인류 역사를 통틀어 사실이었다. 21세기 이전 인류 문명의 역사에서 토지, 광물, 깨끗한 물 등 더 많은 물적 자원(P)의 축적이 중요했던 것은 바로 이 때문이다.

부(W)를 얻기 위해서는 P나 T를 더 많이 얻어야 한다. P를 더 많이 얻은 경우 부를 창출하기 위해 얻은 것을 모두 사용한다. 반면 T를 더 많이 얻은 경우 얻은 것을 모두 쓰지 않는다. 당신이 얻은 T는 더 나은 T가 등장해 쓸모없어질 때까지 누적된다. 세계에서 가장 많은 P(토지, 광물, 석유)를 보유한 구소련은 경제적으로 이렇게 무너졌다. 땅도 좁고 천연자원도 부족하지만 1980년대에 가장 뛰어난 기술을 보유했던 일본은 세계에서 두 번째로 부유한 나라가 되었다(중국이 등장하기까지).

이제 부의 가능성을 지닌 무한한 자원이 모두에게 제공된다면 어떻겠는가? 비금속을 금으로 바꾸려 했던 고대 연금술사들처럼 우리가 과학과 공학을 이용해 전에 없던 대단한 가치를 창출할 수 있다면 어떻겠는가?

오늘날의 연금술 세상은 유망한 모델도, 가설적 이론도, 추상적 꿈도 아니다. 그것은 무한한 부의 가능성을 품은 새롭고 놀라운 10년을 시작하며 우리가 살고 있는 세상이다.

이 장에서는 경제 연금술의 세 가지 원칙과 핵심 방정식을 개괄적으로 살펴볼 것이다. 그리고 이 중요한 개념을 당신의 삶과 비즈니스에 어떻게 적용할 수 있는지 생각해볼 것이다.

## 와튼 경영대학원에서의 첫날

1975년 1월, 나는 MBA 학생으로 첫 수업에 참석했다. 그리고 경영대학원에 간 것이 큰 실수일지도 모른다는 것을 깨달았다. 첫 수업은 거시경제학이었고 교수님은 다음과 같이 강의를 시작했다.

경제학은 희소성을 연구하는 학문입니다. 토지, 깨끗한 물, 석유, 노동, 원재료 등 희소한 자원이 제한적으로 공급됩니다. 효율 극대화를 위해 희소한 자원을 어떻게 배분하는가, 자본주의라고 부르든 공산주의나 사회주의 혹은 그 밖의 어떤 '주의'라고 부르든 이것이 경제학입니다.

바로 그 순간 나는 그곳에 있고 싶지 않아졌다. '희소성이라고?' 나는 지구상의 모든 사람이 누릴 수 있는 무한한 부(식량, 주택, 교통, 엔터테인먼트)를 창출하는 방법을 배우기 위해 와튼에 간다고 생각했다. 희소성에 대한 교수님의 믿음은 과학도로서의 내 믿음과 배치

될 뿐만 아니라 내 종교와도 어긋났다. 내가 사랑하고 기도했던 하느님은 인류가 수십억 명으로 늘어날 수 있음에도 불구하고 먹을 것과 쉴 곳을 마련하는 능력이 허락되지 않는 세상을 창조하지 않았을 것이다.

다음 수업인 마케팅에서는 모두가 경쟁에서 이기는 것(자기 제품의 브랜드로 고객을 전환시키는 것)에만 매달리는 것 같았다. 내가 생각하기에 마케팅은 고객의 삶과 건강을 향상시킬 새로운 제품이나 서비스를 잠재 고객에게 알리는 것에 중점을 두어야 했다. 대부분의 MBA 학생들에게 마케팅은 다른 누군가의 고객을 빼앗아 경쟁에서 이기는 것이었다.

물론 당시 나는 교수님들(교수님 중 한 분은 5년 뒤인 1980년에 노벨경제학상을 수상했다*)에게 이의를 제기하는 것은 고사하고 와튼 경영대학원에 있는 것만으로도 주눅 들었던 스무 살짜리 대학원생이었다. 당시 나는 풍부함보다 희소성에 근거한 강의에 아무 대안도 내놓지 못했다. 이후 풍부함을 기반으로 한 나만의 경제 이론을 개발하는 데 15년이 걸렸다. 과학과 종교적 믿음을 통해 금을 창조할 수 있다고 믿었던 고대 연금술사들과 달리 나는 이 이론을 '경제 연금술 이론'이라고 불렀다. 이것은 더 많은 부, 기본적으로 더 많은 P를 얻으려면 이웃과 싸워 그들의 땅과 금을 빼앗는 방법밖에 없다는 당시의 통념과 대비된다.

---

* 미첼 파이겐바움Mitchell Feigenbaum은 결정론적 카오스 이론을 정립하고 파이겐바움 상수를 발견한 수리물리학자였다.

# 경제 연금술의 세 가지 원칙

전통 경제학에서는 사회의 부가 토지, 노동, 광물, 물 등 물적 자원의 공급에 의존한다고 말한다. 이러한 자원을 더 많이 얻는 방법은 다른 누군가로부터 빼앗는 것뿐이다. 이 모델에서 한 사람의 이득은 다른 사람의 손실이 될 수밖에 없다. 암울한 제로섬 게임인 것이다. 이러한 세계관은 전쟁, 혁명, 정치운동, 정부 정책, 비즈니스 전략을 낳았고 어쩌면 종교에도 영향을 미쳤을 것이다.

새로운 광란의 20년대를 이루는 12개의 기둥을 뒷받침하는 기술 덕분에 우리에게는 잠재적으로 무한한 부를 창출할 수 있는 사실상 무한한 자원이 있다. 이는 곧 살펴볼 내용과 같이 이른바 자원의 희소성이라는 전제가 그저 인간이 만들어낸 개념에 불과하기 때문이다. 게다가 우리는 이미 정의된 자원이 고갈되기 전에 항상 새로운 자원을 개발하고 있다.

뿐만 아니라 12장 '국민총행복'에서 살펴볼 내용과 같이 새로운 광란의 20년대에는 기존의 GDP 대신 경제 발전을 측정할 새로운 기준이 있다. 국민총행복은 깨끗한 공기부터 화석 연료까지 우리가 고갈시키는 물적 자원을 고려한 뒤 우리가 창출하는 부를 측정한다.

우리는 기술을 이용해 자연의 원재료에서 우리 삶을 변화시키는 멋지고 정교한 장치를 만들어낼 수 있다. 수리물리학자 미첼 파이겐바움Mitchell Feigenbaum이 세상에서 가장 흔한 재료인 모래로 어떻게 컴퓨터 칩을 만드는지 설명했던 것처럼 우리는 흙으로도 컴퓨터를 만든다. 배터리의 원료인 리튬 같은 '희토류'조차 전 세계에서 새롭고 놀라운 방식으로 추출되고 있다.

부를 측정할 때에는 석유 보유량이 아닌 1갤런으로 갈 수 있는 거리를 기준으로 한다. 따라서 풍력이나 태양력 발전을 이용한 전기 자동차를 운전할 경우 부는 무한할 수 있다. 또 농지 보유량이 아닌 면적 당 생산할 수 있는 식량을 기준으로 부를 측정한다. 따라서 실내나 토지가 없는 곳에서도 수경재배 기술과 태양력 발전을 이용한 LED 조명을 사용하면 부는 무한할 수 있다.

전통적인 경제학자는 기존의 파이를 나누는 더 좋은 방법을 찾는 반면 경제 연금술사는 모두가 나눌 수 있는 크기의 새로운 파이를 굽는 데 집중한다. 다시 말해, 연금술사는 부를 창조하고 경제학자는 부를 이리저리 옮길 뿐이다. 경제 연금술 이론은 새로운 광란의 20년대를 전혀 새로운 게임으로 만든다.

경제 연금술 이론은 기술이 자연과 물적 자원의 공급을 어떻게 결정하는지, 기술 발전의 속도를 통제하는 것은 무엇인지, 기술이 자연과 소비자 수요를 어떻게 결정하는지, 앞날을 예측하기 위해 기술 격차를 어떻게 이용할 수 있는지 설명한다. 경제 연금술 이론의 세 가지 주요 원칙을 살펴보자.

## 원칙 ①: 기술은 부를 구성하는 핵심 요소다

강과 호수에서 깨끗한 물을 찾고 야생에서 자라는 기본적인 식물을 찾는 것 이외에 우리가 물적 자원 또는 부라고 부르는 것은 인간이 만들어낸 산물이다. 물을 담고 운반하는 그릇부터 농산물, 광물, 화석 연료에 이르기까지 소위 모든 '천연' 자원의 정의와 공급은 기술에서 비롯된다. 또한 어떤 자원을 부로 정의하거나 만들어내고 나면 그것을 얻고, 가공하고, 운송하고, 사용하는 기술에 의해 그 자원의 공급 또한 결정된다.

4장 '에너지 혁명'에서 볼 수 있듯이 에너지는 이미 정의된 천연 자원의 사용이라는 마지막 범주에 속하며, 우리는 새로운 광란의 20년대에 이 범주에서 가장 큰 이득을 보게 될 것이다. 예를 들어, 백열전구에서 LED 전구로 바꾸기만 해도 조명에 드는 비용을 1000퍼센트 줄일 수 있다. 이는 에너지 절약 면에서 볼 때 갤런당 20마일 가는 자동차에서 갤런당 200마일 가는 자동차로 바꾸는 것과 동일하다. 교통비가 연 5000달러에서 500달러로 감소하면 당신의 삶은 어떻게 바뀌겠는가?

### 세계 최초의 에너지 위기

약 13세기부터 산업혁명이 시작될 때까지 세계 경제의 상당 부분은 포경업에 의존했다. 고래의 지방은 가정용 조명과 난방에 사용되는 고래 기름을 만드는 데 쓰였고, 경랍Spermaceti(향유고래의 머리 부분에서 고래 기름을 분리하고 얻은 고형분으로, 고래왁스라고도 함-옮긴이)은 양초와 윤활유를 만드는 데 쓰였으며, 고래 뼈는 예술 조각부터 여성용 코르셋에 이르기까지 다양한 분야에 활용되었다. 실제로 초기 정착 단계의 미국 경제는 전적으로 포경업을 기반으로 이루어졌다.

건국한 지 100년도 채 되지 않아 미국은 600년 역사의 포경업을 장악하게 되었다. 1850년 무렵, 미국의 포경선단은 세계에서 가장 큰 포경선 950척 가운데 약 700척을 보유했다. 다른 나라의 포경선은 고래를 잡은 뒤 가공을 위해 모항으로 돌아왔으나 독창적인 미국 포경선은 모항으로 돌아오기 전에 고래를 가공해 유용한 제품을 만드는 그야말로 바다 위의 공장이었다. 따라서 미국 포경선은 바다에 오래 머물 수 있었고, 가치가 훨씬 더 높은 화물을 싣고 들어와 주요 항구에서 오염을 줄일 수 있었다. 이처럼 바다에서 고래 제품을 가공하는 것(주로 고래 지방을 끓여 고래 기름을 만드는 것)은 사용되지 않는 제품을 생태계로 돌려보내는 추가적인 이점도 있었다.

세계 최초의 에너지 위기는 전 세계 고래 공급이 점차 감소했던 19세기 중반에 발생했으며, 이는 주로 미국의 효율적인 고래 포획 때문이었다. 1859년, 북대서양에서만 1만 마리 이상의 고래가 포획되었고 이는 세계적인 고래 제품 부족을 야기했다.[*]

비관론자들이 고래 제품 부족으로 인한 경제 종말을 예측했던 1859년, 더 낮은 가격으로 사실상 모든 고래 제품을 대체하는 제품이 등장했다. 1859년 8월 27일, 에드윈 드레이크Edwin L. Drake 대령은 펜실베이니아주 타이터스빌에서 세계 최초의 유정을 뚫는 데 성공했고 이로써 현대 석유 시대의 서막이 열렸다.[**]

19세기 동안 세계 경제를 지배했던 영국의 국내 경제는 주로 석

---

[*] 피터 애플봄Peter Applebome, 「그들은 고래 기름 또한 필수품이라고 말하곤 했다 They Used to Say Whale Oil Was Indispensable, Too」, 〈뉴욕 타임즈New York Times〉 2008년 8월 3일; 에드워드 버트Edward Butts, 「고래 기름에 대한 경고The Cautionary Tale of Whale Oil」, 〈글로브 앤드 메일The Globe and Mail〉, 2019년 10월 4일; 허먼 멜빌Herman Melville, 《모비딕Moby-Dick》(1851년).

[**] 상업적 석유 생산은 1857년 루마니아의 얕은 유정에서 시작되었으나 하루 25배럴의 원유를 생산한 드레이크의 유정이 현대 석유 산업의 시초로 여겨진다.

탄 생산에 의존했다. 에너지원이자 철강 생산의 주재료로 사용되었던 석탄은 영국 공업력의 근간을 형성했다.

윌리엄 스탠리 제번스William Stanley Jevons가 저서를 통해 1900년 즈음 석탄 공급 고갈로 인해 영국의 산업 시대가 막을 내릴 것이라고 예측했던 1865년, 이른바 '석탄 공황'이 발생했다.

제번스는 부유한 영국 가정에서 태어났으나 1865년에 책을 저술하기 전까지 개인 생활에 상당한 문제가 있었다. 그의 어머니는 1845년에 돌아가셨고, 큰형은 1847년에 정신질환을 앓았다. 리버풀에서 철강 무역을 했던 아버지는 1848년에 파산했다. 가족이 재정적 어려움에 처하면서 화학과 수학을 공부하던 그는 대학을 그만두게 되었다. 이후 오스트레일리아에서 일자리를 얻어 지내다가 1859년에 영국으로 돌아와 대학을 졸업했다.

1865년, 제번스는 《석탄 문제: 영국의 발전과 탄광 고갈 가능성에 관한 질문The Coal Question: An Inquiry Concerning the Progress of the Nation, and the Probable Exhaustion of our Coal Mines》을 출간했다. 이 책은 에너지 위기가 닥칠 때 흔히 등장하는 비관론자들의 책과 다르지 않았다. 제번스는 화학과 수학에 대한 지식을 활용하여 그래프와 포물선을 종합해 당시 3.5퍼센트의 연간 석탄 소비량 증가율을 제시하고 '지금의 만족스러운 진행 상태가 지속되는 데에는 한계가 있을 수밖에 없다'고 주장했다. 이러한 제번스의 이론은 '제번스의 역설'로 불렸다.

제번스는 진정한 비관론자였다. 그는 석탄의 대체재를 찾는 것에 회의적이었고 더 효율적인 사용을 통해 석탄 소비를 줄일 수 있는 가능성을 무시했다. 그는 비용 절감은 산업의 확장을 촉진할 것이며 결국 석탄 수요 증가로 이어질 것이라고 주장했다.

또한 번영의 종말을 예견하며 "우리는 잠깐의 위대함과 오래 지속되는 평범함 사이에서 중대한 선택을 해야 한다"라는 이탤릭체 문장으로 책을 끝냈다. 더불어 현 세대의 낭비를 후세에게 부분적으로 보상하기 위해 국가 부채를 줄여야 한다고 제시했다.[*]

제번스는 책 출간 이후 전국적인 유명세를 얻어 왕립석탄위원회에 임명되었다. 왕립석탄위원회는 보고서를 발표하지 않다가 1871년이 되어서야 안심할 수 있을 만한 석탄 매장량 추정치를 내놓았고 국민들은 석탄에 대한 걱정을 잊고 지냈다. 반면 빠르게 발전한 석유 산업은 19세기 말이면 석탄이 부족해질 것이라는 제번스의 예측이 실현되기 한참 전에 석탄을 대체했다.

제번스는 석탄 부족에 대한 연구를 그만두고 경제활동 주기와 당시 발견된 천문 현상인 태양 흑점 주기 사이의 연관성을 연구하기 시작했다.[**]

## 원칙 ②: 정보기술의 발전-정보의 소통, 처리, 저장 속도

기술은 우리가 물적 자원 또는 부라고 부르는 것을 규정하며, 이미 규정된 자원이 얼마나 되는지 또는 우리가 삶을 위해 가진 부의

---

[*]  콜리슨 블랙R.D. Collison Black, 《팔그레이브 경제학 사전The New Palgrave: A Dictionary of Economics》 중 「윌리엄 스탠리 제번스」(Macmillan Press, 1987년)

[**]  11년의 태양 흑점 주기는 1843년 독일의 천문학자 사무엘 하인리히 슈바베Samuel Heinrich Schwabe가 처음 발견했다(당시에는 10년 주기로 측정). 제번스는 곡물 가격 변동 자료를 이용해 11년 주기를 밝혀냈고, 이를 흑점 주기가 10년이 아닌 11년일 것이라는 새로운 천문 데이터와 연계하려 했다.

유형이 얼마나 되는지 결정한다. 이 사실을 깨닫고 나면 한 가지 의문이 생긴다. 우리는 어떻게 더 많은 기술을 얻는가? 기원전 3000년경 이후 성서 시대에 문자가 발명되면서 모든 유형의 기술 발전을 결정한 것은 바로 정보기술의 발전이었다. 원하는 무언가를 더 많이 얻기 위해서는 그것을 정의하고, 획득하고, 가공하고, 운송하고, 사용하는 데 필요한 정보기술을 개선해야 한다.

### 아이폰의 탄생

2007년 이후 막대한 GDP 증가와 제2차 세계대전 이후 엄청난 미국 가계 자산 증가의 원인은 다른 무엇보다 정보를 소통하고, 처리하고, 저장하는 능력이었다. 미국의 순가계자산은 1945년 1조 달러가 채 되지 않았으나 2007년 60조 달러로 증가했다.

2007~2009년 대침체 동안 10조 달러 하락했던 순가계자산은 이후 두 배 증가해 2007년 70조 달러에서 2021년 142조 달러에 이르렀다.*

이는 부분적으로 2007년 1월 9일 스티브 잡스의 애플 아이폰 출시 때문이었다. 아이폰과 더불어 구글을 비롯한 스마트폰 경쟁자들은 말 그대로 전 세계 인구의 절반가량을 실시간으로 연결했다. 2021년 전 세계 스마트폰 기기는 35억 대였고, 그 가운데 약 10퍼센트(3억 대)가 미국에 있다. 그 결과 전 세계 정보기술 수준과 커뮤니

---

* 미국 순가계자산은 2009년에 60조 달러, 2021년 초에 130조 달러였고 2021년 말에는 150조 달러로 증가했다.

케이션 능력은 엄청난 성장을 이룩했다.

분명 스마트폰은 미국 순가계자산이 60조 달러 증가하는 데 기여했다. 이러한 순자산 증가를 이해하기 쉽게 살펴보면, 2001년 이후 미국이 참전한 모든 전쟁 비용은 6조 달러이며 2020년부터 2025년까지 코로나19 경기부양책에 소요되는 총 예상 비용은 7조 달러다. 그리고 이 수치들을 모두 포함한 2022년 연방정부 부채는 30조 달러에 불과하다.

우리가 연방정부 부채를 감당할 수 없다고 말하는 이가 있는가? 그것은 '우리'가 누구인지에 따라 다르다. 미국 가계의 상위 10퍼센트는 미국의 총 순가계자산 130조 달러 가운데 70퍼센트(91조 달러)를 보유하고 있다. 이들 상위 10퍼센트는 연방정부 부채를 갚아야 할 비상 상황이 발생할 경우 부채 전액을 쉽게 갚을 수 있을 것이다. 하지만 현재로서 나는 그런 일이 곧 일어날 것이라고 생각하지 않는다.

### 블록체인

블록체인은 경제 연금술(즉, 무한한 부)과 정보기술의 확대를 보여주는 예시다. 록 그룹 다이어 스트레이츠Dire Straits가 1985년에 발표했듯이 이것은 '불로소득Money for Nothing'이다(다이어 스트레이츠의 히트곡 중 하나인 〈Money for Nothing〉은 음악 전문 채널 MTV를 중심으로 활동하며 노력 없이 큰돈을 버는 비디오형 가수들을 비판하는 내용의 노래다-옮긴이).

블록체인 기술은 분산된 컴퓨터 네트워크에 의해 관리되는 복수의 거래 장부를 기반으로 한다. 이것은 인터넷의 다음 단계인 웹3 또는 메타버스의 인프라가 될 수 있다.

메타버스, 즉 가상현실 세계는 실리콘 밸리의 유행어처럼 들린다. 하지만 때로는 오늘의 허풍이 내일의 현실이 되기도 한다. 비록 가상현실일지라도 말이다. 메타(페이스북)를 비롯한 기업들은 수십억 달러를 쏟아 부으며 메타버스에 미래를 걸고 있다.

'메타버스'라는 용어는 1992년 출판된 닐 스티븐슨Neal Stephenson의 소설《스노 크래시Snow Crash》에 처음 등장하지만 그 개념은 다양한 공상과학 작품에 디스토피아로 그려지곤 했다. 이제 메타버스는 서로 데이터를 공유하고 상호작용하는 다차원 세상의 네트워크를 의미하게 되었고, 수백만 명이 동시에 접속하는 것도 가능해질 것이다. 그러나 메타버스에 대한 정부 규제뿐만 아니라 기능과 용어 또한 아직은 초기 수준이다.

비트코인과 이더리움 같은 암호화폐는 가치를 저장할 대체 수단으로 홍보되어 왔다. 그러나 주식시장과의 비교적 긴밀한 연계성과 변동성은 이러한 주장이 거짓임을 보여줄 것이다. 암호화폐는 교환의 단위를 나타내는 유용한 장부일 뿐 믿을 만한 투자자산이 아니며 내재가치도 없다. 암호화폐와 주식시장이 하락하면 '횡령Bezzle'을 살펴보아야 한다. 존 메이너드 케인스는 발견되지 않은 횡령, 즉 투자자들이 그 어느 때보다 속기 쉽고 가격 상승으로 실제 부가 창출되고 있는 것처럼 보이는 상황을 설명하기 위해 1929년에 '횡령'이라는 용어를 만들었다. 누가 바지를 입지 않았는지 볼 수 있는 것은 썰물이 빠져나갔을 때뿐이다.

더욱이 미국 정부는 암호화폐 관련 규정은 물론 자국의 디지털화폐 정착까지도 면밀히 살펴볼 것이다. 중국을 비롯한 다른 나라들은 디지털화폐에 대해 회의적인 시각을 갖고 있으며 디지털화폐가 중앙 계획 및 통제에 위협이 될 것으로 여긴다.

한편 암호화폐는 대체 불가능 토큰Non-fungible Token(NFT) 시장을 낳았다. 이러한 디지털 자산 혹은 수집품은 야구 카드나 희귀 초판본과 많은 공통점이 있다. 대중문화 트렌드는 그야말로 트렌드다. 따라서 가치는 현재의 시대정신에 따라 급격히 변할 것이다.

## 원칙 ③: 구현되지 않은 기술 발전 과제(기술 격차)는 경제 성장의 진정한 예측요인이다

기술 격차는 간단히 말해서 무지나 게으름으로 인해 우리가 아직 활용하지 못한 더 나은 방법이라고 할 수 있다. 개인의 경우 업그레이드해야 한다는 것을 알지만 그럴 시간이 없어 사용하지 못하고 있는 더 좋은 전기면도기나 스마트폰이 될 수 있으며, 조직의 경우 대면으로 진행하는 주간 영업회의를 가상회의로 전환하는 것이 될 수 있다. 사회의 경우 차별에 관한 법률과 태도를 바꾸는 것이 될 수 있으며 이는 수천만 명의 생산적인 직원, 특히 여성과 소수집단을 노동인구로 편입시킬 것이다.

기술 격차는 좋은 기회를 창출하지만 만만치 않은 장애가 되기도 한다. 우리는 귀중한 시간과 자원을 거듭 낭비해왔다. 여러 제조 공장과 서비스 센터들은 시대에 뒤떨어졌으며 미국의 광산과 희토류 매장층은 중요한 자원을 처리할 준비가 되지 않았다. 해야 할 일이 여전히 많은 것이다.

5장 '구조적 실업'에서는 어떻게 하면 기술 격차를 좁혀 직원

100명을 보유한 여러 회사들이 고용을 그대로 유지하면서(개편 전 직원 100명과 반드시 같지는 않더라도) 산출물 또는 고객을 두 배 늘리도록 개편할 수 있는지 살펴본다.

과거에는 사용하지 않은 물적 자원의 축적량이 한 나라의 부를 예측하는 가장 좋은 변수였으나 지금은 기술 격차, 즉 아직 활용되지 않고 구현되지 않은 기술 발전 과제가 가장 좋은 예측 변수다. 4장 '에너지 혁명'에서 살펴볼 내용처럼 LED 전구로 바꾸기만 해도 조명에 사용되는 전기가 줄어든다. 내연기관 자동차에서 전기 자동차로 전환하면 운송에 사용되는 에너지가 5배(500퍼센트) 감소한다. LED로 교체를 기다리는 백열전구의 수, 전기 자동차로 바뀔 준비가 된 내연기관 자동차의 수는 개인 또는 국가의 기술 격차 중 일부에 불과하다.

## 경제 연금술과 기술 주도의 부

지난 20년 동안 이루어진 기술과 부의 폭발은 1989년에 집필한 경제 연금술 이론과 직접적인 관련이 있다.

가장 중요한 것은 세계가 여러 경제적, 사회적 수준에서 경제 연금술의 도움을 받았다는 점이다. 그러나 경제 연금술은 새로운 광란의 20년대에 아직 최대로 적용되지 않고 있다. 이는 수 세기 전 국가들이 개발되지 않은 천연 자원을 착취함으로써 부유해진 것처럼 오늘날 한 국가의 실질 성장이 개발되지 않은 기술 발전을 착취하는 것에서 비롯되기 때문이다.

2020년 상반기 코로나19 대유행이 경제를 가로막기 전, 기술은 활용될 수 있는 것보다 빠르게 발전하고 있었고 그에 따라 시행되지 않은 기술 혁신 과제가 생겨났다. 2020~2021년 영업정지가 이루어지면서 연구개발 속도가 급격히 빨라졌으나 영업정지로 인해 실제 적용 또한 일정 부분 멈추고 말았다. 즉, 기술 격차가 발생한 것이다. 역사상 구현되지 않은 기술 발전 과제가 그렇게 대규모로 생긴 적은 없었다. 그 결과 다른 일들이 모두 계속되고 있음에도 불구하고 우리는 새로운 광란의 20년대에 경제 성장을 이룰 수 있는 상황에 놓이게 되었다. 기술 격차는 인플레이션 감소를 위해 연방준비제도나 미국 정부보다 더 많은 일을 할 것이다.

기술은 특정 원재료를 생산적으로 활용할 수 있게 함으로써 물적 자원에 해당되는 요소를 결정한다. 우리가 가치 있게 여기는 거의 모든 것은 그것을 정의하고, 찾아내고, 운송하고, 사용할 수 있게 해주는 기술 때문이다. 우리는 향후 10년 동안 에너지와 공유를 시작으로 마지막 범주인 '사용'에서 가장 큰 발전을 보게 될 것이다.

토지가 가치 있는 자원으로 여겨진 것은 인간이 경작하는 방법을 배우고 나서였다. 1626년에 페터르 미노이트[Peter Minuet]가 24달러에 해당하는 금액으로 맨해튼을 살 수 있었던 것도 전혀 놀라운 일이 아니다. 원주민들은 그들이 진정한 가치가 있다고 생각한 섬에서 이미 야생 동물을 포획하고 식물을 채취했다. 가축 또한 인간이 동물을 길들이는 기술을 개발하고 난 뒤 자원이 되었다. 오랜 옛날 물웅덩이에 나타나 깨끗한 물을 오염시키곤 했던 시커멓고 끈끈한 액체, 즉 원유는 인간이 그것을 정제하고 연료로 태우는 기술을 개발한 뒤에야 자원이 되었다. 기술은 자원을 찾고 획득하고 공급하고 저장하는 능력과 자원을 이용하는 효율성, 이 두 가지를 결정함으로써 기존에 정의된 물적 자원의 공급을 결정한다. 그러면 $W=P \times T$를 $W=P \times T^n$으로 바꿔보자.

W는 부, P는 물적 자원(토지, 노동, 광물, 물 등의 전통적인 부의 기준), T는 기술, n은 정보기술 발전이 모든 기술에 미치는 지수효과를 나타낸다.

> **양적 기술**Quantity technology 이미 정의된 물적 자원의 이용가능 수량을 결정하는 기술
> **사용 기술**Use technology 물적 자원 사용의 효율성을 결정하는 기술
> **공급 기술**Supply technology 물적 자원을 찾고, 획득하고, 공급하고, 사용하는 능력을 결정하는 기술

'이건 당연해 보이는데, 식량, 광물, 주택, 교통 등의 양으로 정의된 부에서 어떤 점이 새로운 것인가?'라고 생각할 수도 있다.

여기서 '새로운' 점은 인류 역사에서 비교적 최근까지 대체로 T가 일정했다는 점이다. 사람들은 석기 시대, 청동기 시대, 철기 시대, 농업 혁명 등을 거쳤고, 모든 시기는 당시의 기술에 의해 정의되었다. $W=P \times T$이고 T는 일정하므로 더 많은 W, 부를 얻는 방법은 더 많은 P, 물적 자원을 얻는 것밖에 없었다. 기술은 '우리가 무엇을 찾았는지 봐, 이걸 어떻게 사용할 수 있을까' 같은 태도로 연구소나 대학에서 발명 혹은 발견되는 것이었다.

이러한 상황은 발명의 전 과정이 뒤집어진 제2차 세계대전을 겪으며 바뀌었다. 과학자들은 기존에 없던 무언가를 발견하거나 발명하라는 명령을 받았다. 동남아시아에서 고무나무를 구하지 못하게 되면 과학자들은 인조 고무를 만들어야 했다. 미 함대가 진주만에서 대량으로 파괴된 후 과학자들은 아직 존재하지 않는 수많은 기술이 집약된 원자폭탄을 개발하라는 명령을 받았다. 이후 1963년, 케네디 대통령은 1960년대가 끝나기 전까지 유인 우주선을 달에 착륙시키겠다고 선언했다. 당시 이 과업을 달성하기 위한 기술이 거의 없었는데도 말이다.

코로나19 대유행이 전 세계를 휩쓴 2020년 초, 이 같은 '요구 우선Needs First'의 기술 발전을 관리하는 데 완전한 변화가 일어났다. 기존의 백신 기술로는 코로나19 백신을 개발하는 데 5~10년이 걸릴 수밖에 없는데도 과학자들은 12개월 내에 백신을 개발하라는 명령을 받았던 것이다.

코로나19의 원인인 새로운 코로나바이러스의 유전자 서열은 중국 당국이 최초로 발견했다. 2020년 1월, 이 서열은 전 세계 수백 개의 연구소가 이용할 수 있도록 공개되었다. 그와 동시에 제니퍼 다우드나Jennifer Doudna를 비롯한 수많은 연구원, 의사, 과학자들은 수년에 걸친 연구와 실험 결과를 바탕으로 가능한 해법을 모색하고 있었다. 그때 T의 역사상 가장 큰 과학적 확장이 이루어졌다. 전 세계 수백 개의 연구소가 2020년 여름까지 첫 백신을 개발하기 위해 데이터를 공유하기 시작했고 이후 전 세계 수백 개의 기관들이 결과를 숨김없이 공유하며 여러 백신의 임상시험을 시작한 것이다. 이것은 나눔과

봉사의 마법이다.*

2020년 12월, 전 세계에서 첫 백신을 접종하기 시작했고 이는 백신을 맞은 감염자의 사망률을 상당히 감소시켰다. 코로나바이러스의 새로운 변이가 등장함에 따라 과학자들은 T의 확장을 계속해 나갔다.

한 사회의 기술 발전 속도는 그 사회가 정보를 소통하고 처리하고 저장하는 능력의 상대적 수준으로 결정된다. 이것은 매우 중요하다. 정보를 배포할 수 있는 능력을 주는 것이 바로 정보기술이기 때문이다. 이는 승수 관점에서 가장 중대한 발전이다.

기술은 삶의 방식을 변화시키는 새로운 제품과 프로세스를 제공함으로써 필요를 구성하는 요소를 결정하고 그에 따라 소비자 수요의 특성을 결정한다.

기술은 공급 측면에서 상품의 부를 구성하는 요소를 정의하는 것처럼 풍요한 우리 사회에서 수요 측면의 필요를 구성하는 요소를 정의한다. 1958년 경제학자 존 케네스 갤브레이스John Kenneth Galbraith가 "풍요한 사회에서는 사치품과 필수품을 뚜렷이 구별할 수 없다"라고 설명한 바와 같다.**

오늘의 사치품은 내일의 필수품이다. 당신이 최근 구매한 제품 목록을 작성해 보라. 그 중 절반(휴대전화 서비스, 온라인 조사, 외국 음식 등)은 당신이 태어날 당시에는 없었다가 기술 발전으로 생긴 제품일

---

* 월터 아이작슨Walter Isaacson, 《코드 브레이커The Code Breaker》 (Simon & Schuster, 2021).
** 존 케네스 갤브레이스, 《풍요한 사회The Affluent Society》 (Hughes Mifflin, 1958).

것이다.

기술은 상품이 팔릴 수 있는 가격을 설정하여 소비자 수요의 수준을 결정한다. 또한 제품의 가격과 그 제품이 다른 제품 및 생활방식과 어떻게 어울리는지 결정함으로써 모든 제품의 수요 수준을 정의한다.

**연금술 수요Alchemic demand** 기본적인 생리적 욕구 이상의 상품 및 서비스에 대한 수요

**양적 수요Quantity demand** 기존 제품의 더 많은 양에 대한 수요

**질적 수요Quality demand** 기존 제품의 다른 품질 버전에 대한 수요

우리는 구매하는 여러 물건들의 한계비용이 0인 시대에 살고 있다. 사용하지 않은 영화표나 무상으로 제공하는 SaaS 제품은 공급자에게 아무 비용이 들지 않는다.*** 빈 영화관을 찾은 고객은 팝콘을 구매할 것이고 SaaS 툴메이커를 사용하는 고객은 나중에 업그레이드 버전을 구매할 것이다.

11장 '소비자 잉여'에서는 영업권이 가장 중요한 자산인 아마존처럼 장기 비즈니스를 시작하는 것이 전략인 경우 한계비용 이하로 판매하는 것이 어떻게 많은 기업들에게 필수가 되었는지 살펴볼 것이다. 벤처 캐피탈이 추진하는 일부 기술 기업들은 규모를 키우고 시

---

*** SaaS, 즉 서비스형 소프트웨어는 인터넷을 통해 애플리케이션을 제공하는 방법이다. 애플리케이션은 웹 기반 소프트웨어, 호스트형 소프트웨어, 주문형 소프트웨어로 불리기도 한다. 공급자는 접근, 보안, 성능을 관리한다. 보통 다중 사용자 아키텍처가 포함되며 쉽게 맞춤화될 수 있다.

장 선도자로 자리 잡기 위해 정량화된 가치 이상을 치르고 고객을 얻는다. 이는 실리콘 밸리에서 흔히 볼 수 있는 전략으로, 훌륭한 비즈니스를 창출하기도 하지만 실패로 끝나는 경우가 많다.

개인, 산업, 사회의 즉각적인 경제 잠재력은 기술 격차를 살펴봄으로써 알 수 있다. 현재의 지식으로 구현 가능한 우수 사례와 실제 적용되고 있는 사례를 비교하는 것이다. 이는 충분히 발전되고 사용 준비가 된 더 나은 제품이나 방법으로 자연스럽게 이어진다. 여기에는 대체될 제품이나 방법, 사례 외에 추가적인 기술이나 교육이 필요하지 않다.

경제 연금술과 기술 격차는 새로운 광란의 20년대에 대한 흥미진진한 전망에서 주요 동인이다. 기술 격차를 인식하고 그에 따라 행동할 수 있다면 우리는 경제와 사회에 실질적으로 기여할 수 있을 것이다.

## 제로데이

이 책을 통해 살펴보겠지만 기술은 새로운 광란의 20년대에 막대한 기회와 부를 창출할 것이다. 그러나 기술에는 위험 또한 따른다. 안타깝게도 우리는 선사시대의 감정과 고대의 제도와 정신을 교란하는 기술을 융합하고 있다.

미국은 거의 모든 것이 인터넷에 연결되어 자동화된 나라다. 이는 태생적 취약성을 만들어 낸다. 미국은 막대한 사이버 공격 능력을 보유하고 있지만 사이버 보안, 즉 방어 능력에서는 매우 취약하다.

데이터 및 기기 보안에서 미국은 10~15년 뒤쳐져 있다.

제로데이Zero-day는 벤더나 사용자에게 영향을 미치는, 컴퓨터 소프트웨어의 취약성 또는 버그를 말한다. 원래는 소프트웨어가 해킹되기 전에 벤더가 버그를 해결하는 데 걸리는 날짜를 의미했다. 벤더가 버그를 알게 되면 소프트웨어를 수정하거나 패치를 실행할 수 있다. 제로데이는 제로데이 익스플로잇Zero-day Exploit(악의적인 사용자가 취약점이 있는 시스템을 공격하는 데 사용하는 기술)이 심각한 문제를 일으킬 때까지 발견되지 않는 경우가 많다. 이를 취약성의 창Window of Vulnerability이라고 한다.

미국 정부는 국가 안보, 즉 첩보 활동을 위해 수십 년 동안 제로데이를 저장해 왔다. 2001년 9월 11일, 비행기가 세계무역센터에 충돌했다. 이 공격은 분명 사전에 식별되고 예방되어야 했다. 이후 미국은 사이버 정보 요원에 대한 재정 지원을 대폭 확대했다. 2010년, 미국과 이스라엘은 올림픽 게임 작전Operation Olympic Games이라는 합동 사이버 공격을 통해 이란 나탄즈에 있는 핵시설에 스턱스넷Stuxnet 바이러스를 감염시켜 중대한 피해를 입힌 것으로 알려졌다.*

스턱스넷 바이러스는 원래의 용도에서 벗어나 여러 가지 변형된 형태로 전 세계에서 사용할 수 있게 되었다. 용병들이 이를 장악하면서 시장은 그야말로 무법천지가 되었다.

제로데이의 최대 구매자는 러시아, 중국, 사우디아라비아다. 정부

---

* 〈제로데이즈Zero-Days〉 (매그놀리아 다큐멘터리, 제작 알렉스 기브니Alex Gibney, 올가 쿠치멘코Olga Kuchmenko, 마크 슈머거Marc Shmuger, 감독 알렉스 기브니).

제재를 받는 독자적인 운영자들이 사이버 취약성을 사고팔고 이용하며, 이를 통해 기기 및 소프트웨어 시스템 수백만 대에 침투한다.

마이크로칩이나 코드 라인이 안전한지, 문제가 있는지 혹은 둘 다인지 판단하는 것은 점점 더 어려워지고 있다. 정부가 후원하는 해커들은 소셜 미디어에서 전력망에 이르기까지 우리 사회의 각종 인프라 내에 공고히 자리 잡고 있다. 우리는 언제든 다중 재해가 일어날 수 있는 위기 속에 살고 있다.

기술은 무한한 부를 창출할 수 있는 기회를 만들어냈듯이 중대한 보안 위험에 맞설 수 있는 능력 또한 갖고 있다(국민의 의식과 결합될 때 말이다). 새로운 광란의 20년대의 가능성을 지키기 위해서는 국가 지도자들과 보안 전문가들이 조치를 취해야 한다.

실리콘 밸리의 기업가들은 시장을 얻기 위해 경쟁한다. 그들이 빠르게 돌진하면 우리 사회는 상상할 수 없는 위험을 감수하게 된다. 보안은 기술이 시작할 때부터 성숙할 때까지 최우선순위가 되어야 한다.

비밀번호는 진정한 해답이 아니다. 공항 보안과 마찬가지로 그것은 안전에 대한 환상이다. 오픈소스 프로토콜과 개발자들에 대한 신중하고 포괄적인 규제가 필요하다. 소프트웨어 및 하드웨어 제품들은 상세한 보안 요건을 충족해야 하며 보안 프로토콜의 등급 시스템이 실행되어야 한다. 가능하면 장관급의 국가 사이버 보안 위원회가 필요하다.* 미국의 미래가 여기에 달려 있다.

---

\* 니콜 펄로스Nicole Perloth, 《인류의 종말은 사이버로부터 온다This is How They Tell Me the World Ends》(Bloomsbury, 2021).

① 경제 연금술 이론(즉, 무한한 부)은 경제와 사회를 지탱하는 12개 기둥의 발전을 촉진해 온 새로운 양상이다.

② 전통적인 경제학자들과 대부분의 정치인들은 원재료의 공급이 제한적이며 앞서가기 위한 방법은 다른 사람에게서 무언가를 가져오는 것, 즉 세금을 부과하는 것밖에 없다고 믿는다. 그들이 경제학을 '암울한 과학Dismal Science'이라고 부르는 것은 전혀 놀랍지 않다.

③ 자원을 구성하는 요소와 이미 정의된 기존 자원의 공급을 기술(특히 정보기술)이 어떻게 결정하는지 이해한다면 새로운 광란의 20년대에는 모든 개인과 기업이 무한한 부를 가질 수 있는 가능성이 있다.

④ 국가 경제의 규모는 제한이 없으며 개인 경제의 규모 또한 마찬가지다. 사람들이 원하거나 구매할 여력이 있는 새로운 제품과 서비스를 정의함으로써 기술이 수요 수준을 결정하기 때문이다.

⑤ 훌륭한 기술에는 큰 위험, 특히 사이버 공격으로 인한 위험이 따른다. 이러한 위협에 대처하고 새로운 광란의 20년대에 이를 최우선 순위로 삼아야 한다.

# 4 장

# 에너지 혁명

에너지 가격은 운송에서 제품 생산, 농산물에 이르기까지 모든 것에 영향을 미친다.

외국의 화석 연료를 사용하지 않으려는 가장 큰 이유는 아마도 독재자, 올리가르히Oilgarch(소련이 해체되는 과정에서 국영기업을 불하받아 막대한 부를 축적한 러시아의 신흥재벌. 이들은 푸틴 대통령의 후원 세력으로, 러시아의 우크라이나 침공 이후 경제 제재 대상에 포함되었다-옮긴이), 범죄자들에게 현금이 흘러 들어가는 것을 막기 위해서일 것이다. 이처럼 강력한 이해관계자들로부터 지배권을 빼앗기는 쉽지 않을 것이다. 에너지 혁명은 세계 평화, 기후 변화, 경제적 경쟁력에 근간을 둔다.

새로운 광란의 20년대에는 수압 파쇄, 파도, 더 효과적인 굴착기술, 바람, 수력 발전, 수소, 핵, 태양열 등 새롭고 폭넓은 원천을 이용해 에너지를 공급하여 최종적으로 총 에너지 공급이 두 배 증가할 것이다. 이러한 2배 향상은 에너지를 비롯한 거의 모든 것의 가격을 낮출 것이다. 나는 실질 에너지 가격이 역사상 처음으로 2033년부터 평균적으로 하락할 것이라고 생각한다.

현재 미국은 재생가능 에너지 프로젝트 및 전략 실행에서 형편없이 뒤쳐져 있다. 이는 높은 에너지 비용을 지속시키고 투자를 단념시킨다.

전기 자동차, 지능형 냉난방 시스템, 주택 건설 등과 같이 에너지를 사용하는 장치에 더 발전된 기술을 적용하여 에너지 소비를 대폭 줄임으로써 잠재적인 절감 효과를 얻을 수 있다. 이는 전 세계 에너지의 약 20퍼센트를 사용하는 조명의 경우 특히 그렇다. 백열전구를 LED 전구로 바꾸기만 해도 조명에 쓰이는 전 세계 에너지 비용을 90퍼센트, 즉 2조 달러 가까이 절감할 수 있다. 이는 일본 총경제규모의 절반에 달하며, 전 세계 인구 80억 명에게 연간 지원금 250달러

(가구당 약 1000달러)를 지급할 수 있는 금액이다.*

대면 회의 대신 줌 회의, 매장 내 쇼핑 대신 온라인 쇼핑, 외식 대신 포장, 자율주행 전기 자동차 도입 등 현재 우리가 에너지를 사용해 수행하는 많은 일들을 없애면 필연적으로 에너지 절감이 이루어질 것이다. 또한 애초에 에너지를 사용했던 작업을 제거함으로써 최종적으로 100퍼센트의 에너지가 절감된다. 주4일 근무를 도입하기만 해도 에너지 소비가 10~20퍼센트 줄어들 것으로 추정된다. 현재 에너지 공급 및 수요에서 이 같은 변화들이 빠르게 일어나고 있으며 그에 따라 새로운 광란의 20년대에 전 세계에서 비즈니스 기회가 창출되고 있다.

나는 2030년 이후 에너지 산업 전체를 사실상 쓸모없게 만들 수 있는 대안을 제안한다. 바로 지열 에너지다! 지열 에너지는 지구 융핵에서 얻는 재생가능 에너지로, 지구 지층에서 생성되는 물질의 방사능 붕괴에서 비롯된다. 이는 마치 하느님이 수십억 년 전에 무한한 자유 에너지를 만들었으나 그것을 맡길 만큼 인류가 책임을 느낄 때까지 숨겨 두기로 한 것처럼 보인다.

---

* Energy.gov; Electricchoice.com; Energystar.gov.

# 에너지란 무엇인가?

원래 형태의 에너지는 대부분 아무도 원하지 않는 제품이다. 석탄 한 덩이, 석유 한 통으로 무엇을 할 수 있는가? 하지만 에너지는 휴대폰(리튬이온 배터리)에서부터 가정 난방(연료), 운송(휘발유), 자동차(전기), 농업(비료)에 이르기까지 우리가 원하는 거의 모든 것을 운송하고 작동시키고 생산하는 데 필요한 제품이다. 어디에 살든 우리가 존재하기 위해서는 형태에 관계없이 항상 에너지가 필요하다.

전 세계 GDP 90조 달러의 약 10퍼센트(9조 달러)가 에너지 생산에 들어간다. 이 9조 달러는 앞으로 훨씬 더 저렴해질 것이다. 오늘날 우리는 전 세계 에너지의 약 35퍼센트를 석유에서, 30퍼센트를 석탄에서, 25퍼센트를 천연가스에서, 5퍼센트를 핵 발전에서, 5퍼센트를 재생가능 에너지원(풍력 터빈, 수력 발전 댐, 태양광 패널 등)에서 얻고 있다.**

시장에서 거래되는 원유만 해도 160가지 이상의 종류가 있다. 종류마다 고유한 특성이 있으며 정유 공장의 선호도는 시기에 따라 달라진다. 정유 공장은 여러 종류의 원유를 정제해 수많은 곳에서 수많은 제품을 만든다. 당신이 로스앤젤레스에서 평소보다 두 배 비싼 가격에 고급 휘발유를 사려고 몇 시간씩 줄을 서서 기다리는 동안 서

---

** 한나 리치Hannah Ritchie와 맥스 로저Max Roser, 「에너지」, OurWorldinData.org; AmericanGeoSciencesInstitute.com; Lehigh.edu; TexasGateway.org; e-education.psu.edu; VisualCapitalist.com.

부 텍사스 중질유의 공급 과잉에 대한 신문 기사를 읽고 놀라는 것은 바로 이 때문이다.

그러면 원유 생산, 저장, 소비의 역학 관계를 살펴보자.

오늘날 세계는 한 시간에 약 417만 배럴, 하루에 약 1억 배럴의 원유를 생산하고 소비한다. 이는 1년에 3650억 배럴에 해당하는 양이다. 내가 한 시간당, 하루당 수치를 인용한 이유는 동태적 방식과 정태적 방식을 비교하여 원유 공급에 대해 생각해 보기를 바라기 때문이다. 전 세계의 거의 모든 원유는 끊임없이 움직이고 있다. 엄밀히 말해서 땅속의 오일 풀Oil Pool에서 시작해 자동차의 연료 탱크까지 끊임없이 흘러간다.*

바이오 연료를 제외하면 원유는 대부분 건조한 땅이나 해저에서 채굴되며 이후 정유 공장으로 수송되어 휘발유, 제트 연료, 플라스틱, 비료, 그 밖의 여러 공업용 화학 물질로 바뀐다. 다시 말해 원유는 이곳에서 저곳으로 끊임없이 이동한다.

미국은 1901년 1월 10일, 텍사스 베어마운트에서 스핀들톱 유전이 발견되면서 현대 석유 시대에 처음 진입했다. 당시 스핀들톱에서는 하루 10만 배럴의 원유가 150피트(약 45미터)높이로 솟구쳤다. 스핀들톱의 유정은 깊이가 1139피트(약 350미터)에 불과했고 원유의 압력이 낮아 유정에 뚜껑을 덮어 기본적인 배관 기술로 원유의 흐름을 조절할 수 있었다. 당시는 석유 산업에 매우 좋은 시절이었다. 이후 15년 동안 지표면 근처에 있는 대부분의 원유가 전 세계에서 발견되

---

*    Statista.com; MarketWatch.com; USEnergyInformationAdministration.gov.

고 채굴되었다. 현재 석유 산업에서는 1000피트(약 300미터) 이하로 시추하는 유정을 '천부유정Shallow Oil Well'이라고 부른다. 원유 탐사 및 쟁탈전은 100년 넘게 세계 지정학을 지배했다. 이는 해당 시기 동안 종교와 권력욕이 일으킨 것만큼 수많은 충돌을 낳았을 것이다.**

전 세계 대부분의 원유는 딥워터 호라이즌Deepwater Horizon같은 시추 장치로 깊은 땅이나 깊은 바다 밑에 구멍을 뚫어 채굴된다. 멕시코만에서 대참사를 일으킨 BPBritish Petroleum사의 석유시추선 딥워터 호라이즌은 지면 아래로 3만 5000피트(약 1만 미터)까지 뚫을 수 있었다. 세계에서 가장 깊은 유정은 러시아의 사할린-1으로, 깊이가 4만 피트(약 1만 2000미터)를 넘는다. 2022년 3월 1일, 엑손모빌은 러시아에 대한 제재로 인해 사할린-1 프로젝트를 더 이상 진행하지 않겠다고 발표했다. 게다가 유조선사들도 러시아산 원유 수송이 미칠 영향과 부족한 보험 적용 범위에 대해 우려하게 되었다.

심해 시추 장치는 엄청난 압력 아래에서 작동하며, 일단 원유가 흘러가면 장치를 꺼서 되돌리기가 매우 어렵고 많은 비용이 든다. 작동을 중지했던 대형 심해 시추 장치 하나를 재가동하기 위해서는 수백만 달러가 소요될 것이다. 물론 전 세계 일일 원유 소비량이 1억 배럴에 달하는 상황에서 시추 장치의 작동을 중단하고 싶은 사람은 아무도 없을 것이다. 적어도 지금까지는 말이다.

---

** 대니얼 예긴Daniel Yergin, 《황금의 샘: 석유가 탄생시킨 부와 권력 그리고 분쟁의 세계사The Prize: The Epic Quest for Oil, Money and Power》(Simon & Schuster, 1991).

# 새로운 광란의 20년대에 하락하는 유가

나는 향후 10년 동안 일부 석유 제품의 가격이 가끔 하락할 것이라고 예상한다. 하락이라고 하니 잘못 읽은 게 아닌가 싶겠지만 제대로 읽은 게 맞다. 러시아의 우크라이나 공격과 배럴 당 100달러가 넘는 유가에도 불구하고 나는 2023~2033년 기간에 특정 종류의 석유가 과잉 공급되어, 일부 석유 생산국이 자국의 석유를 소진하기 위해 석유 소비국에게 돈을 지불하는 경우가 생길 수도 있다고 생각한다.

공급이 수요를 초과하고 저장 공간이 없어지면 유가는 하락할 수 있다. 이러한 현상은 변질되기 쉬운 상품, 소프트웨어, 한계 비용이 낮은 일부 제품에도 적용될 수 있다. 코로나19 대유행 동안 농부들은 작물이 썩게 내버려두는 대신 먼저 오는 사람들에게 무료로 나눠주기도 했다.

유가는 매우 탄력적이다. 이는 수요나 공급이 조금만 변해도 가격이 큰 폭으로 변동한다는 것을 의미한다. 공급이 늘어날 때는 아무도 너무 많은 석유를 쌓아놓고 싶어 하지 않으며 수요가 늘어날 때는 아무도 석유 부족을 겪고 싶어 하지 않는다.

이라크가 쿠웨이트를 침공하며 중동이 걸프전 준비에 돌입했던 1990년 9월 24일, 나는 유가의 탄력성에 관심을 갖게 되었다. 당시 유가는 물가상승률을 고려했을 때 배럴당 78.31달러로 불과 몇 주 만에 두 배가 되었다.

1991년 2월, 나는 〈래리킹 라이브Larry King Live〉라는 텔레비전 프로에서 유가가 언제 배럴 당 100달러에 도달할 것인지 질문을 받았다.

나는 중동에서 총격전이 시작된다면 유가가 배럴 당 40달러로 떨어질 것이라고 대답했고 사회자는 놀라움을 금치 못했다. 나는 지난 몇 달 동안 유가가 거의 매일 오르는 가운데 땅 속이나 저장 시설 또는 바다 위 유조선에 석유를 갖고 있는 모든 이들이 '내일' 더 높은 가격을 기대하며 최대한 생산이나 운송을 늦췄다고 설명했다. 그리고 이제 흐름이 바뀌어 산유국, 해운회사, 정유회사들이 머지않아 기름 바다에 빠질 것이라는 두려움에 떨고 있다고 말했다.

> "캘리포니아주 롱비치에서 뉴저지주 엘리자베스에 이르는 정유 공장들 밖에는 원유를 가득 실은 유조선들이 밀려있습니다. 하지만 사우디아라비아 같은 걸프 지역의 산유국들은 허둥대고 있어요. 그들은 실질적으로 유정 가동을 중단할 수 없고 저장 시설은 가득 찼습니다. 끊임없이 흘러나오는 원유를 둘 곳이 없다는 생각에 두려워하고 있는 겁니다."

향후 몇 달 동안 총격전이 시작되지 않았음에도 불구하고 그 다음 주 유가는 배럴 당 37달러로 반 토막이 되었다. 팔리지 않고 끊임없이 흘러나오는 원유를 아무도 쌓아두려 하지 않았고 저장할 공간도 없었기 때문이다.

현재 전 세계 석유 저장 용량은 68억 배럴로 추정된다. 이는 200만 배럴 규모의 초대형 유조선부터 20갤런(약 75리터) 용량의 SUV 자동차 연료통까지 모든 저장 수단을 포함한 수치다. 68억 배럴이 매우 많은 양처럼 들릴 수 있지만 전 세계 연간 공급량 또는 수요량 중 2.2개월분에 불과하며, 이 저장 용량의 상당 부분은 특정 고객들의 일상적인 운영에 사용되는 일부 석유 제품의 재고 유지를 위해 필요하다.

대부분의 전문가들은 장기적으로 재생가능한 청정 에너지원이 석유를 대체할 것이라고 예상한다. 하지만 수십 년 내에 석유가 완전히 대체되지는 않을 것이며 이는 석유 산업이 화석 연료에서 전환할 시간을 마련해 줄 것이다.

석유 공급이 중단되거나 석유 수요가 없어진다면 오늘날 어떤 일이 일어날 것인가? 2020년 3월 11일 세계보건기구가 코로나바이러스 대유행을 공식 선언한 지 40일이 지난 2020년 4월 20일, 세계는 답을 얻었다.

## (석유) 세계가 멈추다

2020년 4월 20일, 90개국에서 전 세계 인구의 절반 이상이 봉쇄에 놓였고 사람들은 대부분 집에 머물라는 명령을 받았다. 미국을 비롯한 대부분의 나라에서는 고속도로가 텅 비었고, 비행기 운항이 중단되었으며, 대중교통 운행이 제한되었다. 원유에서 생산되는 두 가지 주요 제품인 휘발유와 제트 연료의 소비는 말할 필요도 없이 0에 가깝게 곤두박질쳤다. 정유 공장은 가동을 중단했고, 전 세계 저장 용량 68억 배럴은 금세 가득 차게 되었다.

그날 아침 거래가 시작되고 석유 시장에서 다른 제품들의 기준이 되는 서부 텍사스 중질유의 선물 가격이 0으로 폭락하자 공황이 시작됐다. 2020년 5월 인도 기준으로 1개월 먼저 석유를 구매했던 트레이더와 정유 공장들은 그제야 문제의 심각성을 깨달았다. 구매자는 없었고 저장 시설도 없었다. 곧이어 5월 인도되는 서부 텍사스 중질유의 가격이 배럴 당 마이너스 37.63달러까지 떨어졌다.* 물론 여전히 석유를 필요로 하는 소비자들이 있었지만 그 수요는 공급에 비해 적었다. 얼마 안 가 OPEC, 러시아, 미국의 여러 석유 제품 생산자 사이에 가격 할인 경쟁이 발생했다. 모두가 유가 하락으로 인한 영향을 최소화하려는 의지가 분명했다.

## 2020년대의 에너지 공급자와 소비자

빠르게 발전하는 기술 덕분에 일부 에너지 소비자들은 주로 가격에 따라 여러 에너지 제품(태양, 바람, 여러 종류의 원유, 천연가스, 전기 등)을 즉각적으로 오갈 수 있다. 현재 많은 주택들이 화창하거나 바람이 불 때만 태양과 바람 같은 재생가능 에너지를 사용하도록 건설되고 있다.

　일부 주택들은 기존의 에너지원을 그대로 둔 채 새로운 에너지원을 추가하기도 했다. 부모님이 1954년에 3만 5000달러에 구매한 주택에는 석유 보일러가 있었다. 어머니는 1974년에 천연가스로 보일러를 교체했지만 천연가스 대신 석유의 가격 이점을 이용하고 싶을 경우를 대비해 기존 보일러를 그대로 두었다.

---

　★　「없느니만 못한 원유? 어떻게 된 일인가Oil for Less Than Nothing? Here's How That Happened」, 〈블룸버그 뉴스Bloomberg News〉, 2020년 4월 21일.

현재 전기 자동차 대부분은 휘발유로만 주행할 수도, 짧은 거리 운행 시 배터리로만 주행할 수도, 두 가지를 조합할 수도 있는 플러그인 하이브리드Plug-in Hybrid 전기차다. 운전자는 스위치 한 번만 누르면 자신에게 맞는 최적의 운행 방식을 선택할 수 있다. 2020년 12월 기준으로 미국에서는 600만 대의 하이브리드 전기차가 판매되었고 이후 판매량이 계속 늘어나고 있다. 전기 자동차는 2020년 신차 판매량의 4퍼센트가 채 되지 않았다. 하지만 신차 구매자의 50퍼센트 이상이 전기 자동차 구매를 고려하고 있다.*

이 책을 쓰고 있는 지금, 미국에서 가장 많이 팔린 하이브리드 전기차는 토요타의 프리우스로, 200만 대 이상이 판매되었다. 하이브리드 전기차는 기존의 배터리식 전기차에 비해 두 가지 장점이 있다. 하이브리드 전기차는 훨씬 작은 배터리를 사용하기 때문에 생산비가 훨씬 낮다. 또한 근처에 충전소가 없어 꼼짝 못하게 될까 걱정하는 '주행거리 불안'을 야기하지 않는다. 2022년 슈퍼볼 광고만 봐도 주요 자동차 회사들이 배터리식 전기차와 하이브리드 전기차를 자랑스럽게 내세우는 것을 볼 수 있다. 전기차와 관련하여 가장 큰 문제는 충전소 부족일 것이다. 물론 진정한 기업가에게 이것은 문제이자 비즈니스 기회다.

---

* 진현주, 「미국 하이브리드 전기차 판매량 사상 최고치 기록US Hybrid Electric Car Sales Hit Record Highs」, 〈로이터Reuters〉, 2022년 1월 6일; 알렉산드라 켈리Alexandra Kelley, 「자동차 소유자의 56퍼센트가 전기 자동차나 하이브리드 자동차를 구매할 것: 여론 조사56 Percent of Car Owners Likely to Buy an EV or Hybrid Car Next: Poll」, 〈더 힐The Hill〉, 2021년 9월 15일.

2020년대에는 기술 발전을 통해 경유, 휘발유, 배터리, 액체 수소, 천연가스 등 다양한 에너지원으로 주행할 수 있는 자동차들이 더 많아질 것이다. 그에 따라 소비자들은 전체 에너지 지출을 크게 줄일 수 있게 되고 몇몇 에너지원의 '일시적 부족'이 완화될 것이다.

## 후퇴하는 자동차 연비

우리가 사용하는 대부분의 에너지가 석유에서 비롯됨에도 불구하고, 미국은 더 효율적으로 석유를 사용하는 데 있어 최근까지 후퇴를 계속해오고 있다. 광란의 20년대(1920~1929년)에 미국의 평균 자동차 연비는 21mpg(갤런당 마일)인 포드의 모델 T(1908~1927년)를 포함해 약 25mpg였다. 휘발유 가격은 갤런당 0.3달러로, 현재 갤런당 4달러에 해당하는 가격이다. 이후 연비는 1975년까지 40퍼센트 하락해 15mpg가 되었다. 이는 석유 가격이 너무 저렴해서 내연기관 자동차가 야기하는 실제 사회적 비용(즉, 오염)을 반영한 적정 가격이 운전자들에게 부과되지 않았기 때문이다. 12장 '국민총행복'에서 설명하듯이 대부분의 경제학자들은 내연기관 자동차 운전자들에게 깨끗한 공기를 소모하는 대가로 휘발유 가격 외에 갤런당 약 4달러의 추가 요금을 부과해야 한다는 데 동의한다.

1975년, 미국의 평균 자동차 연비는 15mpg였고 휘발유 가격은 갤런당 0.57달러, 현재 시세로 갤런당 약 2.85달러였다. 1970년대 초반 석유 위기 당시 주유소에 길게 늘어선 차량 행렬에 대한 기억과 1975년 시행된 정부의 기업평균연비규제Corporate Average Fuel Economy standards(CAFE)의 영향으로 엔지니어들은 작업에 착수했다.* 그리고 불과 10년 만인 1985년, 미국의 평균 자동차 연비는 27mpg로 두 배 가까이 늘어났다. 하지만 평균 휘발유 가격 또한 1.14달러로 두 배 올랐기 때문에 많은 소비자들은 이를 알아차리지 못했다. 자동차로 출퇴근하는 데 드는 비용은 여전히 똑같았던 것이다.

이처럼 자동차 연비가 두 배 상승한 것은 자동차 회사들이 300달러짜리 기계식 카뷰레터를 25달러짜리 전자식 연료 분사기로 바꾸는 방법을 알게 되었기 때문이다. 당신의 차가 연료를 절반만 사용한다면 휘발유를 더 효율적으로 연소시켜 오염 물질 또한 절반밖에 발생시키지 않을 것이다.


## 원유 사용을 줄이는 순조로운 변화

지금까지 전 세계 에너지 비용 절감은 대부분 에너지 획득, 정제, 운송에 드는 비용을 줄이는 공급 측면에서 이루어졌다. 이는 노천 채굴, 심해 시추 같이 덜 비싼 에너지 생산 기술과 초대형 유조선, 파이프라인 같이 더 싼 운송 기술을 사용하고 천연가스, 바람, 태양, 수력

---

\*     기업평균연비규제는 1975년에 제정되었다. '기업 평균'은 각 자동차 제조사의 차종별 연비에 생산대수를 가중 평균한 값이다. 이 계산은 도로에서 측정한 실제 성능 데이터를 기반으로 하지 않는다. 이 제도의 목적은 자동차 제조사들이 전기차를 비롯해 연비가 높은 자동차를 생산하고 판매하여 연비를 개선하도록 만드는 것이다.

발전 등으로 에너지원을 바꿈으로써 이룬 결과였다.

새로운 광란의 20년대에 우리는 에너지를 사용하는 장치에서 의미 있는 효율성 증가를 보게 될 것이다. 오염 물질을 배출하지 않는 전기 자동차는 연비 25mpg의 휘발유 자동차보다 이미 약 400퍼센트 높은 운송 에너지 효율을 나타내고 있다. 이는 휘발유 자동차로 치면 100~125mpg에 맞먹는 수준이다. 현재 모든 전기 자동차는 기본적으로 휘발유의 5분 1에 해당하는 전기 에너지를 사용하며, 이는 환경 면에서 연비 125mpg 자동차에 해당한다. 하지만 순수 전기 자동차는 배터리 가격이 높아 생산에 매우 많은 비용이 든다.

기존의 내연기관 자동차에 작은 전기 모터와 제너레이터를 추가하고 비교적 낮은 가격의 작은 배터리를 장착한 이른바 플러그인 하이브리드 전기차는 오염을 대폭 줄이면서 연료 효율성을 크게 높일 수 있다. 토요타 프리우스 같은 하이브리드 전기차는 이미 50mpg 이상으로 연비를 두 배 높였고 전문가들은 10년 내에 하이브리드 전기차의 연비가 100mpg에 이를 것이라고 예상한다. 하이브리드 전기차는 배터리만으로 주행할 수 있으며 배터리가 소진되면 내연기관으로 전환된다. 배터리식 전기차에 더 적합한 배터리를 만들고 충전소 이용가능성을 확대하는 방안을 찾을 때까지 하이브리드 전기차는 하나의 임시 해결책이다.

미국 환경보호국Environmental Protection Agency(EPA)은 1971년에 휘발유 자동차의 연비 테스트를 시작했다. 'MPG'는 신차가 출시될 때 나오는 권장소비자가격표에서 가장 크게 표시되는 항목이다. 현재 EPA는 배터리식 전기차와 하이브리드 전기차에 대해 휘발유 1갤런과 동일한 비용으로 충전했을 때 주행 가능한 거리도 계산하는데, 이를 MPGe<sup>Miles Per Gallon of gasoline equivalent</sup>라고 부른다(MPGe는 휘발유 자동차 연비 기준으로 전기 자동차 연비를 계산하기 위해 도입한 단위로, 전기 33.7킬로와트시<sup>kWh</sup>가 휘발유 1갤런과 같다고 가정한다-옮긴이).

EPA는 MPGe를 계산하기 위해 먼저 휘발유 1갤런의 에너지양과 동일한 전기 에너지양을 측정한다. 그 다음 자동차가 특정 거리를 가는 데 사용하는 전기 에너지양을 계산해 휘발유 자동차 연비에 해당하는 전기 자동차의 MPGe를 산출한다.

현재 기존 내연기관 자동차의 연비가 25mpg라고 할 때, 하이브리드 전기차의 연비는 30MPGe, 배터리식 전기차의 연비는 125MPGe다. 전기 자동차가 왜 그렇게 효율적인지 쉽게 알 수 있다. 내연기관 자동차는 바퀴를 돌리기 위해 태우는 에너지의 40퍼센트도 채 사용하지 못하며 60퍼센트 이상을 엔진에서 발생하는 열 손실로 낭비한다. 반면 전기 자동차(또는 하이브리드 차량의 전기차 모드)는 사용되는 전력을 100퍼센트 가까이 바퀴로 보낸다. 내연기관 자동차보다 500퍼센트 높은 이러한 전기 자동차의 효율성은 대기오염이 사실상 없다는 점을 비롯한 무형의 여러 이점을 고려하지 않은 것이다.

전기 자동차를 비판하는 사람들은 자동차를 움직이기 위한 추가적인 전기 생산이 환경에 미치는 영향을 지적하곤 한다. 그러나 현실적으로 그 영향은 매우 작다. 현재 대부분의 배터리식 전기차와 플러그인 하이브리드 전기차는 어차피 저장될 수 없는 잉여 전력을 사용해 한밤중에 충전하기 때문이다.

내가 사는 작은 도시에는 중앙을 가로지르는 고속도로가 있다.

약간의 내리막 경사가 12마일(약 20킬로미터)에 걸쳐 뻗은 이 고속도로는 시속 55마일(약 90킬로미터)로 달릴 수 있으며 통합되지 않은 다섯 개의 교통신호가 있다. 40년 전 내가 이사 왔을 당시에는 교통신호가 전혀 없었다. 나는 신호가 초록색으로 바뀔 때마다 모든 차량들이 55마일로 속도를 높이는 것이 어리석게 느껴지곤 했다. 물리학을 배운 고등학생이라면 누구나 알 수 있듯이 속도를 높이면 일정 속도를 유지하는 것보다 훨씬 더 많은 에너지를 사용한다. 이후 다음 신호가 빨간불로 바뀌면 55마일로 달리던 모든 차량들이 브레이크를 밟아 속도를 0으로 줄이고 그 과정에서 공기를 오염시키는 막대한 양의 열에너지를 방출한다. 주로 내연기관을 사용하는 차량들은 몇 분 동안 빨간불에 멈춰선 채 공회전을 하다가 다시 55마일로 속도를 높인다. 겨우 12마일 거리의 고속도로를 달리는 동안 이러한 과정을 다섯 번 반복하는 것이다. 이것은 믿을 수 없을 만큼 어리석고 낭비적인 과정 같았다. 그래서 나는 2014년에 첫 전기 자동차를 구매했다.

내가 배터리식 전기차를 타고 첫 번째 신호에서 빨간불이 초록불로 바뀌기를 기다리고 있다고 가정하자. 내 전기차는 엑셀을 밟으면 모터가 바로 작동하기 때문에 공회전을 하며 에너지를 낭비하지 않는다. 신호가 바뀌면 나는 훨씬 빠르게 55마일까지 가속한다. 다음 신호가 노란불, 빨간불로 바뀌는 것을 보고 속도를 0으로 줄이는 동안 에너지 표시창에는 추진 모터가 제너레이터로 바뀌었음이 표시된다. 브레이크를 밟고 있지만 아직 작동되지 않는다. 제너레이터로 전환된 모터가 속도를 줄이고 조금 전 가속하는 데 사용한 에너지의 상당 부분을 배터리로 다시 보낸다.

우리 가족은 6마일(약 9킬로미터) 거리의 오르막 고속도로 끝 지점에 산다. 내가 집을 나설 때 주행 가능 거리는 보통 290마일(약 460킬로미터)이다. 내리막 고속도로 끝에 도착하면 주행 가능 거리가 300마일(약 480킬로미터)이 된다.

EPA는 내 전기차(2018년형 테슬라 모델 3)의 연비를 125MPGe로 평가했다. 이 수치는 내 전기차의 연료비가 연비 25mpg인 내연기관 자동차의 5분의 1임을 뜻한다(연비가 500퍼센트 또는 5배 높음). 바로 이 부분에서 내 지갑과 환경을 구해주는 것이다. 내 전기차는 부품이 소모되지 않기 때문에 동일한 등급의 내연기관 자동차보다 훨씬 더 오래 탈 수 있을 것이다. 테슬라 모델 3의 모터는 정비를 받지 않고 100만 마일까지 주행 가능하다. 5000마일마다 갈아야 하는 윤활유도, 교체해야 하는 점화 플러그도 없다. 사실 제조사에서는 10만 마일마다 점검을 받아야 한다고 말하지만 동네 서비스 센터에서는 자신들이 10만 마일마다 무엇을 해야 할지 모르겠다고 말한다. 대부분의 부품이 100만 마일을 주행할 수 있는 것으로 평가되기 때문이다.

주요 자동차 회사들이 2022년에 전기차와 기존 자동차의 하이브리드 버전을 판매할 것이며 2035년까지 전 차종을 전기차로 바꾸겠다고 발표한 것은 놀라운 일이 아니다. 연비 25mpg인 자동차 대신 125MPGe인 자동차를 사는 것은 갤런당 5달러인 휘발유를 1달러에 사는 것과 같다.

6장 '로봇이 온다'에서는 AI 로봇 웨이즈Waze가 어떻게 가장 덜 밀리는 길로 안내해 자동차 연비를 50퍼센트까지 높일 수 있는지 알아볼 것이다. 또한 로봇 자율주행이 안전성을 높이고 스트레스를 줄이며 당신의 하루에 추가 시간을 더해줄 수 있음을 살펴볼 것이다.

## 리튬의 필요성

리튬은 충전식 배터리의 핵심 부품으로, 배터리를 더 가볍고 오래 지속되게 해준다. 충전식 배터리는 전기 자동차를 비롯한 여러 장치에 필수적이다. 미국 정부는 배터리 공급망 개선과 리튬의 국내 공급원 확보에 30억 달러 이상을 투자할 계획이다. 국방물자생산법Defense Protection Act은 배터리 원료 생산 증대를 촉진했다. 하지만 더 많은 노력이 필요하다.

역사적으로 리튬은 단단한 바위나 염전에서 발견되었다. 리튬의 추출 공정은 많은 비용이 들고 수년이 걸린다. 또한 환경을 훼손하면서도 결국 사용 가능한 리튬의 40~50퍼센트 밖에 추출하지 못한다.

리튬 추출에 걸리는 시간을 크게 단축하고 추출량을 75~90퍼센트까지 늘리기 위해 리튬 직접 추출Direct Lithium Extraction(DLE)이라는 새로운 방법이 개발되고 있다. 이 방법은 일반적으로 화학 프로세스나 로봇이 결합된 멤브레인을 사용한다.

이러한 계획은 연구실에서 잘 작동하지만 대규모 생산에 적용하기 어려운 경우가 많다. 중국은 리튬 매장층 확보와 신기술 적용에서 미국보다 크게 앞서 있다.

캘리포니아 사막의 솔턴 호Salton Sea는 수년 동안 재앙에 가까운 환경이었다. 그러나 이제 DLE 기술로 환경 친화적인 리튬 추출이 가능

해지자 이 지역에서 산업 재생이 이루어질 것이라는 희망이 일고 있다.

2020년대는 기술 구현의 시대로 알려질 것이다. 청정에너지부터 줌 회의에 이르기까지 수많은 신기술이 연구실에서 도약해 가정과 일터로 확산되어 기술 격차를 줄이고 번영의 시대를 위한 토대를 놓을 것이다. 대표적인 사례로 고휘도 백색 LED 조명은 1990년대에 개발되었으나 2000년대가 되어서야 출시되었다. 일본을 등진 발명자는 이 공로를 인정받아 2014년에 노벨 물리학상을 받았다(나카무라 슈지 교수는 일본 니치아 화학에 근무하던 지난 1990년 무렵 청색 LED 소자를 개발해 상용화까지 이끌었으나 특허 소유권을 회사에 빼앗긴 뒤 일본을 떠나 미국 국적을 취득했다. 노벨 물리학상 수상 후 일본 언론과의 인터뷰에서 "재패니즈 드림은 없다. 성공하려면 미국으로 오길 권한다"라고 말하며 깊은 불만을 드러냈다-옮긴이).

## 빛나는 전구

인간은 주로 빛을 보내준다는 이유로 태초부터 태양을 숭배했다. 빛 덕분에 우리는 볼 수 있고, 실내에 거주할 수 있고, 글을 읽을 수 있고, 작물을 기를 수 있고, 동물을 키울 수 있다. 빛은 우리의 존재를 규정하는 거의 모든 것에 반드시 필요하다. 암흑으로 뒤덮인 세상에서 당신의 삶은 어떤 모습일 것인가?

새로운 인공조명(모닥불에서 양초, 고래 기름 램프, 가스램프, 에디슨의 백열전구까지)은 인류 역사에서 항상 중요한 부분이었다. 태양 같은 자연조명은 우리 삶에 엄청난 가치를 더해준다. 인공조명은 밤을 낮으로 바꾸어 우리의 하루를 길어지게 만든다.

현재 세계 GDP는 90조 달러다. 그 중 9조 달러(10퍼센트)는 에너지 생산에 충당되며, 9조 달러의 85퍼센트 이상이 오염을 일으키는 재생 불가능한 가스, 석유, 석탄에서 비롯된다. 우리가 다양한 목적으로 사용하는 에너지양을 줄일 수 있다면 모두에게 이로울 것이다.

에너지 생산에 사용되는 9조 달러 가운데 25퍼센트인 2조 2500억 달러는 조명에 사용된다. 1994년 일본계 미국인 과학자의 발견은 인공조명에 드는 연간 2조 2500억 달러의 비용을 2500억 달러로 낮춰 새로운 광란의 20년대에 사실상 무료로 조명을 밝힐 수 있게 해줄 것이다. 오염을 일으키는 화석연료 에너지원에서 매년 약 2조 달러를 절감하는 것이다. 2020년 일본의 GDP가 5조 달러였음을 생각하면 절감액이 어느 정도인지 이해할 수 있을 것이다.

LED, 즉 발광다이오드가 전기로 빛을 낼 수 있는 현상은 20세기에 걸쳐 알려졌으며 LED가 저휘도 표시등으로 상업적 활용이 가능해진 1960년대에 특히 주목받았다. 하지만 LED에서 생성된 빛은 일반 조명에 적합하지 않았고 짙은 빨간색이나 초록색을 띠었다. 1960년대 초반 물리학자와 엔지니어들은 밝은 백색 LED 전구, 기술적으로 청색LED라 불리는 전구를 만들기 위해 열심히 노력했다.

## LED 조명의 발명자

나카무라 슈지는 1954년 5월 22일, 일본 열도의 네 개 섬 중 가장 작은 시코쿠의 작은 어촌 마을에서 태어났다. 그는 가난한 학생이었고 아버지는 지역의 전기 회사에서 유지보수 일을 했다. 아버지는 그에게 장난감 만드는 법을 가르쳐주었으며 학교에서 배운 과학적 방법보다는 시행착오를 통해 무엇이든 만들 수 있다는 믿음을 키워주었다. 대학 시절 나카무라 슈지는 주로 배구 시합과 물리학 공부, 실용적인 전기 장치 개발에 시간을 쏟았다. 그리고 결국 니치아 화학의 평범한 직원으로 일하게 되었다.

니치아에서 나카무라는 초록색과 빨간색 저휘도 LED에 사용되는 인화갈륨을 상업적으로 활용할 수 있는 방안을 연구했다. 그는 개발에 성공했으나 니치아의 시장 진입이 늦은 탓에 제품은 상업적 성공을 거두지 못했고 그가 만든 '미투Me Too' 제품 또한 성공하지 못했다. 나카무라는 회사가 조명 기술에서 시장을 선도해야 한다는 것을 깨달았다. 그는 상사를 설득해 신기술 개발에 400만 달러의 예산을 받아냈고, 1993년 수많은 시행착오 끝에 현재 사용되는 고휘도 백색 LED 전구의 모태인 고휘도 청색 LED 개발에 성공했다.

나카무라는 2000년에 미국으로 이민했고 1993년의 업적을 인정받아 2014년에 아카사키 이사무, 아마노 히로시와 함께 노벨 물리학상을 수상했다. 지난 수십 년 동안 고휘도 백색 LED 기술을 연구한 여러 물리학자들이 있지만 오늘날 나카무라는 와이드밴드갭Wide-band-gap 반도체 소재인 질화갈륨(GaN)을 기반으로 한 백색 발광체의 선구자로 인정받고 있다. 이 기술은 나카무라가 1999년에 블루레이 DVD를 개발하는 데에도 이용되었다.*

---

* 나카무라 슈지, 게르하르트 파솔Gerhard Fasol, 스티븐 피어튼Stephen Pearton, 《블루

2000년대에 시작되었으나 2020년까지 제대로 빛을 보지 못했던 나카무라의 첫 LED 발명품인 고휘도 청색 LED는 주문자 상표 부착 생산Original Equipment Manufacturer(OEM)을 휩쓸며 조명 시장을 빠르게 대체했다. 이는 LED 조명이 구현 준비된 기술로 생산되어 기존의 백열등과 형광등을 직접 대체할 수 있었기 때문이다.

백색 LED 전구는 지금도 끊임없이 새롭게 개선되고 있다. 실질적으로 백색 LED가 사용된 것은 10년이 채 되지 않았다. 오늘날 우리가 사용하고 있는 백색 LED의 몇 가지 이점을 살펴보자.

### ① 원가 20배 개선

간단한 LED 전구는 백열등보다 다소 많은 비용이 들지만 그 비용이 지속적으로 낮아진다. LED 전구는 지속 시간이 20배 더 길기 때문에 실제 비용이 개당 5센트, 기존 조명의 20분의 1까지 낮아진다. 20년마다 한 번 전구를 교체하는 것에 비해 매년 전구를 교체하는 데 드는 인건비까지 포함하면 실제 비용은 훨씬 더 낮다.

### ② 에너지 비용 10배 개선

현재 LED 전구에 사용되는 에너지는 동일한 루멘Lumen(빛의 밝기를 나타내는 단위)의 백열전구에 사용되는 에너지의 10분의 1이다. 물

레이저 다이오드: 완성 이야기The Blue Laser Diode: The Complete Story》 (Springer, 2000); 로버트 존스톤Robert Johnstone, 《눈부신 성공! 나카무라 슈지와 조명 기술의 혁명 Brilliant! Shuji Nakamura and the Revolution in Lighting Technology》 (Prometheus, 2007).

리학자들은 이 에너지 사용량이 앞으로 몇 년 동안 20분의 1로 낮아질 것이며 LED 전구의 전기 사용량이 백열전구의 5퍼센트 수준으로 거의 무의미해질 것이라고 예상한다.

### ③ 작동 온도 하락

LED 전구에서 발생하는 열은 동일한 밝기의 백열전구에서 발생하는 열의 10분의 1이하이며, 여러 공학적 이점과 더불어 공조 및 스프링클러 시스템의 필요성을 크게 감소시킨다는 이점이 있다.

### ④ 삶의 질

세계 인구의 4분의 1이 넘는 20억 명이 전기 없이 생활한다. LED는 매우 적은 에너지를 소비하기 때문에 밤새 불을 밝힐 수 있으며 작은 태양열 패널로 다음날 완전히 충전된다. 이는 20억 명이 넘는 사람들의 삶의 질을 크게 개선한다. 극빈층을 위한 이러한 이점만으로도 나카무라는 노벨 물리학상에 더해 노벨 평화상을 받을 자격이 충분하다.

### ⑤ 농업

LED는 대마초, 특수야채, 약용식물 같은 고부가 작물을 재배하는 실내농장에서 이미 쉽게 찾아볼 수 있다. LED는 루멘 당 비용이 매우 낮기 때문에 머지않아 일반 농업에도 이용될 것이며, 이에 따라 새로운 광란의 20년대에는 식당의 다락이나 지하에서 재배된 건강하고 합리적인 가격의 '팜투테이블Farm to Table' 음식이 실현될 것이다.

### ⑥ 방향성 조명

지금까지 살펴본 모든 이점은 한때 LED 조명의 부정적인 측면으로 여겨졌던 특성, 즉 한 방향으로만 빛을 보내는 특성으로 인해 더욱 유용해진다. LED와 달리 형광등, 백열등, 불 같은 다른 광원의 조명은 360도 모든 방향으로 빛을 비추며 따라서 비효율적으로 빛이 반사될 수밖에 없다.

### ⑦ 크게 개선된 조명

LED 조명 덕분에 우리는 켈빈 척도Kelvin Scale에서 2200K(촛불)부터 2700K(백열등), 4000K(태양)까지 백색광의 색 온도를 선택할 수 있게 되었다. 최신 전구 중에는 실시간으로 각 전구의 색 온도를 조절할 수 있는 제품도 있다.

### ⑧ 요구하지 않았던 이점

내 아이 방에 있는 LED 스마트 전구는 한 개에 10달러가 채 되지 않는다. 이 전구는 스마트폰으로 조절할 수 있고, 기분에 따라 색깔을 바꿀 수 있으며, 아이들이 이제 막 이해하기 시작한 여러 가지 일들을 할 수 있다. 무엇보다 새로 전선을 연결할 필요가 없어서 신규 배선 공사와 교체 공사에 드는 비용을 크게 줄여준다. 이는 LED 전구가 전기를 매우 적게 쓰기 때문이다.

2022년 4월 25일 월요일, 미국 에너지부는 에너지 효율적인 전구만 판매하도록 제조업체들에게 요구하는 두 가지 규정을 확정했다.

이는 와트 당 45루멘 이하인 전구를 사실상 판매하지 못하도록 금지하는 조치다. 이 규정은 시간을 두고 단계적으로 시행되겠지만 결국 대부분의 백열전구와 할로겐전구의 판매를 막을 것이다.

에너지 절감에서 10배, 설치비 절감에서 20배의 이점이 있는 LED는 기술 발전을 보여주는 대표적인 사례다. 나는 새로운 광란의 20년대에 경제 및 사회 여러 분야에서 이러한 기술 발전을 보게 될 것이라고 기대한다! 자율주행 차량의 승차 공유를 통해 차량 소유자가 돈을 벌 수 있는 전기 자동차에서부터(우버, 리프트 등) 모든 학생이 모든 과목에서 최고의 교사로부터 배울 수 있는 가상현실 교실까지 새로운 광란의 20년대는 에너지 비용의 획기적인 감소를 시작으로 역사상 가장 흥미진진한 10년이 될 것이다.

## 지열 에너지

이 장을 집필하면서 나는 과학자와 엔지니어들을 만나 2020년대에 에너지원에 어떤 변화가 일어날 수 있는지 논의했다. 그리고 특정 종류의 석유 가격이 마이너스로 하락하는 것보다 훨씬 더 큰 무언가를 놓치고 있다는 것을 깨달았다.

세계에서 가장 유명한 천체물리학자 중 한 명인 안토니 스타크 Antony Stark는 다음 10년 동안 태양, 바람, 핵 등의 주류 에너지원에 어떤 일이 일어날지는 중요하지 않다고 내게 털어놓았다. 오히려 그 다음 10년 동안 일어날 일이 중요하다고 말했다.

"천문학적 우연의 결과로 지구는 지열 에너지를 이용하기에 매우 적합한 조건을 갖추고 있습니다. 지구는 충분히 큰 행성이고 거대한 핵 가열기입니다. 중심부에는 반감기가 긴 방사성 원소가 충분하며 용융된 상태로 존재합니다."

그 용융암은 달의 형성을 겪지 않은 행성(금성 같은)보다 지구 표면에서 훨씬 더 접근하기 쉽다. 일어나기 어려운 달의 형성이 지구에 용암으로 이루어진 용융핵을 남겼기 때문이다. 지구는 용융 상태로 시뻘겋게 달아오른 용암 핵이 있는 몇 안 되는 행성 중 하나일 것이다. 이 용융핵은 사실상 끝나지 않는 반감기를 지닌 원소들로 이루어져 있다. 게다가 지구는 수천 군데에서 뜨거운 용암(액체 상태의 암석과 금속)이 표면까지 저절로 올라오는 유일한 행성이다.

우연히도 내가 이 글을 쓰는 동안 아내와 아이들은 아이슬란드에서 활화산을 탐험하고 있다. 아이슬란드는 인구의 90퍼센트가 뜨거운 용암에서 만들어진 뜨거운 물과 증기를 이용한 지열 에너지만으로 난방을 해결하며, 전기의 30퍼센트를 지열 에너지로 발생시킨다.

### 지열 에너지를 발견한 두 곳 – 핵과 지각

현재 우리가 지열 에너지를 발견한 곳은 지구 핵과 태양이 닿는 지각 두 군데다.

열에너지는 지구의 용융핵에서 비롯되는데, 용융핵의 열에너지는 전도를 통해 지표면으로 전달되며 때로는 용암이나 증기의 형태로 지각의 갈라진 틈을 뚫고 나온다. 지각을 뚫고 나오는 재생가능 에너지는 현재 47테라와트다(1테라와트는 10억 킬로와트다). 이는 달 크기만 한 지구핵에서 용암이 지닌 재생가능 에너지 수백만 테라와트에 비하면 극히 적은 양이다. 지구핵에서 비롯되는 47테라와트는 지구가 태양에서 추가로 받는 17만 3000테라와트에 비해서도 매우 적다. 우리에게 47테라와트를 내보내는 지구핵 안의 수백만 테라와트와 태양에서 전달되는 17만 3000테라와트를 고려할 때, 우리는 미래 행성 탐사와 개발을 비롯해 현재 생각할 수 있는 어떤 것도 작동시킬 수 있는 무한한 지열 에너지를 갖고 있다.

우리에게 아직 없는 것은 지열 에너지를 찾고 처리하고 운송하고 저장하고 전기나 열로 전환하는 확보 '기술'이다. 우리는 용융된 용암을 처리할 도구도 저장할 장치도 없다. 하지만 새로운 광란의 20년대에 변화가 일어나고 있다.

태양 기반의 지열 에너지를 모으는 태양열 패널과 더불어 지구핵 기반의 증기와 열을 모으는 분야에서 최근 위대한 발전이 이루어졌다. 케냐(38퍼센트), 아이슬란드(30퍼센트), 필리핀(27퍼센트), 엘살바도르(25퍼센트), 뉴질랜드(25퍼센트) 등 24개 나라는 총 전력의 15퍼센트 이상을 지열 에너지에서 얻는다. 미국은 지열 발전으로 총 4000메가와트를 생산해 전 세계 선두를 달리고 있지만 지열 발전으로 얻는 에너지는 총 전력량의 0.3퍼센트에 불과하다.

이러한 상황은 화석 연료에서 재생가능 연료로 전환되면서 2020년대에 변화를 맞이할 것이다. 이는 단지 화석 연료의 금전적 비용 때문이 아니라 재생 불가능한 화석 연료가 환경과 세계 기후변화에 미치는 영향 때문이다.

## 지하증온율

물리학자들은 지하증온율Geothermal Gradient(지표면에서 지구 중심으로 들어갈수록 온도가 상승하는 비율)이 놀랍게도 장소에 따라 크게 다르지 않다고 말한다. 기본적으로 지구상의 어느 곳을 파든 지반과 지하수를 지나면 땅 속의 온도가 77피트 당 화씨 1도 혹은 1마일 당 화씨 68도 상승한다(1킬로미터 당 섭씨 25도 상승).

머지않아 각 가정 또는 마을마다 '히트 싱크Heat Sink(직간접적인 열 접촉을 이용해 다른 물체로부터 열을 흡수하고 발산하는 장치)'가 설치될지도 모른다. 냉난방은 물론 전력 생산까지 가능할 만큼 수천 피트 아래로 뻗은 이 폴리에틸렌 파이프는 가정용 전기차를 충전할 수 있을 만큼의 잔여 용량을 확보해 가정이나 마을 단위에서 에너지를 자급자족할 수 있게 해줄 것이다.

뿐만 아니라 거주지를 기반으로 이용할 수 있는 훨씬 더 합리적인 대안도 있다. 미국과 유럽의 대부분 지역에서 지표면 수 미터 아래의 지온Ground Temperature은 지표면 온도와 관계없이 화씨 54+/-3도로 비교적 일정하다. 저렴한 열펌프를 이용하면 밀폐된 폴리에틸렌 튜브 고리를 통해 땅속으로 냉각제를 밀어 넣은 뒤(히트 싱크 생성) 화씨 54도가 된 냉각제를 지표면으로 이동시킬 수 있다. 이를 통해 냉각제 온도가 화씨 54도인 상태에서 냉난방 시스템이 작동할 수 있게 되어 냉방을 하는지 난방을 하는지에 따라 연료 소비를 50퍼센트까지 줄일 수 있다. 화씨 95도에서 화씨 72도로 냉방을 하거나 화씨 20도에서 화씨 72도로 난방을 하는 경우 비용을 들이지 않고 화씨 54도에서 시작한다면 재래식 연료가 그만큼 덜 들게 된다. 신규 주택에서 열펌프가 표준 설비로 빠르게 자리 잡아 기존의 에어컨과 가정용 보일러에 쉽게 장착되고 있는 것은 바로 이 때문이다.

지열 시스템 설치비가 동일한 냉난방 용량의 공기 열원 시스템 설치비보다 몇 배 더 비쌀 수도 있지만 추가 비용은 에너지 절감으로 5~10년 내에 상쇄된다. 시스템 수명은 실내 장치의 경우 24년, 땅속 튜브 고리의 경우 50년 이상으로 추정된다. 미국에서는 매년 약 5만 개의 열펌프가 설치되고 있다(더 자세한 정보는 국제지열열펌프협회에서 확인할 수 있다).

머지않아 모든 신규 주택에는 지반 옆이나 아래에 100피트(약 30미터) 이상의 수평 튜브가 연결된 또는 땅 속에 100피트 이상의 수직 튜브가 연결된 히트 싱크가 포함될 것이다. 미국 에너지부에 따르면 2000제곱피트(약 185제곱미터) 주택에 물로 열교환을 하는 3톤짜리 히트펌프 시스템을 설치하는 데 2500달러에서 5000달러가 든다고 한다. 월 연료비 절감액은 이자율 6퍼센트로 계산했을 때 주택담보대출 상환액의 월 추가 비용보다 1~2배 높을 것이다. 이는 초기 주택 구매나 신축의 일부로 자금을 조달하는 경우 더 적을 수도 있다.

나는 1년 중 6개월은 끊임없이 눈과 얼음을 치워야 하는 스키 마을에 살고 있다. 대부분의 고급 주택에는 수십 년 동안 가스보일러로 작동했던 히트 싱크 진입로가 있었다. 최근에 이르러서야 화석 연료로 진입로를 녹이는 것이 비싸고 환경에 유해한 방식으로 여겨지게 되었다. 지열 에너지를 직접 이용해 전체 또는 일부 전력을 공급받는 융설 시스템Snow-melt System은 더 이상 비싸지도 유해하지도 않다. 차도와 인도에 쌓인 눈과 얼음을 치우기 위해 이와 동일한 기술이 도시에서도 사용되기 시작했다.

### 새로운 에너지로 움직이는 전기 자동차

최근까지 지열 에너지의 가장 실용적인 용도는 난방이나 냉방이었다. 석유의 3분의 2는 운송에 사용되기 때문에 지열 에너지의 이점은 제한적이었다. 그러나 전기 자동차의 등장과 함께 이러한 상황은 하루아침에 바뀌었다. 태양, 바람, 지열 에너지는 이제 어디서나 얻을 수 있고 쉽게 전기로 전환된다. 이는 운송을 위한 전기 자동차에 이용되어 석유를 대체할 수 있다.

미국에서 가장 많이 팔린 자동차는 포드 F-150 픽업트럭으로, 2021년에 150킬로와트시 배터리가 장착되어 배터리식 전기차로 이용할 수 있게 되었다. 막대한 용량의 150킬로와트시 배터리는 각자 보유한 태양이나 지열 발전 설비에서 생산된 전기를 저장할 수 있으며 해가 비치지 않거나 바람이 불지 않을 때 또는 필요 시 바로 전기를 생산하기에 적합한 계절이 아닐 때 저장된 전기를 가정에 다시 제공할 수 있다. 포드 F-150 전기차는 날씨가 맑아지거나 바람이 불기를 기다리는 며칠 동안 집 전체에 전기를 공급할 수 있을 것이다.

### 지열 발전 기술의 기술 격차 해소

2500~5000달러짜리 히트펌프를 추가하면 공조 시스템에 사용되는 연료비를 반으로 줄여 가정의 기술 격차 중 하나를 해소할 수 있다. 이는 시작에 불과하다. 지열 에너지의 기술 격차를 활용하려는 독자라면 2020년대에 써모커플Thermocouple이라는 장치를 눈여겨보아

야 한다. 써모커플은 두 열원의 온도 차이를 전류로 전환할 수 있는 (반대 전환도 가능) 고정식 장치다. 이 장치가 발전용으로 충분히 개발된다면(나는 2020년대에 이루어질 것이라고 예상한다) 각 가정은 필요한 전기를 자급자족할 수 있게 될 것이다. 집을 구입할 때 가장 원하는 새로운 기기는 머지않아 빌트인 발전소가 될 것이다.

나는 새로운 광란의 20년대에 모든 가정이 직접 냉난방을 할 수 있는 무한한 에너지원과 더불어 무한한 전기를 얻는 빌트인 에너지원을 가질 수 있을 것이라고 예상한다. 그 결과 전기 공급이 되는 곳이든 되지 않는 곳이든 어디에나 단독 주택과 아파트를 지을 수 있게 될 것이다. 인간이 점유하고 있는 지구상의 육지는 10퍼센트에 불과하다. 우리는 지열 에너지를 이용해 환경을 파괴하지 않고 나머지 90퍼센트를 사용할 수 있을 것이다. 자가 발전되고, 재생가능하며, 깨끗한 전기는 난방, 냉방, 운송, 폐기물 처리에 이용될 수 있다.

대부분의 지열 시스템은 설치 직후부터 플러스 현금 흐름을 가져오지만(지열 시스템은 설치비보다 더 많은 연료비를 절감하며 현재의 낮은 이자율에서는 특히 더 그렇다) X세대, Y세대(밀레니얼 세대), Z세대 같은 젊은 세대들은 경제적 이득에 관계없이 깨끗한 지열 발전에 기꺼이 더 많은 돈을 지불하겠다고 밝혔다.

로봇, 특히 AI 로봇은 지열 기술 개발에서 중요한 역할을 수행한다. 일부 기술은 지열 장치를 관리하는 데 통상적으로 사람을 필요로 했다. 그러나 이제는 AI 로봇으로 작동되는 자동화된 지열 장치를 만들 수 있다.

# 새로운 광란의 20년대의 에너지

다음 10년 동안 세계 경제는 에너지 절감만으로도 이득을 얻을 것이다. 에너지 절감은 기존 에너지원과 신규 에너지원에서 생산되는 에너지의 양이 2033년까지 두 배 증가할 가능성, 즉 2배 향상에서 비롯된다. 이에 더해 에너지를 사용하는 여러 장치에 소비되는 에너지의 양이 절반으로 줄어들 가능성에서 또 다른 2배 향상이 이루어져 총 4배 향상을 가져오게 된다.

지나친 장밋빛 미래인가? 전 세계에서 에너지 생산에 사용되는 9조 달러 중 약 20퍼센트인 2조 달러가 조명에 사용된다. 백열전구를 LED 전구로 바꾸기만 해도 에너지 비용의 90퍼센트가 절감되어 10배 향상이 이루어진다. 이외에도 수명 20년, 쿨러닝Cool-running 전구 등 여러 가지 무형의 이득이 있다. 내연기관 자동차는 1년에 약 1만 달러의 비용이 소요되며 그중 연료비가 5000달러다. 전기차로 교체하면 연료비를 2000~5000달러 줄일 수 있으며 유지 관리 비용도 비슷하게 절감된다. 지열 에너지는 특히 새로운 광란의 20년대에 모든 것을 변화시킬 잠재력이 있다.

미국 이외의 나라에서 생산되는 화석 연료로부터 벗어나려는 가장 큰 이유는 독재자, 폭군, 올리가르히, 범죄자 등의 악당들에게 현금이 흘러들어가는 것을 막기 위해서다. 일론 머스크Elon Musk는 이것이 테슬라를 설립한 이유라고 제시했다. 어떤 면에서 대체 에너지는 세계 평화를 촉진하려는 시도인 셈이다.

러시아의 우크라이나 공격은 분명 공급망과 에너지 문제를 야기했으나 유럽이 러시아산 원유 및 가스 의존도에 집중하도록 만들기도 했다. 대체 에너지원으로의 전환은 경제적인 문제일 뿐만 아니라 전략적인 문제이기도 하다.

당신의 에너지 사용을 살펴보고 어떻게 하면 더 효율적으로 사용할 수 있을지 생각해보자. 또 에너지 패러다임의 작은 부분을 수정하거나 개선함으로써 비즈니스 기회를 찾을 수 있을지 생각해보자.

① 2020년 이전에는 전 세계 에너지 비용 절감의 대부분이 화석 연료를 획득하고 유통하는 더 좋은 방법을 찾는 것에서 비롯되었다. 2020년대부터는 연비 100mpg인 자동차나 전기를 거의 쓰지 않는 LED 전구 등 에너지를 사용하는 장치에서 비롯된 뜻밖의 효율성으로 에너지 절감이 이루어질 것이다. 또한 2020년대와 2030년대에는 지구의 고유한 에너지, 즉 지열 에너지 활용에서 상당한 발전이 이루어질 것이다.

② 난방, 조명, 운송, 제조 등 거의 모든 활동에 사용되는 에너지가 역사상 처음으로 사실상 무료가 될 것이다. 이는 경제 전반에 막대한 영향을 미치는 것은 물론 미국과 러시아 같은 산유국들에게도 정치적 영향을 미칠 것이다. 러시아의 우크라이나 공격 같은 정치적 위기가 발생한 상황에서 이러한 영향은 매우 중요해진다.

③ 2020년 4월 22일 코로나19 대유행의 정점에서 발생한 마이너스 유가에서 설명했듯이 석유처럼 아무도 원하지 않는 일부 에너지원은 가격이 0 이하로 떨어질 것이다. 특정 시기에는 생산자들이 생산을 중단하기보다 에너지를 가져가는 대가로 사용자들에게 돈을 지불할지도 모른다.

④ 악당들에게 흘러가는 화석 연료 수익을 차단하는 전략적 요구는 새로운 광란의 20년대에 대체 에너지원이 성장하게 될 또 다른 이유다.

**5 장**

# 구조적 실업

기술 변화로 인한 실업은 경제 성장을 나타내는 첫 번째 신호다. 사회가 맞이한 도전과 기회는 실업자들을 재교육하고 재취업시켜 사회가 그들의 새로운 일자리 및 예전 일자리의 산출물을 누릴 수 있도록 하는 것이다.

현대 경제는 기계나 더 나은 방법이 개인의 일자리를 빼앗고 대체된 직원이 새로운 일자리를 찾을 때 성장한다. 이를 통해 사회는 예전 일자리(이제 기계가 수행하는)와 새로운 일자리의 산출물을 누릴 수 있다. 이 장에서는 이러한 현상을 살펴보고 이 현상이 다가오는 시대에 어떻게 경제 성장을 주도할지, 어떻게 전 세계에 막대한 혼란을 야기할지 논의할 것이다.

## 필저의 섬

무인도를 하나 생각해보자. 내 학생들이 필저의 섬이라고 부르는 이 섬은 자급자족하는 열대의 섬으로, 열 명의 남자와 그들의 가족이 살고 있다. 열 명의 남자는 공동으로 사용하는 배를 타고 낚싯대로 물고기를 잡아 근근이 먹고 살아간다. 여기서는 남자로 예를 들었지만 여자로 가정해도 괜찮다. 한 선교사가 섬에 들어와 남자들에게 새롭고 더 좋은 낚시 방법을 알려준다. 개별 낚싯대 대신 큰 투망을 사용하는 방법이다.

이제 동일한 양의 물고기를 잡기 위해 두 명만 배에 있으면 된다. 한 명은 배를 조종하고 다른 한 명은 그물을 맡는 것이다. 섬사람들이 이 낚시 방법을 받아들이면 섬의 실업률은 곧바로 0퍼센트에서 80퍼센트가 된다. 어부 열 명 중 여덟 명이 더 이상 배에 필요하지 않기 때문이다.

하지만 섬 전체의 부는 여전히 동일하다. 그물을 사용하는 두 명의 어부가 열 명이 낚싯대로 잡던 만큼 물고기를 잡기 때문이다. 이 것이 기술 변화나 더 나은 방법으로 인한 실업에서 가장 많이 오해하는 부분이다. 경제학자들은 이를 '구조적 실업'이라고 부른다. 경제 불황, 전쟁, 세계적인 유행병 때문에 수요가 줄어들어 생긴 실업과 달리 경제에서 무언가의 '구조'가 변해서 실직을 야기한다는 의미다.

기계나 더 나은 방법이 일자리를 빼앗으면 대체된 근로자의 임금은 기계 소유주, 비즈니스 소유주, 남아 있는 근로자, 혹은 셋 모두에게 이전된다. 진정한 경제 성장은 대체된 근로자가 이전에 없던 새로운 제품이나 서비스를 생산하는 새로운 일자리를 찾을 때 일어난다. 그후 사회는 근로자의 예전 일자리에서 창출된 (동일한) GDP와 함께 근로자의 새로운 일자리에서 창출된 추가 GDP를 통해 이득을 얻는다.

이 프로세스는 인류가 존재한 이래로 계속 진행되어 왔다. 최근까지 구조적 실업으로 인한 변화는 보통 여러 세대에 걸쳐 일어났다. 그러나 이제는 한 세대 만에 변화가 일어난다.

과거 블루칼라 노동자들은 상업을 배워 평생 그 일을 할 수 있었다. 일부는 자신의 성씨로(밀러Miller, 베이커Baker, 스미스Smith 등) 혹은 가업 형태로 자녀들에게 사업을 물려주기도 했다.

나는 거의 30년 전에 《신은 당신이 부유해지기를 원한다God Wants You to Be Rich》라는 책에서 이러한 현상에 대해 설명했다.

오늘날 우리가 경험하는 실업은 실업이 발생하는 속도가 빨라진 것 외에 전혀 새로운 점이 없다. 예전에는 50년이 걸렸던 변화가 이제는 5년, 10년 만에 일어난다. 그 결과 우리는 기존 직원의 후손들이 더 생산적인 다른 직업을 선택하기를 수동적으로 기다리는 것이 아니라 기존 직원들의 재교육 문제를 해결해야 하는 상황에 놓였다.

이제 이 설명을 수정해야 할 것 같다. 5년, 10년이 걸렸던 변화가 10배 더 빨라져 5개월, 10개월 만에 일어나는 경우도 많기 때문이다. 요즘에는 새로운 기술, 더 효율적인 공급원, 더 저렴한 원재료가 지체 없이 대량 해고를 일으킬 수 있다. 글로벌 기업들은 한 대륙에서 수천 명의 신규 직원을 채용하는 반면 다른 대륙에서 대폭적인 인원 감축을 발표한다. 이는 6장 '로봇이 온다'에서 설명하듯이 한 지역에서 다른 지역으로 생산을 쉽게 전환할 수 있도록 동일한 조립 라인을 구축한 유연생산시스템Flexible Manufacturing System(FMS)을 사용하는 기업에서 특히 두드러지게 나타난다.

다가오는 기술에 대한 긍정적인 견해에도 불구하고 그 이면에는 구조적 실업의 파괴적인 영향이 존재한다. 급격한 고용 변화에서 비롯된 가족 및 정치 생활의 막대한 혼란은 세상을 분열 위기로 몰아넣는다!

수많은 가정에 영향을 미치는 고용 지역의 변화는 전 세계 여러 공급원에서 생산을 아웃소싱하는 기업들에게 알려지지 않는 경우가 많다. 예를 들어 애플은 동일한 모델의 아이폰 완제품을 만드는 개별 공장이 여러 대륙에 있으며 신모델에 들어갈 스크린이나 배터리 같은 독립적인 하위 부품을 만드는 수많은 공장들이 전 세계에 있다. 이들 중 일부는 애플이 소유하고 관리하는 공장이며, 일부는 계약에 따라 애플을 위해 일하는 완전히 독립된 회사다. 애플이 소유한 공장이든 독립된 공장이든 한 공급업체가 필요한 부품을 제공하지 못하거나 더 낮은 가격으로 제품을 제공할 수 있는 경우 애플은 공급업체를 바꿔 생산 주문을 순조롭게 옮길 수 있다. 대만의 공장 관리자는 다음 3개월 분량의 생산 주문을 보고 화면을 클릭해 신규 직원 8000명을 고용하도록 스케줄러에 지시한다. 베트남의 비슷한 공장 관리자는 대만으로 생산이 이전된 기존 부품을 만들던 직원 1000명을 해고한다.

2020년 2월 전에는 이러한 결정이 납기와 시간을 기반으로 한 컴퓨터 알고리즘(하드웨어나 소프트웨어 루틴에서 특정 작업에 대한 지침이나 절차)에 의해 대부분 이루어졌다. 이는 코로나19 대유행으로 두 가지 신규 요인, 즉 국가별 위험도와 유행병 위험도가 알고리즘에 추가되기 전이었다. 2020년 초, 코로나19 대유행으로 중국에서 거의 모든 생산이 중단되자 중국 밖의 공급망 관리자들은 이도저도 못하는 상황에 빠졌고 아이폰을 만드는 전 세계 공장들은 아이폰이 1000달러라고 할 때 메모리칩 같은 1달러짜리 하위 부품이나 10달러짜리 배터리가 부족해 가동을 멈추게 되었다. 중국 공장과 하청 회사들은 불과 6일 만에 전 세계 주요 고객사 수백 개를 잃었다. 게다가 가동을 재개한 후 중국 공장들은 새로운 경쟁에 직면했다. 서양 고객들이 중요 부품에 대해 여러 곳의 독립된 공급처를 확보해야 할 필요성을 인식했던 것이다. 서양 고객들은 한 국가에서 들어오는 핵심 부품에 의존하거나 유행병 같은 지역 위험에 노출되지 말 것을 하청 회사들에 지시했다. 이러한 공급망 이슈는 비즈니스가 활성화되고 공급되는 방식을 변화시키고 있다.

10명의 남자가 어업에서 80퍼센트의 실업률을 겪고 있는 섬으로 돌아가 보자. 그 섬의 사회는 실직한 여덟 명의 어부들을 먹여 살릴 방법을 정해야 한다. 그들에게는 세 가지 선택지가 있다.

1. 그물 사용을 금지하고 예전 방식으로 돌아간다.
2. 일하는 두 명의 어부에게 수입의 80퍼센트를 과세하고 그 돈을 실직자들에게 재분배한다.
3. 섬의 부를 늘려줄 새로운 상품과 서비스를 생산하는 새로운 직업을 가질 수 있도록 실직한 여덟 명의 어부를 훈련시킨다. 그것은 열 명 모두가 낚싯대를 이용하는 어업에 종사했던 예전에는 존재하지 않던 직업일 가능성이 높다. 16장 '비즈니스 기회를 창출하는 새로운 비즈니스'에서는 이러한 신규 직업들을 살펴볼 것이다.

세 가지 선택지를 더 자세히 들여다보자.

### 선택 1

예전 방식으로 돌아가는 것은 1800년대 초반 영국에서 일부 사람들에게 받아들여졌다. '러다이트Luddite'라는 폭력단은 새롭게 기계화되어 직조공과 편물공이 가졌던 일자리를 없애고 실업률을 높인 방직 공장들을 파괴했다. 이에 대응하여 영국 정부는 1812년 기계파괴방지법을 통과시켜 공장 기계 파괴를 중대범죄로 규정했다. 러다이트에 속한 70명은 사형에 처해졌다. 사실 분쟁의 핵심은 기계 자체가

아니라 산업화와 구조적 실업으로 인한 사회 혼란과 부의 분배였다.[*]

### 선택 2

생산적인 직원들에게 세금을 부과하는 것은 터무니없는 생각인 것 같다. 어떤 사회가 최신 기술을 이용하는 생산적인 근로자들에게 80퍼센트까지 소득세를 올리겠는가?

그러나 지난 세기 전반 동안 이것은 구조적 실업에 대한 전 세계의 주된 대응이었다. 1913~1960년 사이 미국과 서유럽은 매우 진보적인 소득세를 도입했다. 1959년 연간 소득 13만 1000달러 이상인 개인에게 부과된 미연방의 최고 소득세율은 91퍼센트였다!

1917~1991년, 동유럽과 전 세계 절반가량의 국가들은 사실상 100퍼센트를 과세하는 공산주의를 택했고 새로운 기술적 방법을 실행하려는 개인의 동기를 말살했다. 이는 동유럽이 오늘날까지 어려움을 겪고 있는 장기적인 경제 악순환을 초래했다.

### 선택 3

대체된 근로자들을 재교육하는 것은 중국을 제외한 대부분의 국가에서 논의된 접근이었다. 이는 중국 경제가 지난 50년 동안 크게

---

[*] 리처드 카니프Richard Connif, 「러다이트는 실제로 무엇과 싸웠는가What the Luddites Really Fought Against」, 〈스미스소니언 매거진Smithsonian Magazine〉, 2011년 3월; 크리스토퍼 클레인Christopher Klein, 「산업혁명의 기계에 맞서 분노한 최초의 러다이트The Original Luddites Raged Against the Machine of the Industrial Revolution」, History.com, 2019년 1월 4일.

성장하면서 모두를 위한 새로운 일자리가 항상 있는 것처럼 보였기 때문이다. 중국의 이슈는 대체된 근로자들(특히 젊은층)이 새로운 일자리를 원하는지 여부다. 모든 나라가 재교육이 가장 바람직한 접근임에 동의하지만 이를 성공적으로 이룰 방법이 무엇인지 또는 머지않아 마찬가지로 시대에 뒤처지게 될 대체된 근로자를 어떤 일자리로 재교육할지 찾아낸 나라는 없다.

그 이유는 쉽게 찾을 수 있다. 우리의 교육 제도가 20세기에 갇혀 있기 때문이다. 학생들은 여전히 "커서 뭐가 되고 싶니?"라는 질문을 받는다. 한 분야를 공부한 뒤 평생 더 배우지 않아도 그 직업에 종사할 수 있는 것처럼 말이다. 다행히도, 7장 '긱 이코노미'와 16장 '비즈니스 기회를 창출하는 새로운 비즈니스'에서 살펴볼 내용처럼 이것은 더 얘기할 필요가 없게 될 것이다. 자유기업 체제는 일자리를 원하거나 필요로 하는 사람들을 위해 일자리를 찾음으로써 문제를 해결하려 하고 있다.

## 《자본주의, 사회주의, 민주주의》

'창조적 파괴'는 경제학자들이 자본주의가 어떻게 급격한 경제 성장으로 이어지는지 설명하기 위해 사용하는 용어다. 그물을 이용한 어업처럼 새로운 발명이나 더 나은 방법은 훨씬 더 생산적이기 때문에 기존의 방법을 창조적으로 파괴한다. 물론 창조적 파괴가 작용할 때마다 더 큰 구조적 실업이 이어진다.

창조적 파괴 개념의 창시자는 오스트리아의 위대한 경제학자 조지프 슘페터Joseph Schumpeter였다.* 평생 믿을 수 없을 만큼 왕성하게 활동한 그는 새로운 방법으로 인한 기술 발전이 어떻게 현재 상태를 파괴할 수 있는지 설명하는 수백 편의 전문 서적과 논문을 저술했다.

그의 유명한 저서 《자본주의, 사회주의, 민주주의Capitalism, Socialism, and Democracy》**는 더 나은 기술적 방법이 실행되어 개인들이 일자리에서 밀려날 때 빠르게 발전하는 자본주의 사회에서 일어나는 사회적 혼란과 파괴를 다룬다. 책에서는 경제 전체의 파이를 키운다는 점에서 그러한 기술 발전을 높이 평가했지만 슘페터는 발전한 기술에 밀려난 사람들이 민주적인 투표에서 사회주의 형태의 정부에 찬성표를 던져 황금알(생산성)을 낳는 거위(기술)를 죽임에 따라 자본주의가 결국 자멸할 것이라고 예견했다. 더 나아가 사회주의가 수년 간 지속되어 경제 부패가 일어나면 앞서 사회주의 정부에 찬성했던 사람들(또는 그들의 자녀들)이 격렬하게 자본주의로 돌아서면서 순환이 다시 시작될 것이라고 전망했다.

동구권의 사회주의 국가들이 자본주의로 돌아설 것이라는 슘페터의 예측은 1990년대에 현실로 나타났으나 서구의 자본주의 국가들이 사회주의로 바뀔 것이라는 예측은 실제로 이루어지지 않았다.

---

\* 슘페터는 인생에서 세 가지 목표를 세웠다고 말했다. 세계 최고의 경제학자가 되는 것, 오스트리아 최고의 기수가 되는 것, 비엔나 최고의 연인이 되는 것이다. 그는 두 가지 목표를 달성했다고 말했으나 그 두 가지가 어떤 것인지는 말하지 않았다. 오늘날 그는 경기순환과 기업가정신에 대한 이론으로 널리 알려져 있다.

\*\* 조지프 슘페터, 《자본주의, 사회주의, 민주주의》(Impact Books, 2014, 초판 출간 1942년).

슈페터는 진정한 사회주의와 유럽 여러 나라에서 등장한 민주사회주의를 구분했다.

하지만 시간이 지나봐야 알 수 있을 것이다. 러시아 같은 여러 나라들은 민주 제도를 외면하고 독재정치 또는 올리가르히의 지배로 향했다. 미국의 고위직 후보자들은 공공연하게 스스로를 사회주의자라고 부르며 자본주의에 도전하는 정책들을 받아들였다. 한편, 독재정치 및 전체주의를 지향하는 원칙을 옹호하는 이들도 있었다. 극단으로 치달은 사회주의와 국가주의는 독일 나치 정부의 국가 사회주의로 통합되었다.

슈페터는《자본주의, 사회주의, 민주주의》를 집필하고 5년 뒤《자본주의는 살아남을 수 있는가?^Can Capitalism Survive?》에서 자본주의가 정치적으로 살아남을 수 있다고 예상하지 못했음을 밝혔다.*** 이것이 그가 공산주의를 지지한다는 의미인지 묻자 슈페터는 이렇게 썼다. "의사가 자기 환자가 곧 죽을 것이라고 예상한다고 해서 그 의사가 환자의 죽음을 원하는 것은 아니다."

1980년대와 1990년대 초반에 나는 소련 공화국 관료들에게 대규모 정부가 고용주 역할을 하는 체제에서 개인의 기업가정신을 촉진하는 개방적인 체제로 경제를 재편하는 방법에 대해 조언했다. 중요한 서비스를 계속 제공하면서 모든 것을 재편하는 것은 매우 어려운 과업이었다. 조직적인 (그리고 비조직적인) 범죄가 만연한 가운데 선의

---

*** 조지프 슈페터, 《자본주의는 살아남을 수 있는가?》 (Harper Perennial Modern Thought, 2011, 초판 출간 1947년).

를 가진 외국인 조언자와 사업가들은 위협에 노출되고 때로는 죽음을 당하기도 했다.

결국 고위 관료들과의 연줄로 부당하게 먼저 자리 잡은 여러 개인들(올리가르히)은 수십억 달러의 횡재를 얻었다. 또한 러시아의 여러 기업가들은 경쟁자에게 맞서기 위해 새로 만든 유동적인 소득세법을 조작한 정치적 반대세력에 의해 투옥되었다.

나는 2000년대와 2010년대에 중화인민공화국 정부와 민간 기업들에게 같은 문제에 대해 조언했다. 중국은 경제의 상당 부분을 민영화 하는 데 있어 구소련보다 훨씬 좋은 결과를 달성했다. 이는 중국이 가령 1000억 달러짜리 국영기업을 민간에 매각할 때 10~20퍼센트만 매각하고 80~90퍼센트는 자체적으로 보유했기 때문이다. 여기서 '자체'는 중화인민공화국의 14억 인민이었다. 그 기업이 현대화 되어 3000억 달러를 회수할 시기가 되자 중국 인민들에게 수익의 80~90퍼센트(2400~2700억 달러)가 돌아갔고 기업가는 100~200억 달러를 투자해 300~600억 달러를 벌어 여전히 높은 인센티브를 얻었다.

10명의 어부 중 8명이 실직한 섬을 다시 한 번 살펴보자. 그들에게는 8명의 실업자가 선택할 수 있는 몇 가지 일자리가 있다.

**농사** 몸에 좋은 과일과 야채를 생산해 두 명의 어부가 잡은 생선과 교환한다.

**교육** 섬의 모든 아이들을 위한 학교를 열고 아이들을 가르치는 대가로 생선, 과일, 야채를 받는다.

**주거지 건설 및 수리** 오두막을 짓고, 관리하고 수리한다.

**돌봄** 병자와 노약자를 돌보는 대가로 음식, 주거지, 의복을 받는다.

**도구 및 장비 대여, 수리** 섬 주민들에게 필수 도구들을 제공하고 수리해준다.

**엔터테인먼트** 그들만의 지미 버핏Jimmy Buffett이나 밥 말리Bob Marley가 없다면 그 섬은 어떻게 되겠는가?

**유통** 최신 제품과 서비스를 파악하고 이를 가장 잘 사용할 수 있는 사람들에게 제공한다. 아마존의 제프 베조스Jeff Bezos처럼 이 사람은 한계비용이 0인 경제에서 유통업자가 제공하는 가치로 인해 섬에서 가장 부유한 사람이 될 것이다(11장 '소비자 잉여' 참고).

**공공 안전** 섬을 지키기 위해 소방서 및 경찰서를 복합적으로 운영한다.


당신은 어떤 시기에 무인도에서 살거나 무인도를 방문하고 싶은가? 물고기를 잡아서 먹는 것 외에 다른 할 일이 없는 원래 섬에 살고 싶은가? 아니면 신선한 과일과 야채, 교육 서비스, 주거지 건설, 돌봄, 도구 및 장비, 엔터테인먼트, 안전과 더불어 원하는 물고기를 여전히 얻을 수 있는 새롭게 재편된 섬에 살고 싶은가?

끝으로 무인도를 떠나기 전에, 그물이 원래 일자리를 대체할 당시에는 대체된 8명의 어부가 생산한 새로운 제품과 서비스도, 이를 생산하는 어떤 일자리도 존재하지 않았음을 기억하라.

대체된 어부들에게 필요한 가장 중요한 것은 적응하고 성공할 수 있다는 자기 능력에 대한 믿음이다.

# 구조적 실업에 대한 정부의 대응

통상적으로 대부분의 정부는 구조적 실업에 잘못된 대응을 해왔다. 옛 영국에서 일어난 러다이트 운동처럼 미국의 지방 정부와 주 정부는 근로자를 해고하는 사업체에 훨씬 높은 실업 보험료를 부과하여 구조적 실업의 속도를 늦추는 것에 집중했다. 하지만 그보다는 대체된 실업자들이 정말 필요로 하는 것, 즉 일터로 돌아가기 위한 교육과 재훈련을 지원해야 했다. 정부는 구조적 실업과 싸우기보다 기술의 노동력 대체를 촉진하고 대체된 직원들이 일터로 돌아가거나 파트타임 업무를 받아들이도록 장려하는 실업급여 프로그램을 설계해야 한다.

예를 들어, 미국의 모든 주는 자신의 잘못 없이 실직한 경우 시민들에게 실업급여를 통해 예전 급여의 약 3분의 2를 지급하며, 미시시피주는 일주일에 235달러까지, 매사추세츠주는 일주일에 783달러까지 지원한다. 이러한 실업급여는 일정 기간 이후 종료되거나 풀타임이든 파트타임이든 일자리를 구했을 때 또는 적합한 업무를 제안받았으나 거절했을 때 종료된다. 자세한 규정과 요건은 주마다 다르다.

이러한 불황 시대의 프로그램들은 주기적인 경기침체로 인한 전통적인 실업에 맞추어 설계되었다. 따라서 경제가 회복되면 실직자들이 예전 일자리로 복귀할 것이라고 가정한다. 이들 프로그램은 실직 가정에 긴급 필요 자금을 지원하지만 오늘날 대다수의 실직자들이 자신의 보유 기술과 고용주의 요구 기술이 맞지 않는 '기술 불일치' 때문에 실직한다는 사실을 해결하지는 못한다.

나는 실업급여 패키지에 의무교육 수당이 포함되어야 하며 실직자는 일자리를 얻기 위해 부족한 스킬을 가르치는 승인된 프로그램에 이 수당을 사용해야 한다고 수년 동안 주장해 왔다. 또한 고용주는 실업급여를 받는 사람들에게 주 정부가 비용을 지불하는 교육 훈련 프로그램을 제공할 수 있어야 한다. 실업급여를 받는 사람이 고용되면 주 정부의 실업급여 절감액을 기준으로 고용주와 신규 채용자 모두 채용 보너스를 받아야 한다.

코로나19 대유행에 대응해 2020년 3월 31일 국회를 통과한 케어스법에는 적절하게 설계된 고용수당과 부적절하게 설계된 고용수당 사례가 모두 들어있다. 케어스법은 주 정부에 수십억 달러를 지원해 주에서 제공하는 실업급여 지급 기한을 13주 연장시켰다. 또한 주 정부의 실업급여를 받는 모든 사람에게 2021년 7월 31일까지 매주 600달러의 연방 정부 실업급여를 추가로 제공했다. 2장 '대회복'에서 설명했듯이 경제 회복이 시작되자 수천만 명의 실업자들은 이 600달러로 인해 일터로 돌아가기보다 실업 상태로 집에 머무는 것을 훨씬 유리하게 여겼고, 이는 코로나19 대유행에서 경제 회복을 크게 늦추는 요인이 되었다.

2020년 3월에 일시 해고된 사람들은 대부분 시급 7.25~10달러의 저임금 서비스직 종사자였다. 시급 7.25~10달러를 받고 주당 40시간을 일할 경우 급여 공제 전 총 주급은 290~400달러다. 이 급여 범위에서 받는 실업급여는 주마다 다르지만 일반적으로 일주일에 약 260~320달러다. 따라서 실업 상태가 되면 연방정부 실업급여로 매

주 600달러를 추가로 받아 주당 총 860~920달러가 된다! 2021년에 사회적 거리두기 제한이 해제되기 시작했을 때 식당, 헬스장, 스파, 소매상, 세탁소를 비롯한 수많은 소상공업체가 예전 직원들을 데려올 수 없었던 것은 당연한 일이다. 사람들은 집에 머무르면 주급의 세 배를 받았다. 대부분의 주에는 예전 일자리로 복귀 제의를 받으면 실업급여가 종료된다는 요건이 있었으나 많은 주가 이 규정을 완화했다. 주 정부가 아직 코로나19 대유행을 우려하는 직원들이 업무 복귀를 강요받는다고 느끼는 것을 원하지 않았기 때문이다.

구조적 혹은 다른 유형의 실업에 대해 그리고 실업에 대처하기 위한 정부의 노력에 대해 당신의 개인적인 생각은 무엇인가? 당신은 어떤 경험을 했는가? 당신과 당신 가족에게 만족스러운 해결책이 있었는가?

① 기술 변화가 일자리를 빼앗아도 우리 사회의 부는 그대로다. 대체된 근로자의 임금이 기계 소유주, 비즈니스 소유주, 남아 있는 근로자, 혹은 셋 모두에게 이전되기 때문이다.

② 진정한 경제 성장은 대체된 근로자가 이전에 없던 새로운 제품이나 서비스를 생산하는 새로운 일자리를 찾을 때 일어난다.

③ 기술 변화로 인한 실업을 '구조적 실업'이라고 하며 이는 경제 성장의 출발점이 되는 경우가 많다.

④ 구조적 실업은 전쟁이나 유행병, 그 밖의 비경제적 현상으로 인한 실업에 적용되지 않는다.

⑤ 세계적 유행병으로 인한 실업과 기술 변화로 인한 실업을 구분하는 것은 투자자와 기업가들에게 중요하다.

# 6 장

# 로봇이 온다

새로운 광란의 20년대에 최고의 경제적 기회는 로
봇의 설계, 제작, 프로그래밍, 판매, 관리에 있을 것
이다.

이 장에서는 로봇이 무엇이고 어떤 일을 하는지, 로봇이 거의 모든 작업을 수행하는 것이 어째서 시간문제인지 살펴본다. 로봇 자체는 그렇게 무섭지 않다. 로봇은 사람이 과업을 완수하도록 돕는 도구에 지나지 않는다. 인공지능(AI)을 장착한 로봇은 새로운 광란의 20년대에 모든 것을 변화시킨다.

우리는 노동력 부족을 겪고 있다. 새로운 경제에 적합한 숙련된 노동자가 충분하지 않은 것이다. 이제 기술과 로봇은 미래의 경제 성장을 위해 그 어느 때보다 더욱 중요하다.

## 로봇은 무엇인가?

로봇은 사람이 수행하던 작업을 대체하는 모든 것으로, 기계, 전자 장치, 컴퓨터 프로그램, 심지어 단순한 도구도 로봇에 해당될 수 있다. 로봇은 사람에게서 일을 빼앗도록 사람에 의해 설계되었다. 이것이 로봇의 목적이다! 따라서 오늘날 우리가 알고 있는, 사람이 하는 수많은 작업을 로봇이 대체하는 것은 시간문제일 수밖에 없다.

미국 경제는 크게 세 부문으로 나뉜다. 산업(18퍼센트), 농업(5퍼센트), 서비스업(77퍼센트)이다. 때로는 각 부문에서 일자리를 놓고 사람과 로봇 사이에 싸움이 계속되고 있는 것 같다.

산업 부문에서는 로봇이 이미 승리를 거두었다. 제조 공장은 처음부터 사람보다 로봇을 중심으로 설계된다. 신규 공장 중에는 근로자에게 필요한 충분한 화장실과 공조 시스템조차 갖추지 않은 곳도 있다.

농업 부문에서도 로봇이 이기고 있다. 농업용 자율비행 드론의 지시에 따라 자율주행 트랙터가 농지의 형태를 파악하고, 씨를 뿌리고, 물을 대고, 작물을 수확한다.

경제의 대부분을 차지하는 중요한 서비스 부문에서는 자동차, 집, 사무실 등 모든 곳에 이미 로봇이 있다. 이 로봇들은 우리의 남은 일자리를 이어받을 준비를 하고 있다. 코스트코에서 피자 로봇이 당신이 고른 토핑으로 처음부터 피자를 만드는 모습은 매우 흥미롭다. 이 피자 기술은 코로나19 대유행 당시 큰 인기를 얻었다. 피자 로봇이 피자 만드는 사람보다 안전하고 청결하게 여겨졌기 때문이다.

로봇과 사람의 경쟁은 이미 고려할 가치가 없는 문제일지도 모른다. 어떤 분야에서 로봇의 작업이 사람의 작업보다 뛰어나지 않다면 사람의 작업보다 뛰어나도록 로봇을 개선하는 것은 시간문제일 뿐이기 때문이다. 물론 사람이 모든 로봇을 소유하고 있으므로 결국 이기는 것은 언제나 사람이다. 하지만 그 사람은 로봇에게 일자리를 잃은 사람과 같지 않은 경우가 많다. 5장 '구조적 실업'에서 설명했듯 거시경제 규모에서 볼 때 사람이 로봇에게 일자리를 잃어도 사회의 부는 여전히 동일하다. 대체된 사람의 임금이 로봇 소유주, 비즈니스 소유주, 남아 있는 근로자, 혹은 셋 모두에게 이전되기 때문이다. 물론 이것은 대체된 사람에게 전혀 위로가 되지 못한다.

다음에 제시된 상호 연관된 정의들에 대해 잠시 생각해보자. 로봇이 우리 삶을 어떻게 바꾸고 있는지 이해하는 데 도움이 될 것이다. 당신의 업무 경험에서 사람의 작업이 얼마나 들어가는지, 그 작업을 사람 대신 로봇이 수행할 경우 기술 격차(많은 돈을 벌 수 있으나 누군가가 먼저 달성하면 해소되는 격차)가 어느 정도인지 생각해보라.

# 로봇 용어

**로봇** 사람의 작업을 대체하는 기계나 장치 또는 둘의 조합. 로봇은 로봇 기능이 대체하는 사람의 신체 부위와 비슷할 수도 있고 비슷하지 않을 수도 있다. 상자를 분류하고 싣는 로봇은 기계 팔이나 컨베이어 벨트 형태일 수도 또는 전혀 다른 형태일 수도 있다. 로봇은 육체노동을 할 수도 있고 하지 않을 수도 있다. 마이크로소프트 아웃룩의 개인정보 관리 프로그램, 애플의 시리, 아마존의 알렉사는 물리적으로 존재하지 않고 클라우드에 코드로만 존재하는 로봇들이다.

**기계** 단순한 지렛대부터 전동 드라이버, 복잡한 신장투석 기계까지 작업을 더 쉽게 만들기 위해 사람의 노력을 배가해주는 모든 것.

**클라우드 컴퓨팅** 로컬 서버나 개인용 컴퓨터 대신 데이터를 저장하고 관리하기 위해 인터넷을 통해 제공하는 원격 서버 네크워크로, 메인프레임 없는 메인프레임이라고 한다.

**장치** 기계의 전부 또는 일부를 다루는 기계 도구, 전자 도구, 디지털 도구. 휴대폰은 영상, 음성, 문자 커뮤니케이션을 위한 하나의 장치일 수도 있고, 기계를 제어하는 데 사용될 경우 더 복잡한 로봇의 일부일 수도 있다.

**노동** 무언가를 만들거나 어떤 일을 수행하기 위한 사람의 작업.

**자본** 무언가를 만드는 데 사용되는 모든 것.

**반자동 로봇** 사람의 지속적인 개입이 필요한 로봇. 내 2018년형 반자율 테슬라 전기차는 고속도로 진출입로를 스스로 주행하고, 차선을 변경하고, 평행 주차를 하고, 교통 상황에 따라 가속할 것이다. 하지만 내가 운전대를 잡지 않거나 전방을 주시하지 않는다고 감지되면 차를 세우고 시동을 끄도록 프로그램 되어 있다.

**자동 로봇** 높은 자율성을 갖고 작업을 수행하는 로봇으로, 대체된 사람의 작업을 완벽히 모방할 만큼 자동화될 것이다. 당신이 이 책을 읽을 때쯤이면 테슬라를 비롯한 자동차 회사들이 전기 자동차에 '완전 자율주행' 모드를 제공할 것으로 보인다. 완전 자율주행 모드에서는 당신이 이름이나 주소를 말하기만 하면 자동차가 목적지까지 스스로 운전한다. 교통량, 신호, 사고 등을 파악해 가장 안전하게 운전하는 사람만큼 또는 사람보다 더 안전하게 길을 찾는 것이다. 머지않아 이 모든 일이 운전자 없이 이루어질 것이다.

**인공지능** 인간의 지능을 로봇에 구현한 시뮬레이션으로, AI 시스템이 다른 로봇들과 정보를 공유하고 학습하는 작업을 수행한다. AI가 활용되는 새로운 광란의 20년대에는 내 테슬라 자동차가 나를 직장까지 태워준 뒤 자율주행 우버 모드로 바뀌어 차량호출 요청에 따라 승객을 태우고 요금을 받다가 퇴근 시간이 되면 직장에서 나를 태우고 집으로 돌아갈 것이다.

# 로봇이 지원하는 백만장자 같은 생활

2020년대에 살고 있는 많은 이들의 삶은 로봇 덕분에 1920년대에 살았던 극소수 부유층의 삶과 이미 비슷해졌다. 이는 신기술이 등장할 때마다 항상 있어온 일이다. 자동차는 1900년 무렵 아주 부유한 사람들을 위한 장난감으로 출발했다. 헨리 포드Henry Ford가 내놓은 1907년 모델 T 덕분에 자동차는 대중이 이용할 수 있는 도구가 되었고 우리가 생활하고 일하는 방식을 모조리 바꿔 놓았다.

로봇이 없는 1920년대에 살았던 어느 부자의 아침 일상을 살펴보고 로봇과 함께 2020년대에 살고 있는 우리가 그때보다 얼마나 나은 생활을 하는지 생각해보자.

하나, 100년 전 당신은 일어나서 샤워를 하고 가정부가 전날 손으로 빨고, 말리고, 개어 둔 속옷과 수건을 사용한다.

둘, 당신은 드레스룸으로 간다. 그곳에는 가정부나 집사가 준비해 둔 그날 입을 옷이 펼쳐져 있다. 당시 셔츠에는 분리할 수 있는 칼라와 소맷단(더러워지는 부분)이 있었고 고위 임원들은 자신과 가족의 의복을 준비할 전담 직원이 필요했다.

셋, 당신은 요리사가 당신의 식성에 맞춰 따뜻한 아침 식사를 준비해 놓은 식당으로 간다.

넷, 밖으로 나가면 당신의 기사가 당신을 태우고 공장이나 사무실로 가기 위해 기다린다. 기사는 집으로 돌아와 아이들을 학교에 태워주고 그 밖의 가족 심부름을 처리한다.

다섯, 당신은 사무실에 도착한다. 처음 만나는 사람은 당신이 가장 신뢰하는 직원인 비서다. 비서는 당신의 일정, 커뮤니케이션, 업무 스케줄을 관리한다.

예전에 비서가 수행했던 많은 역할들을 로봇이 대체했기 때문에 일부 독자들은 비서가 어떤 일을 담당했는지 설명이 필요할 것이다. 비서의 역할에는 커뮤니케이션, 일정관리, 기록 관리, 서류 정리, 그밖의 다양한 업무가 포함되었다.

새로운 광란의 20년대에 당신의 아침 일상은 어떤 모습일지 생각해보자.

하나, 샤워를 한 뒤 당신은 세탁건조기로 직접 세탁하고 말린 속옷과 수건을 사용한다. 따라서 당신은 세탁기에서 건조기로 옷을 옮길 필요가 없다. 당신의 집이 최근에 지어졌다면 안방 벽장에 작은 세탁건조기가 이미 있을 것이다. 20세기 초반, 세탁기와 건조기 그리고 이후 등장한 식기세척기는 가정에 처음 도입된 로봇이었다. 이제는 가정에서 사용된 지 너무 오래 되어 대부분의 사람들이 로봇으로 인식조차 하지 않는다. 최초의 전동 세탁기는 1908년 헐리 머신 컴퍼니Hurley Machine Company가 만들었다. 이 흔한 기기는 '사람의 노력을 배가'하기 위한 기계로 시작되었으나 기계, 전자 및 디지털 장치의 지속적인 발전을 통해 반자동 로봇, 전자동 로봇으로 빠르게 진화했다.

둘, 당신이 여성이라면 드레스룸에 가서 유행 지난 옷을 입는 대신 렌트 더 런웨이Rent the Runway에서 대여한 디자이너 의상을 입는다. 렌트 더 런웨이는 유행하는 옷을 4~8일 주기로 대여하고 배달하는 회사다. 2009년 설립된 이후 2021년까지 고객 800만 명을 확보하며 10억 달러 가치의 사업이 되었다. 렌트 더 런웨이나 그 경쟁사 중 한 곳을 이용하면 유행에 맞춰 옷을 입는 것이 훨씬 쉽고 저렴해진다.

당신은 새로운 의상을 받기 위해 하루 종일 일하는 집사를 두는 대신 차고나 건물 근처의 배달물 보관실에 로봇이 관리하는 행거를 둔다. UPS나 페덱스가 도착하면 챔벌리 마이큐 스마트 차고 개폐기Chamberlain MyQ Smart Garage Door Opener라는 30달러짜리 로봇이 택배 도착을 알려준다. 이 로봇은 차고나 배달물 보관실의 문을 열고 닫아주며 배달 또는 회수된 물품의 사진을 당신의 휴대폰으로 전송한다. 나는 이 로봇을 직접 설치하고 너무 좋아서 차고 문마다 달아 놓았다. 10대인 내 아이들이 외출하거나 귀가할 때마다 사진 알림을 보내주어 부수적으로 매우 유용하기 때문이다. 아이들은 이 기술을 나만큼 만족스러워하지 않는 것 같다.

셋, 당신은 아침 식사를 하러 부엌에 가기 전에 아이폰에 물어본다. "시리, 오늘 아침은 뭐야?"

곧 아이폰이 대답한다. "좋은 아침이에요, 폴. 노바스코샤 연어를 얹은 참깨 베이글이 32분 뒤인 7시 43분에 104 우드힐레인에 도착합니다. 주문 내역을 확정하세요. 메뉴, 배달 시간, 배달 주소를 바꾸고 싶다면 '변경'이라고 말하세요." 만약 당신이 출근 시간에 늦었다면 회사로 아침 식사가 배달되도록 쉽게 바꿀 수 있다.

넷, 밖으로 나가면 완전 자율주행 차량인 테슬라 X가 차도에서 당신을 기다린다. 차량에 다가가면 뒷좌석의 걸윙 도어Gull-wing Door(갈매기 날개처럼 위로 열리는 문-옮긴이)가 자동으로 열리고 내장된 안면 인식 로봇을 이용해 자동차가 "어서 오세요 필저님"이라고 말한다. "현재 교통 상황과 날씨를 고려할 때, 38분 뒤인 7시 57분에 234 선

셋 애비뉴에 있는 사무실에 도착합니다. 오늘 사무실에서 대기할지 우버나 리프트의 차량호출에 응할지 알려주세요. 궂은 날씨로 인해 '일시적 가격인상Surge Pricing'이 적용되어 '우리'는 평소보다 두 배 높은 요금을 받을 것입니다."(11장 '소비자 잉여'에서 일시적 가격인상에 대해 논의할 것이다.)

가장 중요한 다섯, 사무실에 도착하면 많은 비용이 드는 사람 비서는 없을 것이다. 대신 일정 관리 로봇이나 당신의 직업에 맞는 여러 로봇들이 음성 명령에 답해 약속 확정, 교통편 마련, 탑승 시간에 맞춰 차량 실내 온도 조절, 각 회의에 필요한 자료 업로드 등 각종 업무를 처리할 것이다. 예전의 사람 비서가 수행했던 모든 지적 업무 기능이 이제 당신의 스마트폰이나 노트북에 내장된 여러 로봇들에 의해 이루어진다.

## 로봇 기업가가 되는 방법

당신이 이 책을 읽고 있는 기업가 또는 사내 기업가(대규모 회사 내의 기업가)라면 지금쯤 로봇공학을 이용해 성공할 수 있는 여러 방법 중 하나를 발견했을 것이다.

1. 시간이 매우 중요한 사람들이 아침부터 저녁까지 완료한 작업을 확인한다.
2. 하나 이상의 로봇을 이용해 이러한 작업을 대체하거나 줄일 수

있는 방법을 찾는다.

3. 사람이 이미 수행한 작업 중 로봇이 대신할 수 있는 작업에 집
중한다. 새로운 사업의 본질과 역동성이 자리 잡기 시작할 것
이다.

## 로봇 조립 라인

오늘날 대부분의 사람들은 공상과학 영화를 통해 로봇에 대한 인식
을 형성한다. 그들은 머리 하나에 눈 둘, 귀 둘, 입 하나가 있고 팔, 다
리가 둘씩인 인간과 비슷한 기계로 로봇을 생각한다.

이러한 인식은 사실과 매우 다르다. 오늘날 존재하는 수많은 산
업용 로봇의 모습은 설계된 기능에 따라 결정된다. 따라서 제조업에
사용되는 현대 로봇에는 일반적으로 10~50개의 카메라(눈), 1~7개
의 팔, 여러 방향으로 움직일 수 있고 여러 개의 카메라가 장착된
1~24개의 손, 이동을 위한 0~6개의 다리 또는 바퀴가 있다.

2020년대까지 로봇은 주로 제조업에 사용되었고 고정된 대형 팔
한 개로 이루어져 있었다. 오늘날 사용되는 새로운 세대의 로봇은 세
그웨이 트랜스포터Segway Transporter나 스쿠터처럼 똑바로 서서 걷거나
구를 만큼 똑똑하다.*

---

기본적인 조립 라인을 하나 생각해보자. 비교적 간단한 이 라인의 기능은 상자를 열어 하위 부품 10개를 섀시에 장착하고 나사로 고정한 뒤 원래 배송 상자에 다시 포장하는 것이다. 이 라인에는 10피트(약 3미터) 길이의 고정 로봇 10대가 있다. 고정된 각 로봇은 팔 하나에 손 다섯 개가 달려 있고 손마다 관절에 카메라가 장착되어 있다. 로봇의 뼈대는 밝은 색상의 10피트짜리 '팔'이다. 10대의 로봇은 조립 라인 옆에 차례로 배치되어 있다. 조립 라인의 기능을 살펴보자.

1. 첫 번째 로봇이 카메라와 손을 이용해 배송 상자를 열고 하위 부품을 집어 움직이는 조립 라인에 놓인 섀시의 정확한 위치에 놓는다. 섀시 뒤에는 빈 상자가 놓여 있다.

2. 두 번째 로봇이 섀시에 두 번째 하위 부품을 놓고 팔 안에 미리 설치된 나사 25개로 고정한다. 이 로봇을 사용함으로써 나사를 잡고 있는 사람, 토크 렌치로 나사를 조이는 사람, 특정 섀시에 장착된 나사의 조임 정도를 기록하는 사람이 필요 없어진다. 당신이 집을 수리하면서 '일손이 더 필요한' 적이 있었다면, 이 로봇들은 손이 다섯 개씩 있다. 게다가 도움이 필요할 경우 5피트(약 1.5미터) 간격으로 배치된 똑같은 로봇 9대가 있다.

3. 세 번째 로봇이 다른 하위 부품으로 두 번째 로봇과 똑같은 기능을 수행한다.

---

범위하게 적용되었다.

4. 하위 부품 10개가 섀시에 장착될 때까지 똑같은 과정이 반복된다. 마지막 로봇이 완성된 섀시를 배송 상자에 다시 넣는다.

이 조립 라인의 특징은 유연함이며, 따라서 이러한 생산 방식을 유연생산시스템Flexible Manufacturing System(FMS)이라고 부른다. 어떤 요소나 하위 부품에 변화가 생길 경우 또는 전혀 다른 무언가를 만들고자 할 경우 이들은 로봇 10대의 프로그래밍만 변경하면 된다. 해당 로봇 제조업체는 전 세계에 자사 로봇이 설치된 수백 개의 동일한 조립 라인이 있을 것이다. 따라서 1만 마일 떨어진 어느 생산 공장에서 다른 품목을 생산하기 위해 설비를 교체하거나 일부 교체 부품을 만드는 것이 매우 쉽다.

## FMS가 실업에 미치는 영향

산업용 로봇이 사람처럼 생겼다고 오해하는 것처럼 많은 사람들은 FMS에서 로봇과 사람이 함께 일하며 로봇이 사람의 일을 하나씩 대신한다고 생각한다. 이는 잘못된 생각이다. 글로벌 공급망 관리로 인해 현실은 사람에게 훨씬 더 불리하다.*

'글로벌 공급망 관리Global Supply-chain Management'는 전 세계 수백 개의 공장에서 제품을 생산해 전 세계 수백만 명의 개인 고객에게 제

---

* 잭 켈리Jack Kelly, 「미국은 6000만 개 이상의 일자리를 잃었다US Lost Over 60 Million Jobs」, 〈포브스〉, 2020년 10월 27일; 세계경제포럼, 「2020-2021 연례 보고서Annual Report 2020-2021」, 2021년 9월 29일; 세계경제포럼, 「2020 일자리의 미래 보고서The Future of Jobs Report 2020」, 2020년 10월 20일.

품을 유통하는 것을 말한다. 코로나19 대유행 동안 공급망 붕괴는 거의 모든 제조업과 서비스업에 영향을 미쳤다.

특정 산업용 로봇이 설치된 거의 동일한 FMS가 전 세계에 50~100개 있다고 생각해보자. 로봇공학과 최신 기술이 발전하기 전, 완제품 생산업체들은 품질을 유지하기 위해 공장 한 곳에서 또는 가능한 한 적은 곳에서 제품을 생산했다. 이제 동일한 산업용 로봇이 전 세계에 설치되어 있으며, FMS는 실시간으로 더 많은 설비를 폐쇄하거나 개시할 수 있게 만든다.

이는 특정 사람 또는 로봇 생산팀이 일을 잘하든 못하든, 8000마일 떨어진 홍콩이나 뉴욕의 의사결정자가 기존 FMS 공장을 재정비하기로 선택할 수 있다는 것을 의미한다. 공장 소유주는 다른 직원이나 로봇에 비해 성과가 낮은 어떤 직원을 해고하는 것이 아니다. 공장 소유주는 전 세계의 FMS 배치를 끊임없이 재정비하면서 생산을 다른 장소로 이전하기 위해 모든 직원을 한 번에 해고한다. 로봇은 다른 과업이나 다른 지역에 즉시 재사용된다. 그러나 사람은 대부분 그렇게 운이 좋지 않다. 이는 공급망과 사회에 분명 상당한 영향을 미친다.

## 인공지능

인공지능 또는 AI는 로봇이 정말 흥미롭고 다소 무섭게 느껴지기도 하는 부분이다. 로봇이 인간의 삶을 향상시키기 위해 스스로 새로운 과업을 학습한다면 변화의 속도는 급격히 빨라질 것이다. AI가 탑재

된 로봇은 모든 작업을 통해 그리고 서로를 통해 학습할 수 있는 기계다.

AI의 간단한 사례를 살펴보자. 당신이 애플 시리에게 "폴 제인 필저Pilzer가 쓴 책을 찾아줘"라고 처음 지시하면 아이폰은 내 성을 유명 맥주 이름인 'Pilsner'로 쓴 뒤 Pilsner가 쓴 책이 없다고 대답할 것이다. 당신의 스마트폰이 최신 모델이라면 Pilsner처럼 비슷한 철자를 제시할 수도 있다.

하지만 당신이 틀린 철자를 고쳐주면 휴대폰 안의 시리는 내 이름뿐만 아니라 Pilzer를 쓰는 다른 사람들의 이름(그래미상을 받은 음악 프로듀서인 내 사촌 찰리 필저Charlie Pilzer부터 1917년에 카네기홀에서 데뷔한 바이올리니스트 막스 필저Max Pilzer까지)도 정확히 '학습'한다.

학습 능력과 학습한 것을 다른 로봇과 공유하는 능력은 AI 로봇의 가장 뛰어나고 가장 두려운 특징이다.

팔이 절단된 투수가 공을 던지도록 설계된 로봇 의수를 착용했다고 생각해 보자. 로봇 팔은 타자를 향해 공을 던지는 것 외에도 전 세계의 다른 투수들이 착용한 로봇 팔과 자동으로 데이터를 주고받는다. 이 데이터에는 공의 무게, 가죽 표면에 관한 정보, 기온, 습도, 바람이 공의 방향에 미치는 영향, 공의 회전에 따른 궤적 변동 등이 포함될 것이다. 로봇 팔은 수천 명까지는 아니라 해도 수백 명의 비슷한 로봇 팔 투수로부터 얻은 이러한 데이터를 이용해 투수의 능력을 높이도록 즉각적으로 투구 정보를 계산할 수 있다.

로봇 팔 사례를 로봇 매니저에 적용해 보자. 맥도널드의 로봇 매니저는 다음 날 영업을 위해 수요를 예측하고, 근무 일정을 계획하며, (딱 필요한 만큼의) 식재료와 물품을 주문한다. 실제 사람이었던 이전 매니저 두 명은 매장 운영을 위해 2교대로 근무했다.

새로운 로봇 매니저는 하루 24시간 일하며 지치지 않는다. 그리고 자신의 경험을 전 세계 맥도널드 매장의 3만 8000대 로봇 매니저와 실시간으로 공유한다. 클라우드 기반의 이 새로운 '매니저'가 얼마나 더 정확하고 효율적일지 생각해 보라. 게다가 병가, 출산휴가, 성희롱 문제, 불평, 임금인상 요구도 전혀 없다.

당신이 맥도널드 매장을 갖고 있다면 어떤 매니저를 채용하고 싶은가?


## 의료 로봇


궁극적으로 로봇이 하는 모든 일은 사람의 작업을 더 효과적이고 저렴한 방법으로 대체하여 인류에게 봉사하도록 설계되었다. 이는 의료 분야에서 특히 그렇다.

사람의 신체 중 없거나 제대로 기능하지 못하는 부분을 대체하는 로봇은 오늘날 AI 탑재 로봇의 가장 흥미로운 적용 방법 중 하나다. 이는 로봇공학에서 경력을 쌓기에 매우 좋은 분야이며 이제 막 시작된 영역이다.

1990년에 제정된 미국 장애인법은 건물의 접근성 확보를 의무화하여(휠체어 경사로와 엘리베이터 버튼 점자 표기를 시작으로) 수백만 장애인들의 삶을 획기적으로 개선했다. 지난 30년 동안 하반신 마비 환자를 위해 시스템을 설계하며 배운 지식이 현재 장애인과 노인을 위한 특정 로봇 신체를 설계하는 데 이용되고 있다. 사람들이 나이가 들어 언젠가는 숨 쉬고, 책을 읽고, 도움 없이 계단을 오르기 위해 로봇 삽입물이나 외골격 로봇을 필요로 하게 되는 것은 시간문제일 뿐이다. 외골격 로봇은 근력을 유지하기 위해 팔이나 다리에 착용하는 AI 탑재 로봇이지만 업무나 스포츠에서 초인적인 역할을 맡고자 한다면 당신을 제2의 토니 스타크(아이언맨)로 만들 수도 있다.

오늘날 의료 분야에는 다양한 로봇이 일하고 있다. 그중 나를 사로잡은 두 가지는 다빈치 수술 로봇과 나노봇이다.

다빈치 수술 로봇은 특정 분야에 전문성을 지닌 외과 의사, 예를 들어 로스앤젤레스에 있는 의사가 런던에 있는 환자를 마치 같은 방에서 수술하는 것처럼 원격으로 수술할 수 있게 해준다. 게다가 로봇이 외과 전문의의 모든 움직임을 기록하기 때문에 양쪽 다 외과 전문의가 없어도 경험이 적은 의사(혹은 로봇)가 다빈치 로봇을 이용해 똑같은 수술을 할 수 있다.

나노봇은 이름처럼 나노미터, 즉 10억분의 1 크기의 아주 작은 로봇으로, 사람의 몸속에 들어가 암세포를 죽이거나 (나쁜) 분자의 수를 계산하는 기능을 수행한다. 나노봇이 이끄는 나노 의학은 오늘날 로봇공학에서 가장 흥미로운 분야 중 하나로, 질병 치료와 수명 연장의 가능성을 보여주고 있다.

현재 돌봄 서비스를 제공하는 약 4000만 명의 미국인 중 상당수는 무급 자원봉사자다. 사랑하는 사람을 돌보는 데서 오는 정서적 보상을 제외하고 대부분의 돌봄 제공자들은 돌봄의 육체노동을 로봇에게 넘길 기회를 환영할 것이다. 그리고 그 기회가 눈앞에 다가왔다. 일본은 인구 고령화로 인해 수십 년 동안 극심한 돌봄 인력 부족을 겪어 왔다. 따라서 일본은 고령 인구의 기본적인 생활을 지원하는 적정 가격의 로봇을 개발해야 했다. 대표적으로 문이 달려 있는 워크인 욕조Walk-in Bathtub, 식사 준비 로봇, 자동 청소 변기 등이 있다. 나는 생활 지원을 위한 일본 로봇을 미국에 수입하는 것이 머지않아 수십억 달러 규모의 산업이 될 수 있을 것이라고 생각한다.

## 공유를 통한 모두의 승리

내가 가장 좋아하는 AI 애플리케이션 중 하나는 구글이 소유한 온라인 GPS 내비게이션 시스템인 웨이즈Waze다. 웨이즈는 당신이 운전하는 동안 스마트폰을 통해 실시간 이동 데이터를 수백만 웨이즈 사용자들과 공유한다. 웨이즈의 성장 스토리는 많은 영감을 주며 공유경제에서 사용자와 공급자가 융합될 때 창출될 수 있는 무한한 부를 잘 보여준다.

1960년대에 열세 살이었던 나는 뉴욕 외곽에 살았고 취미로 무선통신을 했다. 나는 아버지가 브룩클린의 친척집으로 나를 태우고 갈때면 모바일 무선 장비를 챙기곤 했다. 롱아일랜드 고속도로에서 차가 밀리기 시작하면 아버지는 어느 길로 가야 차가 가장 덜 밀릴지 가끔 내게 물어보았다. 나는 우리 집과 목적지 사이에 있는 아마추어 무선통신사들과 교신하며 그들이 있는 지역의 교통 상황을 물어보는 것이 즐거웠다. 그때 나는 언젠가 뉴욕의 모든 도로에서 차량의 속도와 방향을 수집해 극심한 교통 체증을 피하고 싶은 운전자들에게 실시간으로 정보를 알려주는 상상을 했다. 뉴욕의 모든 도로와 고속도로에 교통 모니터링 시설을 설치하고 유지하려면 막대한 비용이 들 것이므로 나는 이러한 상상이 결코 실현될 수 없을 것이라고 생각했다.

2006년, 이스라엘의 프로그래머 에후드 샤브타이Ehud Shabtai는 휴대폰에 내장된 GPS 추적 칩을 이용해 이스라엘의 차량과 혼잡한 도로를 실시간으로 보여주는 디지털 지도를 만들기 위해 커뮤니티 프로젝트를 시작했다. 그는 사용자들의 스마트폰을 추적 로봇으로 바꾸고 잠재 사용자가 서로에게 데이터를 제공하는 공급자로 즉시 전환되는 알고리즘을 개발했다. 특정 지역을 대상으로 한 그의 수익 모델로 사업가들은 특정 거리를 지나는 운전자들에게 광고 메시지를 보낼 수 있었다.

2013년 6월, 구글은 약 10억 달러에 웨이즈를 인수했고 웨이즈의 직원 100명은 각각 평균 120만 달러를 받았다.

웨이즈는 모든 사용자의 휴대폰에서 데이터를 받아 색깔이 표시된 지도를 통해 각 도로의 현재 교통 상황을 보여준다. 이는 경로를 선택할 때 자동으로 지능형 의사결정을 하도록 만든다. 뿐만 아니라 휴대폰에 내장된 AI 알고리즘은 각 도로에서 언제 교통 혼잡이 증가하거나 감소할지 앞으로의 상황까지 파악한다.

웨이즈는 모두에게 영향을 미치는 병목현상을 없앰으로써 웨이즈 사용자는 물론 비사용자 또한 돕는다. 내가 사는 스키 마을은 스키 시즌과 선댄스 영화제 기간을 비롯해 교통량이 많은 시기에 긴급

구조대가 지나갈 수 없을 정도로 도로가 꽉 막힌다. 이러한 상황을 완화하고 도시를 통과하는 안전한 경로를 확보하기 위해 경찰은 비상 시 필요한 특정 도로를 우회해서 안내하는 허위 데이터를 전송하도록 웨이즈에 요청했다.

웨이즈를 이용할 때마다 나는 전 세계 수백만 웨이즈 사용자들과의 아름다운 연결을 느낀다. 우리는 자유롭게 정보를 공유함으로써 서로를 돕고 있다.

## 고객 서비스 로봇

고객 서비스는 사람과 로봇 모두에게 어려운 영역이다. 고객 서비스 담당자가 고객의 요구와 고객이 등장하는 맥락을 이해해 일관성 있게 질문에 답하고 문제를 해결하는 것은 어려운 일이다. 고객 서비스는 보통 높은 보수가 지불되지 않지만 고객 경험이 이루어지는 최전선이다. 훌륭하게 처리된 고객 서비스 문제는 전체 비즈니스의 성패를 가르는 차이가 될 수 있다. 고용주는 고객 담당자에게 감사하고 더 높은 임금을 지급하는 것이 좋을 것이다.

한편 로봇은 고객 서비스의 거의 모든 측면을 넘겨받고 있으며, 이는 성공적일 때도 있으나 그렇지 않을 때도 많다. 간단한 답을 얻거나 요금을 지불하기 위해 로봇과 전화로 소통했던 경험을 떠올려 보자. 스팸 전화나 ARS는 말할 것도 없다.

불만스러운 경험에도 불구하고 고객 서비스 로봇은 자리를 잡았고 우리는 그것에 적응해야 할 것이다. 기업들은 고객 서비스 로봇이 효율적이고 경제적이라고 여긴다. 점점 더 많은 매장이 로봇 계산원을 도입하거나 사람과 로봇이 함께 일하는 복합 계산대를 운영하고 있다. 우리는 이 거대한 실험의 대상이다.

## 월마트의 로봇 계산원 실험

월마트는 미국 최대의 고용주이며 미국에서 160만 명, 전 세계에서 230만 명을 고용하고 있다. 또한 미군과 중국군 다음으로 세계에서 가장 많은 직원을 고용하고 있는 기업이다. 가장 많은 민간 노동력을 보유한 월마트가 로봇을 이용해 사람의 일자리를 줄일 수 있다면 매우 큰 이득을 얻을 것이다. 월마트에서 직원의 약 3분의 1을 차지하는 주요 일자리는 계산원이다. 월마트는 사람 대신 로봇을 기반으로 한 여러 가지 셀프 계산 모델을 끊임없이 실험하고 있다.

미국 내 거의 모든 매장에서 테스트하고 있는 첫 번째 모델은 실제 사람이 계산해주는 계산대와 기능 면에서 거의 동일한 로봇 계산대에서 고객이 직접 계산하는 방식이다. 고객은 물건이 담긴 쇼핑 카트를 가지고 정해진 계산 구역으로 들어가 사람 계산원이 하는 것과 마찬가지로 물건을 로봇 계산대에 올려놓는다. 그리고 현금이나 신용카드로 계산한 뒤 물건을 담아 매장을 나간다. 나는 로봇 계산대 여덟 곳마다 직원이 한 명씩 필요할 것으로 예상한다. 고객이 직접 계산하다가 막히는 경우(제품명이 표시되지 않은 농산물 같은 품목에서 "이거 유기농 토마토예요, 일반 토마토예요?" 같은 문제가 자주 발생한다) 고객을 도와줄 직원이 있어야 하기 때문이다.

솔직히 말해서, 요즘 월마트에 가면 나는 직접 물건을 스캔하는 것보다 사람 계산원을 선호한다. 하지만 월마트가 바코드에서 RFID 칩으로 바꾼다면 내 선택도 달라질 것이다. RFID가 적용되면 나는 쇼핑 카트에 물건을 담고 RFID를 판독하는 로봇 계산원을 지나가기만 하면 된다. 동시에 RFID 스캐너가 내 카트에 담긴 모든 물건의 사진과 가격을 보여주고 각 품목마다 종이나 문자, 이메일 영수증을 원하는지 물어본다.

일부 매장에서 테스트하고 있는 두 번째 모델은 고객이 스마트폰에 로봇 계산원 앱을 깔고 진열대에서 물건을 꺼낼 때 제품을 스캔한 뒤 휴대폰에 제시되는 간단한 안내에 따라 매장을 나가는 방식이다. 이 방식은 매번 구매한 물품 목록을 지속적으로 저장해서 나중에 참고하거나 온라인으로 재주문할 수 있게 해주며 고객이 쇼핑하는 동안 예산을 초과하지 않도록 도와준다.

세 번째 모델은 '봇Bots'이라는 온라인 로봇으로 온라인에서 쇼핑하는 방법을 고객에게 알려주는 것이다. 이러한 온라인 쇼핑으로 월마트 매장이 완전히 없어지면 전통적인 계산원 일자리와 더불어 유통 직원의 필요성도 사라진다. 이 모델에서 고객은 온라인으로 주문한 뒤 집으로 배달받거나 각 매장 밖에 놓인 보관 상자에서 주문한 상품을 찾아온다. 물론 지금은 주문한 상품이 누락되거나 주문하지 않은 상품이 들어가는 등 배달에 실수가 있을 수밖에 없다.

이 세 가지 모델과 앞으로 시도할 모델들은 귀중한 쇼핑 목록을 지속적으로 생성하는 추가적인 이점이 있다. 이것은 소비자에게 도움이 될 것이며 월마트는 아마존의 제품 리뷰와 비슷하게 각 상품에 대한 온라인 리뷰와 정보 센터를 만들 수 있을 것이다. 소비자 잉여가 무엇보다 중요한 시대에 제조업체들은 실망한 후 브랜드를 바꾼 소비자와 접촉하기 위해 막대한 비용을 지불할 것이다. 이와 관련된 내용은 11장 '소비자 잉여'를 참고하라.

머지않아 대부분의 소비자는 어디서나 복합적인 온라인/라이브 쇼핑 경험을 요구할 것이다. 고객이 매장에서 새로운 품목을 직접 살펴보는 동안 로봇이 기본적인 식품과 반복 구매하는 품목들을 가져올 것이다. 이를 통해 고객은 매장에서 직접 쇼핑하거나 그 외에 다른 일을 할 수 있는 시간이 더 많아진다.

"사람들이 물건을 훔쳐 가면 어쩌지?"라는 생각이 들 수도 있다. 그러나 월마트가 시도한 모든 셀프 계산 모델은 계산대에 직원이 있는 전통적인 방식보다 '물건 감소'를 줄이는 데 더 효과적인 것으로 드러났다. AI 고해상도 카메라는 100피트(약 30미터) 거리에서 바코드를 읽을 수 있으며, 보이지 않는 RFID 스캐너는 매장 밖으로 나가는 모든 물건이 계산되도록 빠짐없이 인식한다. 아마존의 홀푸드마켓Whole Food Market이 시도하는 비슷한 모델에서 물건을 훔치려 했던 고객들은 이런 안내를 듣는다.

"걸리지 않고 매장 밖으로 나갈 수 있다면 어떤 물건이든 가져갈 수 있으며, 이것을 시도해도 아무런 불이익이 없습니다."

# 로봇을 시작하는 방법

여기서 아마 이런 궁금증이 들 것이다. "나와 내 아이들이 로봇에 대해 어떻게 배우지?"

우선 기업가는 로봇을 설계하고 제작하는 방법을 기술적으로 이해할 필요가 없다. 로봇 제작업체는 당신에게 필요한 모든 것을 가르쳐 줄 마음이 있다. 당신은 로봇을 배우기보다 당신이 이미 알고 있는 산업이나 주변에 관계자가 있는 산업이 무엇인지, 그리고 그 산업을 바꾸기 위해 어떻게 로봇을 사용할 수 있는지 생각해 보는 것이 좋다. 당신은 무엇에 흥미를 느끼고 무엇에 열정을 갖는가?

로봇은 기업가를 위한 모든 것을 변화시키고 있다. 많은 경우 기업가가 사람의 노동에 의존하지 않고 비즈니스를 확대할 수 있게 해 주기 때문이다.

당신이 우버나 리프트 같은 차량호출 회사의 고객이라고 가정하자. 당신은 그들의 비즈니스 모델을 이미 대부분 이해하고 있다. 우버 차량을 한 대 보유해서 운행하는 아이디어는 이제 당신에게 흥미롭지 않을 것이다. 그렇다면 2020년대 후반에 호출 차량이 자율주행을 할 수 있게 된다면 어떤가? 다시 말해 사람이 운전하지 않고 차량이 스스로 운전해서 우버나 리프트 서비스를 할 수 있게 되는 것이다. 당신이 이러한 비즈니스 모델을 이해한다면 새로운 광란의 20년대에는 자율주행 호출 차량을 운영하며 매일 차량을 보내 돈을 버는 지역 최초의 기업가 중 한 명이 될 수 있을 것이다. 매일 밤 당신의 차량들은 세차와 충전을 위해 집으로 돌아온다. 당신은 사람을 고용하지 않고도 사업을 확장할 수 있으며 전기 자동차 유지비는 기존 내연기관 자동차 유지비의 극히 일부밖에 되지 않는다.

## 로봇공학은 새로운 미식축구

유치원이나 초중고생 자녀가 있다면 당신은 로봇공학을 배우기에 운이 좋은 사람이다. 우리 가족이 어떻게 FIRST<sup>For Inspiration and Recognition of Science and Technology</sup> 로봇 프로그램을 시작했고 그 결과 두 아이들의 생활이 어떻게 바뀌었는지 살펴보자.

딘 케이먼<sup>Dean Kamen</sup>은 유치원 및 초중고생에게 스템<sup>Science, Technology, Engineering, Mathematics(STEM)</sup>, 즉 과학, 기술, 공학, 수학을 가르치기 위해 1989년에 FIRST를 설립했다. 케이먼은 1992년에 MIT 교수 우디 플라워스<sup>Woodie Flowers</sup>와 함께 FIRST 로봇공학 대회를 창설했다. 2020년에 FIRST는 3647개 팀, 9만 1000명의 학생들이 참여한 전 세계 로봇공학 대회를 주최했다.

1992년, 케이먼은 마흔한 살의 대학 중퇴자였으나 크게 성공한 발명가였다. 그는 이미 오토시링<sup>AutoSyringe</sup>(당뇨병 환자를 위한 인슐린 주입 펌프), 아이봇<sup>iBOT</sup>(어떤 지형도 주행할 수 있는 전동 휠체어) 같은 여러 의료기기와 세그웨이 HT<sup>Segway Human Transporter</sup>를 발명했다. 이들 제품은 수백만 장애인을 위해 세상을 변화시켰다.

내 두 아이들은 공립 중고등학교에서 FIRST와 연계된 로봇공학 클럽에 참여했고 세계 대회를 위해 하루 24시간 로봇 제작에 빠져들었다(중독이라고 할 수도 있을 것이다). 아내 리사는 FIRST 대회 준비를 위한 토너먼트 감독이 되었고 우리 가족은 이후 4년 동안 지역 대회,

주 대회, 전국 대회를 돌아다니는 데 많은 시간을 보냈다.

솔직히 말해서 당시 나는 오늘날 학교에서 로봇공학이 얼마나 중요한지 깨닫지 못했다. 내가 로봇공학의 중요성을 깨달은 것은 모교에서 강연을 하게 되어 10학년인 열다섯 살 딸아이와 학교에 방문했을 때였다. 우리는 대학 총장과 공대 학장을 만나 함께 점심 식사를 했다. 아이가 잠시 화장실에 갔을 때 총장은 내 손을 잡고 이렇게 말했다.

"폴, 자네와 자네 딸이 우리를 도와줘야겠어요. 우리는 로봇공학 대회에서 카네기 멜론을 비롯한 다른 학교에 참패를 당하고 있어요. 그래서 로봇공학에 뛰어난 중고등학생들을 일찌감치 선발하려고 합니다. 공대 학생들에게 좋은 일자리를 제공하고 기금을 모으는 데 있어 로봇공학은 새로운 '미식축구'나 다름없습니다."

내 아이들은 고등학교 때 성적이 좋지 못했고 학자로서 나는 아이들의 미래가 걱정스러웠다. 하지만 그건 기우였다. 로봇공학 대회를 통해 아이들은 이른 나이에 인생의 목적을 깨닫고 놀랍도록 도전적인 경험을 얻었다. 이러한 경험에 고무된 아들은 학업에 매진해 열여섯 살에 캘리포니아 공대에 입학했고, 딸은 대학을 생략하고 고등학교 졸업 후 곧바로 1000억 달러 규모의 회사에서 기술 분야 경력을 시작했다.

## 로봇은 강력한 창조적 파괴를 가져온다

〈러시안스The Russians Are Coming, the Russians Are Coming〉는 1966년에 나온 코미디 영화로, 당시 대부분의 미국인이 미국의 생활 방식에 가장 큰 위협으로 여겼던 대상인 소련에서 제목을 따왔다. 2020년대에 로봇은 전 세계, 특히 선진국의 생활 방식에 가장 큰 위협이다. 로봇이 사람의 일자리를 빼앗긴 하지만 최근까지 로봇이 대신한 과업은 사람이 할 수 없거나 하지 않는 것이 대부분이었다. 따라서 지금까지 우리는 유해 폐기물 처리, 1만 마일(약 1만 6000킬로미터) 밖의 테러리스트 소탕을 위한 드론 파견 등 로봇에게 넘어간 과업에 대해 '해방'되었다고 말해 왔다.

앞장에서 우리는 민주적으로 선출된 리더들이 각 체제의 장점과 단점에 대응하면서 서구권 국가들은 사회주의로, 동구권 국가들은 자본주의로 돌아설 것이라고 예견했던 슘페터의 순환을 살펴보았다. 1990년대 초반에 동구권 국가들의 자본주의 전환이 일어났다. 반면 서구권 국가들의 사회주의 전환은 일어나지 않았는데, 이는 초기 로봇이 사람의 일자리를 빼앗는 속도가 비교적 느렸기 때문일 것이다. 로봇이 빼앗은 일자리는 조립 라인 근로자, 전화 교환원, 승강기 운전원, 고속도로 통행료 수납원 등 사람에서 로봇으로 쉽게 전환되는 일이었다. 더 중요한 것은 빠르게 확대되는 서비스 부문에서 훨씬 빠른 속도로 훨씬 많은 일자리가 생겼다는 점이다.

이처럼 상대적으로 느린 기술 변화는 더 이상 적용되지 않는다. 슘페터는 AI 탑재 로봇은 고사하고 로봇조차 접하지 못했다. 오늘날에는 모든 공장들이 로봇 직원을 대상으로 설계되고 건설된다. 이들 공장이 가동되면 수천 마일 떨어진 곳에서 수천 명의 직원들이 일하는 공장 전체가 없어지는 것처럼 수천 개의 일자리가 하루 만에 사라지는 일이 흔히 벌어질 것이다.

게다가 로봇공학에서 비롯된 중대한 변화는 대부분 축소되고 있는 제조업 부문에서 일어났다. 미국 경제에서 제조업 부문이 차지하는 비중은 18퍼센트인 반면 서비스 부문의 비중은 77퍼센트다. 로봇의 등장으로 제조업 부문에서 일어났던 일이 이제 서비스 부문에서 일어나려 하고 있다.

## 통제 불가능한 알고리즘

미국의 민주주의를 위태롭게 만드는 실질적인 위협은 편파적인 논쟁과 방해가 아니라 로봇공학 알고리즘을 이용해 소비자 행동을 추적하고 조종하는 몇몇 대규모 기술 기업의 행동에서 비롯된다는 견해가 점차 커지고 있다. 이들 기업은 여러 국가들보다 크며 더 강력한 힘을 지니고 있다. 그들은 우리 삶을 향상시킬 수 있는 능력과 큰 해를 입힐 수 있는 능력을 모두 갖고 있다. 그들은 로봇의 현재와 미래에 관한 궁극적인 딜레마를 나타낸다.

이러한 현상을 '테크노스테이트Technostate' 또는 감시 경제라고 부르기도 한다. 대규모 소셜 미디어 회사들이 반드시 확고한 정치적 관점을 가지고 있는 것은 아니다. 그들의 초점은 광고를 통해 수익을 창출하는 것에 있다.

알고리즘은 문제를 해결하거나 계산을 하는 데 이용되는 하나의 프로세스다. 알고리즘은 보통 과업의 순차적 배열을 통합한 다음 대체 작업에 관한 결정을 내린다.

알고리즘의 목표는 어떻게 해서든 '클릭'을 유도하고 '시청 시간'을 늘리는 것이다. 그래야 광고를 판매할 수 있기 때문이다. 우리를 화나게 만드는 콘텐츠는 활동을 만들어내는 데 가장 효과적인 경우가 많다. 그 결과는 인터넷과 사회에서 분노로 표출될 수 있다. 알고리즘과 추천 엔진은 어떤 상황이나 생각의 한 측면을 반복적으로 보여줄 수밖에 없다. 이는 몰두, 중독, 허위 정보를 강화한다.*

페이스북(인스타그램), 구글(유튜브), 트위터, 틱톡은 이 점에서 많은 문제가 있다. 아마존과 애플은 광고보다는 물건 판매에서 수익을 얻는다. 애플은 최근 애플 기기에서 사용자의 클릭을 추적하는 페이스북의 기능을 차단했다. 이는 페이스북과 페이스북을 이용해 고객을 추적하는 여러 퍼블리셔Publisher에 의해 생성되는 광고 수익에 부정적인 영향을 미쳤다.

기술 전문가, 휴머니스트, 기업가들 중 분노, 허위 정보, 로봇의 유해성을 진정으로 원하는 이는 거의 없다. 알고리즘이 언론의 자유를 담당해서는 안 된다.

---

* 「래빗 홀Rabbit Hole」(〈뉴욕타임스New York Times〉 팟캐스트); 「당신의 완전한 집중 Your Undivided Attention」(인도적 기술 센터Center for Humane Technology, humantech.com); 〈소셜 딜레마The Social Dilemma〉(2020년 넷플릭스 다큐멘터리, 제작 라리사 로레스 Larissa Rhodes, 감독 제프 올롭스키Jeff Orlowski).

## 통제 불가능한 로봇 보안

로봇이 사람의 작업을 더 많이 대체하면서 사이버 보안 이슈가 점점 더 중요해지고 있다. 사이버 공격은 정부 기구나 준정부 기구에서 비롯되기도, 단지 돈을 뜯어내기 위한 목적에서 이루어지기도 한다. 또한 질투나 절망을 느끼고 악의적으로 혼란을 일으키려는 이들도 있다.

미국과 미국 기업들은 사이버 보안에 매우 취약하다. 전력망, 공항 관제 같은 핵심 로봇공학 네트워크와 국가 안보기관들은 언제든 공격받을 수 있다. 재앙을 불러올 수 있는 이러한 공격을 이겨내는 능력은 매우 중요하다. 이를 위해서는 더 많은 자원과 기업 및 정부 모두의 집중적인 노력이 필요하다. 우리는 더욱 분발해야 한다.

## 새로운 로봇 현실

2020년 세계경제포럼에서는 '새로운 세대의 스마트 기계들이 2025년까지 8500만 개 일자리를 대체할 것'이라는 결론이 도출되었다. 또한 기술 주도 경제가 2025년까지 9700만 개의 신규 일자리를 창출할 것이며 로봇과 사람이 수행하는 작업의 비율이 현재 30:70에서 2025년에는 50:50이 될 것이라고 추정했다.

나는 로봇과 기술에 의해 창출되는 비즈니스 기회를 고려하는 데이 책이 도움이 되기를 바란다. 또한 강력한 창조적 파괴에서 비롯되는 사회적 도전을 이해하고 로봇 주도 경제로 전환하는 과정에서 하나의 사회로서, 개인으로서 우리가 수십억 명의 사람들을 돕기 위해 무엇을 할 수 있는지 숙고하는 데 도움이 되기를 바란다.

① 로봇, 특히 AI 탑재 로봇은 더 빠르고 저렴할 뿐만 아니라 더 효과적으로 작업을 수행한다. 실업이 미치는 중요한 사회적 영향을 제외하면 더 빠르고 안전한 고속도로 운행부터 더 저렴하고 좋은 제품 및 서비스까지 어떤 일이 더 효과적으로 수행되는 것은 우리 모두에게 이익이 된다.

② 로봇은 예전에 사람이 맡았던 노동을 수행한다. 이것이 바로 로봇이 존재하는 이유다. 따라서 로봇이 거의 모든 노동을 대신하는 것은 시간문제일 뿐이다.

③ 구조적 실업과 창조적 파괴는 서구에서 아직 완전한 사회주의나 공산주의로 이어지지 않았다. AI 탑재 로봇으로 인해 변화가 극도로 빨라지고 사람의 일자리가 급격히 감소하면 이러한 상황은 바뀔 수도 있다.

④ 알고리즘이 이끄는 소셜 미디어의 유해성 및 중독성과 강력한 사이버 공격의 가능성은 민주주의와 경제에 실질적인 위험 요소다.

THE NEW
ROARING
TWENTIES

# 7장

# 긱 이코노미

긱Gig이란 시급, 월급, 연봉과 달리 할당된 과업을 완료하고 보수를 받는 임시 일자리를 말한다. 시장성 있는 기술을 보유한 사람이든 다른 직업을 갖고 있는 사람이든 누구나 긱 이코노미에 공급자로 참여할 수 있다. 태스크이지TaskEasy, 우버, 앤지Angi, 에어비앤비 같은 비즈니스를 창업한 사람들에게 긱 이코노미의 가장 큰 보상이 기다린다. 그들은 긱 공급자와 긱 수요자를 연결해주며 수익을 얻는다.

미국 취업자의 약 3분의 1(6000만 명)이 긱 이코노미에 참여하고 있으며, 2020년대 말이면 긱 이코노미가 미국 및 세계 노동시장을 지배할 것이다.[*]

이 장에서는 긱 이코노미가 빠르게 성장한 과정과 이유, 혁명 이전 시대부터 19세기 산업혁명에 이르기까지 긱 이코노미의 역사적 뿌리, 긱 이코노미가 미국 이민에 미치는 영향, 오늘날 긱 이코노미가 긱 고용주와 긱 직원에게 효과적인 이유를 살펴볼 것이다.

당신이 긱 이코노미를 이해해야 하는 두 가지 이유가 있다. 머지 않아 당신은 긱 노동자가 되거나 늘어나는 과업을 처리하기 위해 긱 노동자를 고용할 것이기 때문이다.

긱 이코노미 아래에서 미국 최대 산업들의 구조 개편이 진행되고 있으며 이는 막대한 사업적 기회와 사회적 도전을 만들어 낸다.

2021년 현재, 에어비앤비는 미국에서만 6대 호텔 그룹을 합친 것보다 많은 600만 건의 숙소 목록을 보유하고 있다. 에어비앤비는 2009년에 설립되었고 지금은 700억 달러 이상의 가치가 있다. 이와 대조적으로 메리어트 호텔은 1927년에 설립되었고 130만 개의 방이 있으며 회사 가치는 500억 달러다.

미국의 택시 기사 및 개인 기사는 23만 3000명인 반면 우버는 미

---

[*]　Statista.com (2021년 2월 21일); 라이언 펜델Ryan Pendell과 셰인 맥필리Shane McFeely, 「실제 긱 이코노미에서 직장 리더들이 배울 수 있는 것What Workplace Leaders Can Learn from the Real Gig Economy」, Gallup.com, 2018년 8월 16일; 제임스 우드콕James Woodcock, 《긱 이코노미: 비판적 소개The Gig Economy: A Critical Introduction》 (Polity Press, 2019).

국에 100만 명 이상, 전 세계에 400만 명 이상의 운전자를 보유하고 있다. 또한 우버 이츠$^{Uber\ Eats}$, 우버엑스 쉐어$^{UberX\ Share}$, 우버 프레이트$^{Uber\ Freigh}$, 우버 헬스$^{Uber\ Health}$ 등을 새롭게 시작하고 있다! 자세한 내용은 16장 '비즈니스 기회를 창출하는 새로운 비즈니스'를 참고하기 바란다.

## 긱 이코노미와의 첫 만남

12살 때 나는 항상 공연 기회를 찾고 있던 인근 록밴드에서 전자 기타를 연주했다. '긱'이라는 용어는 1905년 경 재즈 뮤지션들 사이에서 만들어졌다. 그 당시 그리고 우리 밴드에게 공연은 대중 앞에서 연주할 수 있는 기회였다. 공연을 통해 때로는 돈을 벌었고 때로는 자신을 알려 유료로 공연할 수 있는 기회를 얻었다.

몇 년 뒤 컴퓨터광이 된 내게 긱은 '기가바이트$^{Gigabyte}$'의 약어였다. 당시 기가바이트는 1024메가바이트, 약 100만 바이트로 엄청난 양의 디지털 메모리였다.

오늘날 긱 이코노미에서 긱은 출근만 하면 시급 또는 연봉에 따라 급여를 받는 일자리와 달리 일정 과업을 완료한 데 대해 보수를 받는 임시 일자리를 말한다. 오늘날 긱 이코노미는 소셜 미디어를 이용해 복리후생과 장기 고용 보장이 없는 전문 계약직 근로자를 찾아 고용하는 고용주를 뜻하기도 한다.

복리후생 측면의 이러한 단점에도 불구하고 긱 이코노미는 근로자, 고용주, 정부에게 고용 모델로 선택되어 널리 확산되고 있다. 새로운 광란의 20년대에 우리를 휩쓸고 있는 긱 이코노미를 제대로 이해하기 위해서는 먼저 긱 이코노미가 대체하고 있는 전통적인 대규모 고용주 모델을 이해해야 한다.


## 긱 이코노미 이전의 경제(1750~1899년, 1900~2000년)

1900년 무렵부터 2000년까지 산업은 대기업이 기술 없는 젊은 직원들을 채용해 교육시키고 종신고용을 보장하는 전통적인 모델을 중심으로 구조화되었다. 이러한 모델이 등장하기 전인 1750년부터 1899년경에는 오늘날의 긱 이코노미와 비슷한 '도제 시스템Apprentice Craft System'이라는 모델이 존재했다. 노동자들은 자신만의 직업 기술을 배우고 자신만의 도구를 공급했으며 일을 완료한 후 보수를 받는 특정 일자리에서만 일했다. 경영진의 역할은 노동자들의 작업을 향상시키기 위해 지도나 훈련을 제공하기보다 숙련 노동자와 비숙련 노동자에게 일을 분배하고 그들이 일을 했는지 확인하는 것뿐이었다. 대부분의 비즈니스 리더들이 '관리자Manager'라고 불린 것은 바로 이 때문이다.

18~19세기, 기술은 생계를 꾸릴 수 있는 능력 이상을 의미했다. 기술은 곧 삶의 방식이었던 것이다. 기술은 현재의 소득 외에도 사회적 지위를 제공했고 더 중요하게는 자녀에게 물려줄 유산이었다.

이후 직물과 철강 생산을 시작으로 대량 생산 기술과 효율화 방안이 도입되면서 특정 과업을 완료하는 것이 아닌 시급이나 일급으로 보수를 받는 비숙련 직원을 고용한 대규모 조직이 유리해졌다. 1920년까지 대다수의 미국인은 농장보다 도시에 살았다. 당시 대부분의 사람들은 신문기자, 호텔 주방장, 대형 병원 의사, 대기업 변호사 같이 유명한 대규모 조직에서 흥미진진한 일을 하고 싶어 했다. 이러한 직업은 그들의 정체성이 되었다. 이 부분에 대해서는 12장 '국민총행복'에서 자세히 살펴볼 것이다.

미국의 발명가이자 엔지니어인 프레드릭 테일러Frederick W. Taylor는 경영진이 노동자의 활동을 조직하는 데 그치지 않고 비숙련 노동자를 훈련시키고 그들의 기술을 개발하는 적극적인 역할을 담당하는 새로운 시스템을 개발했다. 테일러는 이 새로운 시스템을 '과학적 관리'라고 불렀다. 테일러의 시스템 아래 관리자들은 최고의 숙련 노동자를 고용해 그들의 작업 일정을 계획하는 것뿐만 아니라 그 이상의 일을 해야 했다. 관리자들은 직무 기술을 개발하고 노동자들을 교육함으로써 각각이 자신의 일을 더 효과적으로 수행할 수 있도록 만들어야 했다. 이러한 철학은 1800년대 후반부터 미국 노동공급에 일어난 변화와 잘 맞았다.*

---

* 프레드릭 테일러가 제시한 효율적인 기법들은 그의 저서 《과학적 관리의 원칙 The Principles of Scientific Management》(1911)에 요약되어 있으며, 그는 대부분의 사람들에게 산업공학의 아버지로 여겨진다.

## 미국의 고용을 완전히 변화시킨 비숙련 이민자

이민자들은 보통 새로운 방법을 가장 빨리 배운다. 남북전쟁 이전에 미국으로 건너온 대부분의 이민자들은 숙련 노동자도, 전문직도 아니었다. 그들은 자신의 운을 시험하기 위해 자발적으로 신세계를 찾아온 사람들이었다. 이러한 상황은 에이브러햄 링컨Abraham Lincoln이 미국 대통령이 되면서 바뀌었다.

1864년 7월 4일, 링컨 대통령은 이민촉진법에 서명했다. 이 법은 민간 기업이 이민 노동자의 임금을 12개월까지 법적으로 저당 잡는 대신(이주비용에 대한 상환금으로) 그들에게 미국행 교통비를 지급할 수 있도록 허용했다. 또한 이 프로그램에 따라 이민 온 노동자들에게 병역 의무를 면제했다.

'외국인 계약 노동법'으로 알려진 이 법에 따라 민간 모집 회사들은 외국인 노동자를 미국에 데려오는 대가로 수수료를 받았다. 신규 이민자를 모집하고 데려오는 일은 미국의 주요 비즈니스로 빠르게 자리 잡았다. 1880년 당시 미국의 대기업 중 하나였던 미국 이주 회사American Emigrant Company는 숙련 노동자를 원하는 미국 기업과 도시를 대신해 유럽에서 이민자를 모집했다.

이러한 이민자 모집 활동은 숙련된 전문직 유출로 인한 경제적 손실을 두려워한 유럽 민족주의자들에게 골치 아픈 문제였다. 영국에서는 1865년에 한 제조업체가 "방적공 한 명이 이주하면 추가로 열 명의 일손이 조업을 중단한다"라고 이의를 제기한 가운데 미국 이주 회사들에 대한 언론의 비난이 이어졌다. 같은 해 프랑스 정부는 미국 영사가 요청한 이민촉진법 홍보물 배포를 허가하지 않았다. 독일 언론은 미국 정부가 법안 통과에서 '사기'를 쳤다고 비난했다.*

그러나 이들 프로그램 대부분이 숙련 노동자 모집에 중점을 두었음에도 불구하고 모집된 사람들 대다수는 비숙련 노동자였다. 미국으로 건너가기를 원하는 잠재 이민자들은 자신의 스킬에 대해 거짓말을 하는 경우가 많았고 돈을 목적으로 하는 모집 회사들이 거짓말을 부추기는 경우도 있었다. 이민자 모집은 매우 수익성 좋은 비즈니스였다. 모집 회사는 이민자가 약속한 기술을 보유했는지 확인되지 않았음에도 불구하고 '숙련' 노동자가 도착하면 보수를 받았다.

역설적이게도 많은 경우 이들 '비숙련' 노동자는 실제 숙련 노동자보다 생산성이 높은 것으로 드러났다. 이민자들이 작업에서 최신 방법과 도구를 이용하는 데 훨씬 더 수용적이었기 때문이다. 예를 들어 1880년 이후 각 생산 단계에서 기술 변화가 이루어진 철강 산업의 경우 관리자들은 관련 기술을 보유한 숙련 노동자를 재교육하는 것보다 비숙련 노동자에게 최신 방법을 가르치는 것이 더 쉽다는 사실을 깨달았다. 미국 철강 산업은 거의 독점적으로 비숙련 이민 노동자를 고용해 최신 방법을 교육함으로써 하루아침에 세계 최대 규모로 성장하게 되었다. 미국의 총 철강 생산량은 1867년에 2만 2000톤에서 1900년에 1100만 톤으로 증가했다.

철강왕 앤드류 카네기Andrew Carnegie는 비숙련 이민자들에게 최신

---

\* 샬롯 에릭슨Charlotte Erickson, 《1860~1885년 미국 산업과 유럽 이민자American Industry and the European Immigrant(1860-1885)》(Harvard University Press, 2014).

생산 방법을 끊임없이 훈련시키는 데 열광했다. 그는 자신의 철강 공장을 완전히 폐기하고 최신 기술을 활용하는 새로운 노동자들과 다시 시작하는 '스크랩 앤 빌드Scrap and Build' 정책으로 유명해졌다. 현실에 안주하는 영국 철강업체들은 자신들이 똑같은 방법과 설비를 20년 동안 사용하고 있다고 과시하며 카네기의 스크랩 앤 빌드 정책을 비판했다. 이에 대해 카네기는 이렇게 말했다.

"그것이 바로 영국 철강 산업의 문제입니다."**

일부 평론가들은 1800년대에 일어났던 일들이 새로운 광란의 20년대에 다시 일어날 수 있기를 바란다. 혁신적인 미국 기업가들은 세계에서 가장 숙련도가 낮은 사람들을 세계에서 가장 생산적인 사람들로 바꾸고 있으며, 미국 경제를 세계에서 가장 부강하게 만들고 있다. 안타깝게도 많은 미국인들은 현재 상황을 이렇게 인식하지 않고 계속되는 이민자 유입을 경제 안보의 위협으로 여긴다.

오늘날 애플, 아마존, 구글, 테슬라, 페이스북을 비롯해 수천 개의 훌륭한 미국 기업들을 세운 창업자들은 외국 출생이거나 이민 1세대 미국인이다. 최고의 과학자, 엔지니어, 의사들 중 상당수는 외국 출신이다. 잔디 관리부터 집안일에 이르기까지 여러 서비스 일자리는 아메리칸 드림의 발판을 마련하고자 하는 이민자들이 맡고 있다.

8장 '보편적 기본소득'에서는 미국에서 가장 소외된 사회적 약자와 가장 생산성 낮은 일부 시민들을 재교육하여 우리가 얻을 수 있는 경제적 기회를 살펴볼 것이다.

---

** 데이비드 나사우David Nasaw,《앤드류 카네기》(Penguin Group, 2006).

# 긱 이코노미의 새로운 점

이민자의 아들로 뉴욕에서 자란 나는 긱 이코노미 외에 다른 것이 있다는 사실을 전혀 몰랐다. 당시 내게 긱 이코노미는 시급이나 월급이 아닌 완료한 일에 대해서만 보수를 받는 것을 의미했다. 1919년부터 1977년까지 아버지는 형제들과 침대보를 만드는 가족 사업을 운영했고 대부분의 직원들은 '완성한 작업'에 대해 보수를 받았다. 직원들은 재단 담당, 재봉 담당, 접기 담당, 담기 담당, 포장 담당 등 자신의 일을 설명하는 각자의 직함이 있었고, 베개 커버 재봉에 25센트, 100야드짜리 원단 재단에 8달러 등 자신이 수행한 작업에 따라 보수를 받았다. 특정 직원에게 충분한 일이 없는 경우 이러한 기준은 일일 최소 급여가 되기도 했다. 모든 직원은 같은 공장에서 매일 일했고 공장은 주 6일, 아침 6시부터 오후 5시까지 가동됐다. 주말과 여름 방학에 아버지 공장에서 일했을 때 나는 공장에서 실제 생산한 제품 외에 다른 일로 보수를 요구하는 것은 상상도 할 수 없었다.

오늘날 우리가 알고 있는 긱 이코노미는 규모에서부터 아버지의 가족 사업보다 훨씬 더 발전했다. 현재 미국 노동자의 3분의 1 이상(취업자의 36퍼센트), 5900만 명이 긱 이코노미에 참여하고 있다. 긱 이코노미는 수천만 명이 정규 일자리를 잃고 어떤 일이든 찾아야 했던 2007~2009년 대침체 동안 급격히 성장했다. 당시 정부가 수조 달러의 경기부양 지원금을 제공하지 않았기 때문이다.

따라서 2000년대 후반 대침체 기간에 '긱 이코노미'라는 용어를 처음 들었을 때 나는 왜 그렇게 야단인지 이해할 수 없었다. 긱 이코노미는 내가 자라면서 접했던 비즈니스 세계를 설명하는 것 같았기 때문이다. 얼마 지나지 않아 나는 완성한 작업에 대해 보수를 지급하는 것보다 더 많은 의미가 긱 이코노미에 내포되어 있음을 배웠다. 하지만 긱 이코노미는 우리 경제를 구성하는 너무나 새로운 기둥이기 때문에 지금까지도 보편적으로 정의된 바는 없다.

## 건설: 긱 이코노미의 또 다른 전신

나는 1970년대에 파트타임으로 뉴욕 웨스트햄튼 해변가에서 고급 주택을 건설하고 수리하는 일을 하면서 긱 이코노미의 전신을 경험했다. 어떤 날은 땅 파기와 콘크리트 타설에 능숙한 노동자가 필요했고, 어떤 날은 건물의 뼈대를 만들 목수가 필요했으며, 어떤 날은 전기나 배관 기술을 가진 노동자가 필요했다.

이따금 나는 동틀 무렵에 도급사 관리자인 에드 터너와 20마일(약 32킬로미터) 거리에 있는 뉴욕 리버헤드의 홈디포 주차장에 동행하곤 했다. 나는 그가 그날 필요한 팀을 찾기 위해 작업조 관리자들과 스페인어로 인터뷰하는 모습을 지켜보았다. 그가 찾는 팀은 전날 고용한 팀과 다른 팀이거나 며칠 후 필요한 팀이었다. 제한된 일반 기술을 지닌 정규 직원을 고용하는 것에 비해 그러한 야외 인력 시장이 매우 효율적이긴 했지만 나는 모든 구매자와 판매자가 컴퓨터로 연결되어 이력서와 작업 가능 일정을 공유할 수 있다면 이러한 인력 시장이 얼마나 효율적일 수 있을지 생각했다. 물론 이것은 월드

와이드 웹World Wide Web은커녕 인터넷도 등장하기 전의 일이다.

　다른 고용주들은 시급으로 미숙련 노동자를 고용했지만 에드는 우리가 해야 하는 각각의 과업을 문서로 정의한 뒤 작업조 관리자들을 고용했고, 그들은 자기 팀의 인부를 뽑아 작업한 뒤 사전에 정한 시방서를 기준으로 완료한 작업에 대해 보수를 받았다. 오늘날 건설은 영화 제작과 마찬가지로 긱 이코노미의 대표적인 예다. 숙련 노동자들은 특정 작업에 고용되고 작업을 완료하고 나면 다른 일을 찾아 떠난다.

## 오늘날 긱 이코노미의 특징

1. 비즈니스에서 '브랜드brand'라는 단어는 신뢰와 같은 말이다. 대부분의 긱 노동자는 에어비앤비, 우버, 리프트 등 매우 '브랜드화된branded' 플랫폼을 이용하며, 이들 플랫폼은 공급자와 수요자 모두의 만족을 위해 해당 작업이나 서비스가 완료될 때까지 대금을 받아 보관한다.
2. 대부분의 브랜드화된 플랫폼은 대금 지급 문제를 완벽하게 관리한다.
3. 브랜드 없이 활동하는 긱 노동자는 벤모Venmo, 페이팔PayPal, 젤Zelle, 구글 페이Google Pay, 그 밖의 손쉬운 지불 메커니즘을 통해 원활하게 보수를 받는다.
4. 지불 메커니즘은 정기 보고서를 자동으로 기록하고 발행한다.

5. 인터넷은 동일한 브랜드 제품을 판매하는 고급 소매점처럼 중복되는 수많은 전문 긱 플랫폼에서 긱 노동자를 위한 일자리를 찾아낸다.

6. 작업이 완료되지 않거나 품질이 낮은 경우 긱 노동자는 최종 우위(소셜 미디어)를 지닌 고용주에게 온라인으로 비판적인 평가를 받는다.

7. 긱 고용주는 개인으로서, 브랜드 플랫폼으로서 긱 노동자를 평가하고(반대로 긱 노동자도 긱 고용주를 평가한다) 그들에게 갈등을 해결할 기회를 제공한다.

8. 긱 노동자에게는 각자의 일에 대해 정의된 과업이 주어진다.

9. 긱 노동자에게는 완료 일정이 주어진다.

10. 긱 노동자는 작업 완료에 따라 보수를 받으며, 보통 모든 당사자가 만족할 때까지 파트너(예, 에어비앤비)가 일부 금액의 지불을 보류한다.

11. 많은 사람들이 화상회의 앱을 이용해 가상으로 집에서 일하지만 긱 노동자는 작업마다 다른 장소에서 일한다.

12. 긱 노동자는 작업이 완료된 후 앞으로의 작업을 보장받지 않는다.

13. 긱 노동자는 직원이 아닌 법적으로 독립 계약자다. 그들은 건강보험, 퇴직급여, 출산휴가 수당, 사회보장 분담금 등 대부분의 선진국이 고용주의 의무로 정한 직원 복리후생을 전혀 받지 못한다.

14. 긱 노동자는 고용주처럼 건강보험과 퇴직급여를 제공하는 업

종별 협회를 조직할 수 있는 중요한 비즈니스 기회가 있다.

15. 긱 노동자는 원하지 않는 한 일할 의무가 없으며 따라서 자신의 삶에서 원하는 것을 무엇이든 자유롭게 계획할 수 있다.

16. 긱 노동자는 작업마다 다른 가격을 협상할 수 있다.

17. 밀레니얼 세대는 풀타임 긱 노동자의 37퍼센트를 차지해 긱 노동자 시장을 주도하고 있다. 밀레니얼 세대는 그들에게 독립성을 제공한다는 이유에서 긱 노동을 받아들였다.

18. 베이비붐 세대는 풀타임 긱 노동자의 35퍼센트를 차지한다.

19. 긱 노동자의 보상은 최저임금보다 훨씬 높은 경우가 많다. 실제 보수는 상황에 따라 다르지만 고임금 긱 노동은 다음과 같다.[*]

   ◆ 인공지능: 시간당 115달러

   ◆ 블록체인 아키텍처: 시간당 90달러

   ◆ 로봇공학: 시간당 80달러

   ◆ 윤리적 해킹: 시간당 65달러

   ◆ 암호화폐: 시간당 65달러

   ◆ 아마존 람다 코딩: 시간당 50달러

   ◆ 가상현실: 시간당 50달러

   ◆ 리치Reach 자바스크립트 개발: 시간당 40달러

   ◆ 영상 최종 편집: 시간당 40달러

   ◆ 인스타그램 마케팅: 시간당 30달러

---

[*]   Fortunly.com; Glassdoor.com; Indeed.com. 윤리적 해킹은 컴퓨터 시스템에서 취약성을 찾아내는 활동으로 이루어진다.

# 현대 긱 이코노미가
## 결국 노동을 위한 주요 경제가 될 수 있는 이유

긱 이코노미는 이미 날아올랐다. 15년이 채 되지 않았음에도 불구하고 긱 이코노미는 미국 노동력의 약 40퍼센트인 6500만 명의 고용을 책임지고 있다.

긱 이코노미에는 다음과 같은 세 당사자가 참여하며 이들 모두 이익을 얻는다.

### ① 긱 노동자

리프트나 우버 같은 우수 브랜드 근로자부터 건축가나 호텔리어처럼 풀타임 독립 계약자로 일하는 고임금 전문가까지 긱 노동자에 포함된다. 이들 중 밀레니얼 세대는 고용에 관한 한 모두 같은 것을 원한다. 바로 유연성이다. 9장 '밀레니얼 세대의 도약'에서 살펴볼 내용과 같이 밀레니얼 세대는 우리 경제에서 대부분의 실무를 담당하며 유연성 및 일과 삶의 균형을 위해 안정된 수입을 포기할 준비가 되어 있다.

### ② 긱 비즈니스

긱 이코노미의 비즈니스는 에어비앤비와 우버처럼 조직화된 긱 노동자를 이용하는 소비자, 즉 긱 노동 및 서비스의 최종 소비자들 자신이다. 긱 노동을 고용하지 않고 다른 방안으로 대체하는 것은 많은 고용주들에게 받아들일 수 없는 대안이다. 많은 기업들은 지속적이고 감당할 수 없는 복리후생 의무를 지며 더 이상 풀타임 직원을 고용할 여력이 없다.

### ③ 긱 소비자

긱 이코노미에서 소비자는 가장 많은 이득을 얻는다. 소비자는 무엇이든 원하는 것을 인터넷에서 경제적으로 구매할 수 있으며, 자신이 정확히 누구를 혹은 무엇을 얻는지 인터넷을 통해 사전에 알 수 있다. 이는 만족하지 않을 경우 소비자가 갖는 막대한 협상력(평판 및 미지급)과 더불어 솔직하게 제공되는 충실한 리뷰에서 비롯된다.

## 긱 이코노미가 소비자에게 효과적인 이유

가정용 냉장고 100대를 수리해야 하는 어떤 도시가 있다고 가정하자. 연로한 부모님과 어린 아이들이 먹을 신선한 음식과 약이 냉장고에 가득한 상황에서 냉장고가 고장 난 적이 있다면 지금 당장 기술자가 얼마나 급하게 필요한지 잘 알 것이다. 긱 이코노미 이전에는 각 소비자가 10여 곳의 가전제품 수리 업체에 전화를 걸어 해당 브랜드와 모델을 수리할 수 있고 시간이 맞는 수리 기사를 찾아야 했다. 이제 소비자는 적절한 긱 이코노미 사이트에 들어가 브랜드 및 모델에 대한 정보와 원하는 방문 시간을 입력하고 적합한 수리 기사와 연락하면 수리 기사가 약속한 날에 부품을 가지고 방문한다. 이러한 방식이 작동하는 주된 이유는 소비자가 이론적으로 다음의 두 명을 비롯해 100명의 수리 기사에게 접근할 수 있기 때문이다.

1. 수리 기사 A의 아내는 육아 때문에 남편이 두 시간 이하로 작업하기를 바란다. 그는 예상 작업 시간이 한 시간 이하이고 30분 이내로 갈 수 있는 거리의 작업만 받을 수 있다. 긱 이코노미가 아니었다면 그는 하루를 완전히 쉬어야 했고 작업 요청을 전혀 받을 수 없었을 것이다.

2. 수리 기사 B는 이번 주에 돈을 더 벌어야 하며 아침 7시부터 밤 9시까지 작업을 마다하지 않으려 한다. 정액 급여로 어딘가에 소속되어 일하며 지방 및 주의 노동법을 따라야 했다면 그는 이렇게 일할 수 없었을 것이다.

## 긱 이코노미의 크라우드소싱

크라우드소싱은 오늘날 긱 이코노미에서 가장 인기 있는 새로운 영역 중 하나다. 크라우드소싱이란 대중Crowd과 아웃소싱Outsourcing의 합성어로, 긱 이코노미에서 사람들이 대중으로부터 상품과 서비스를 얻는 모델을 말한다.

누가 처음 크라우드소싱이라는 용어를 사용했는지에 대해서는 논란이 있다. 대부분의 사람들은 〈와이어드Wired〉 잡지의 제프 하우Jeff Howe와 마크 로빈슨Mark Robinson이 2005년에 기업이 어떻게 인터넷을 이용해 '사람들에게 일을 아웃소싱'하는지 설명하면서 만들어진 것으로 여긴다.

나는 2010년에 크라우드소싱과 함께 현대 긱 이코노미의 힘을 처음 목격했다. 당시 동료들과 나는 소매 비즈니스 스타트업인 재니악Zaniac의 로고를 만들기 위해 그래픽 디자이너를 구하고 있었다. 최고기술책임자 시드는 우리의 제품과 목표 고객에 대한 설명을 포스팅하고 상금 1000달러를 걸어 디자이너들이 아이디어를 제출하도록 유도하자고 제안했다.

목표는 전 세계 그래픽 디자이너들이 최종 작업자로 선택되기 위해 보수 없이 로고 디자인을 제출하도록 만드는 것이었다. 나는 그런 상황에서 어떤 디자이너가 기꺼이 작품을 제출할지 의문스러웠으나 전 세계에서 300명 넘는 디자이너들이 로고를 보내왔다.

우리는 제출된 300여 건의 로고 가운데 10개를 뽑은 뒤, 참여한 디자이너 모두에게 우리가 최고의 디자인을 선택하도록 도와줄 수 있는지 문의했다. 놀랍게도 절반 이상이 경쟁자의 디자인에 대해 의견과 제안을 보내주었다. 그들은 자신의 작품이 선정되지 않는다 해도 최종 승자에게서 배울 수 있기를 원했다. 그들의 의견과 제안은 매우 귀중했다. 우리는 우승자를 뽑아 1000달러를 지급했고, 그들의 성공을 축하하는 온라인 파티를 열었다.

이 프로그램에서 성공의 열쇠는 투명성이었다. 대부분의 참가자는 밀레니얼 세대였고, 그들은 이기기 위해 경쟁하는 것만큼이나 공정하게 경기하는 것에 자부심을 느꼈다.

# 태스크이지

긱 이코노미에서 내가 좋아하는 업체 중 하나는 킥스타트 시드 펀드 Kickstart Seed Fund라는 벤처 캐피탈 회사를 통해 투자한 태스크이지다. 태스크이지는 조경 작업이 필요한 주택 소유자가 구글 어스 기반의 애플리케이션을 통해 지역 업체로부터 실시간 입찰을 받을 수 있게 해준다. 작업이 완료된 이후 주택 소유자는 완료 확인, 보완 사항 지적, 작업료 지급을 요청받으며 이는 모두 스마트폰으로 이루어진다.

얼마 전 나는 태스크이지가 베네수엘라에서 신규 직원 60명을 고용했다는 소식을 들었다. 나는 설립자이자 CEO인 켄 데이비스Ken Davis에게 베네수엘라에서 어떤 일을 하고 있는지 물었다. 그는 이렇게 답했다.

"이곳에는 고객이 하나도 없습니다. 태스크이지를 이용하고 싶어 했던 미국의 조경 업체들은 상당수가 영어를 못하는 1인 사업자였습니다. 그래서 우리는 미국의 잠재 업체들이 웹상에 비즈니스 페이지를 만들고 인근 업체들과 경쟁할 수 있도록 지원하기 위해 베네수엘라에 60명 규모의 스페인어 콜센터를 열었습니다."

나는 내 투자가 경제적으로 최하위에 있는 사람들(영어를 못하지만 잔디 깎는 기계를 사용할 수 있는 사람들)에게 기업가가 되어 수백 배 큰 회사들과 온라인으로 경쟁할 수 있는 능력을 제공하는 데 도움이 되고 있다는 사실이 매우 만족스럽다. 게다가 우리는 전쟁으로 폐허가 되고 일자리가 절실한 나라에서 60명을 고용하고 있다.

# 긱 이코노미의 보상과 도전

시장성 있는 기술을 보유한 사람이든 다른 직업을 갖고 있는 사람이든 누구나 긱 이코노미에 공급자로 참여할 수 있다. 긱 노동은 많은 사람들에게 꽤 좋은 성과를 가져다준다. 비정규 일자리를 위해 정규 일자리를 그만둔 사람들이 종종 억대 수입을 올리기도 한다. 태스크이지처럼 공급자와 고객을 연결해 돈을 버는 사업을 시작하는 사람들에게는 아마 가장 큰 보상이 기다릴 것이다.*

1. 대체된 직원들을 위해 긱 기회를 창출하는 회사의 기업가는 2020년대에 가장 큰 성공을 거둘 것이다. 우리는 이미 우버, 리프트, 에어비앤비, 태스크이지 같은 회사들의 기업가치 평가에서 이를 확인할 수 있다. 이들 기업은 당신에게 가정이나 비즈니스에 필요한 서비스를 연결해주는 촉진자다.

2. 2020년대에 정부가 긱 이코노미에서 직면한 두 번째 큰 도전은 보편적 기본소득 같은 사회안전망이 갖춰지기 전에 구조적으로 실직하게 될 25~40퍼센트의 인구에 대해 어떤 조치를 취할 것인가이다. 정부는 한편으로 수십만 명의 호텔 직원을 대체한 에어비앤비 호스트 같은 긱 기업가를 싫어하고, 다른 한

---

* 캐스린 딜Kathryn Dill, 「비정규 일자리를 위해 정규 일자리를 그만두고 억대 수입을 올리는 사람들People are Quitting Full-time Jobs for Contract Work – and Making Six Figures」, 〈월스트리트저널〉, 2022년 3월 12~13일.

편으로 대체된 직원들을 위해 일자리(때로는 더 나은 일자리)를 제공하는 긱 기업가에게 고마워한다.

3. 2020년대에 정부가 당면한 긱 이코노미의 가장 큰 도전은 긱 직원이 연방세, 주세, 퇴직 기금, 건강보험료 등의 원천징수 대상이 아니라는 점이다. 구조적 대체와 관련하여 가장 큰 변화는 기능과 자금원이 사라질 수 있는 정부 기관일지도 모른다.

긱 이코노미는 우리 생활의 일부가 되었다. 코로나19 대유행 동안 직원 10명 미만의 소규모 기업들이 증가했으며 많은 경우 온라인 요소가 이들의 성공에 기여했다. 2020년 미국에서는 2019년보다 300만 개 더 많은 온라인 비즈니스가 생겨났다. 법인으로 등록되지 않은 자영업자 수는 2022년에 1000만 명을 넘어섰다. 이는 코로나19 대유행으로 인한 해고, 경기부양 지원금, 더 널리 이용할 수 있는 광대역 통신망, 더 높아진 디지털 유창성, 더 성숙해진 온라인 마켓플레이스 등이 이끈 결과였다.**

---

** 제프리 하트만Jeffrey Hartman과 조셉 파릴라Joseph Parilla, 「코로나19 대유행 동안 마이크로 비즈니스가 성장했다Microbusinesses Flourished During the Pandemic」, 브루킹스 연구소, (2022년 1월 4일).

① 긱 이코노미는 우리 경제를 대기업 국가에서 기업가 국가로 완전히 재편하고 있다.

② 과거로 거슬러 올라가면 이것은 사실 미국의 건국 시기로 회귀하는 것이나 다름없다. 미국 건국의 아버지들은 먼저 기업가였고 그 다음 정치인이었다. 그들은 상업 활동을 저해하는 법과 규제에 저항했다.

③ 미래 고객과 의미 있는 연계를 갖고 있는 긱 이코노미 기업가들은 사업을 시작하는 데 비교적 적은 자본이 든다. 당신이 팝업 비즈니스를 운영하는 데 필요로 하는 공급자들은 그들 자신도 대부분 팝업 비즈니스이며, 당신의 고객 서비스를 도울 준비가 되어 있다.

④ 당신의 재능에 적합한 긱 비즈니스를 시작할 수 있는 대표적인 긱 비즈니스로 에어비앤비, 우버, 아마존이 있다. 당신의 관심사와 능력을 명확히 이해하고 창의적으로 생각한다면 더 많은 기회가 있을 것이다. 16장 '비즈니스 기회를 창출하는 새로운 비즈니스'를 참고하기 바란다.

# THE NEW
# ROARING
# TWENTIES

# 보편적 기본소득

보편적 기본소득은 내가 살아있는 동안 절대 보지 못할 것이라고 생각했던 제도였으나 2020년 초 워싱턴 D.C.가 코로나19 대유행으로 침체된 미국 경제를 구하기 위해 첫 구제 조치를 시도해 상당히 좋은 초기 결과를 가져오면서 널리 확산되었다.

보편적 기본소득Universal Basic Income(UBI)은 새로운 광란의 20년대가 실제 아우성치게 만드는 주된 요인이 될 수 있다. UBI는 사회 안전망처럼 사회를 안정시키고, 구조적 실업과 창조적 파괴로 인한 잔인한 충격을 개선하며, 무엇보다도 새로운 일자리나 새로운 지역에서 실패할 경우 사람들에게 필요한 완충 장치를 제공할 것이다. 새로운 광란의 20년대가 경제의 터보 엔진이라면 UBI는 윤활유일 것이다.

이 장에서는 UBI가 무엇이며 UBI를 통해 어떻게 기존의 낭비적인 재정 지원을 효율적인 현금 지급으로 대체해 재원을 절감할 수 있는지 살펴본다. 가장 중요한 것은 대체된 직원들이 전문 기술을 다시 갖추거나 일자리를 옮기는 동안 UBI가 그들에게 완충 장치를 제공할 수 있다는 점이다.

이 개념은 2020년 민주당 대통령 후보 경선에서 기업인 앤드류 양Andrew Yang 후보가 공약으로 제시하며 발전되었다. 그는 경선에서 중도 하차하기 전까지 UBI에 대해 수많은 비난을 받았지만, 이후 2020년 4월 UBI의 일회성 버전인 '경기부양 지원금'이 코로나19 대유행에 대응해 양당의 합의로 의회에서 승인되었다.

UBI에 찬성 의사를 밝힌 다른 지지자로 테슬라 CEO 일론 머스크와 페이스북 CEO 마크 저커버그가 있다. 이 둘은 UBI가 폭넓은 안전망을 제공하여 2020년대에 로봇에게 일자리를 잃을 것으로 예상되는 3500만 명의 미국 노동자들을 지원할 것이라고 주장한다.

UBI 개념은 오래 전부터 제시되었다. 16세기 토마스 모어 경Sir Thomas More은 그의 걸작 《유토피아Utopia》에서 모든 사람이 보장된 소득을 받는 사회를 묘사했다.* 20세기에는 마틴 루터 킹Martin Luther King Jr.

목사, 리처드 닉슨Richard M. Nixon 전 대통령, 보수주의 경제학자 밀턴 프리드먼Milton Friedman이 UBI를 지지했다.

경제학 분야의 보수적인 여러 동료들에게 매우 놀랍겠지만 나는 수십 년 동안 UBI를 열렬히 지지해왔다. 하지만 미국 연방 재정적자에 월 2500억 달러, 연 3조 달러를 추가하는 것도 마다하지 않는 여러 UBI 지지자들과 달리 나는 주택, 식품 구입 쿠폰, 의료 서비스, 장애연금, 연방 교육 보조금 등 대부분 비현금 서비스로 제공되는 1조 5000억 달러의 기존 재정 지원을 철회해 1년에 1조 5000억 달러의 UBI를 지급해야 한다고 생각한다.

## 실업급여와 UBI는 노동시장과 충돌해서는 안 된다

전통적인 재정 지원은 수혜자가 다시 일을 하거나 소득이 늘면 종료된다. 이는 수혜자들이 직장으로 돌아가려는 동기를 저해한다. 그들이 받는 비과세 재정 지원 혜택이 과세 대상 임금 및 의료 혜택을 초과하는 경우가 많기 때문이다. 나는 수혜자들이 다시 일자리를 구하거나 더 많은 소득을 벌게 되더라도 재정 지원의 전부 또는 일부를 계속 받을 수 있도록 만들기 위해 수년 동안 노력했으나 성공하지 못했다.

---

* 토마스 모어 경은 가톨릭 교회에서 성인으로 인정받는다. 그는 헨리 8세를 영국 국교회의 수장으로 인정하는 것을 거부해 참수되었다.

1장 '우리가 알던 세상의 종말'에서 설명했듯이 2020년 3월 긴급 지원금 지급을 서두른 나머지 연방 정부는 모든 실업자에게 매주 600달러(연간 3만 1200달러)의 경기부양 실업급여를 추가로 지급하며 주 정부가 운영하는 실업보험 같은 기존 프로그램에 편승하려 했다. 이는 시간당 10달러, 주당 400달러(실소득 약 300달러)를 받으며 일하던 직원이 실업 상태인 동안 매주 실업급여 300달러에 연방 정부의 경기부양 실업급여 600달러를 더해 900달러를 받는 결과로 이어졌다. 이들이 서둘러 일터로 돌아가는 데 관심이 없었던 것은 당연한 일이다. 주당 900달러에서 주당 실소득 300달러로 수입의 3분의 2가 줄어들 것이기 때문이다.

이처럼 경제에 지장을 주고 노동시장의 항상성을 깨뜨리는 것은 정부가 절대 하지 말아야 할 일이다.

## 실업급여와 UBI는 노동시장과 맞서는 것이 아니라 노동시장을 강화해야 한다

2021년, 영업제한이 종료되고 사람들은 업무 복귀 요청을 받았지만 대부분 일터로 돌아가고 싶어 하지 않았다. 엄밀히 말해 대부분의 주는 그들에게 그러한 선택권을 주지 말아야 했다. 근로자가 업무 복귀 요청을 받거나 다른 고용주에게 일자리 제안을 받을 경우 주 정부는 실업급여 지급을 중단해야 한다. 코로나19 대유행 이후 실업급여를 중단할 인력이나 의지가 있는 주는 거의 없었다.

게다가 경제적으로 볼 때 연방 정부가 주 정부의 실업급여에 매주 600달러의 연방 경기부양 보조금 지급을 계속 갱신하는 한, 주당 600달러, 연간 7200달러는 연방 정부에서 주 정부로 막대한 부가 무상 이전되는 것을 의미했다. 주 정부가 실업급여 삭감을 서두르지 않은 것은 당연한 일이었다! 이 보조금은 수혜자의 주 정부가 운영하는 실업 기금에서 나오는 것처럼 보였지만 사실 대부분이 연방 재정에서 나온 돈이었다.

주 정부는 실업급여를 실업이 아닌 고용과 연계해 실업자들에게 일터로 돌아갈 적절한 동기를 부여해야 했다. 이와 관련하여 내가 '역원천징수Reverse Withholding'라고 부른 방안에 대해 곧 살펴볼 것이다.

주당 40시간 일하는 근로자는 생활임금을 받아야 한다. 하지만 이는 소규모 사업주들이 아닌 우리 모두의 책임이 되어야 한다.

## 필요에 관계없이 모두에게 지급하는 조건 없는 UBI

내가 18세 이상의 모든 미국인에게 경제적 지위나 직업에 관계없이 무조건 UBI를 지급하자고 주장하는 몇 가지 이유를 살펴보자.

### 노동자 계층에 대한 책임

미국에서 대략 7500만 명의 근로자가 풀타임으로 일을 하지만 빈곤선을 겨우 넘는 소득을 얻고 있다. 이들의 소득은 식품 구입 쿠폰이나 건강보험 같은 재정 지원 수급 자격을 얻기에는 너무 높은 수준이지만 수입에 맞춰 생활하기에는 너무 낮은 수준이다.

설사 월 예산에 맞춰 생활할 수 있다 해도 그들은 대부분 한 번의 해고나 자동차 접촉사고만으로도 재정 파탄에 이를 수 있다. 이들 노동자 계층은 군에 복무하고, 긴급구조요원에 자원하며, 식료품부터 휘발유까지 모든 상품에 세금을 납부한다. 게다가 2장 '대회복'에서 마이너스 이자율에 대해 설명했듯이 이들 7500만 명 중 대다수가 가진 일자리는 중산층 및 상류층에게 불균형적으로 혜택을 주는 미국의 초저금리와 낮은 모기지 납입액의 직접적인 원인이다.

부부 당 월 1000달러의 UBI 보너스가 그들의 삶의 질에 더해줄 차이는 측정할 수 없을 정도다.

### 최저임금 인상의 대안

UBI는 단순히 최저임금을 인상하는 것과 매우 다르다. 나는 풀타임으로 일하는 모든 사람이 괜찮은 삶을 영위하기에 충분한 소득을 얻는 나라에서 살고 싶다. 하지만 단지 최저임금을 인상해서 이를 달성하자고 주장하고 싶지는 않다. 그것은 수백만 명의 소규모 고용주들에게 엄청난 피해를 줄 것이며 주로 저소득 고객들이 지불하는 소매가격에 역진세를 부과하는 결과가 될 것이다. 사람들에게 생활임금을 벌 기회를 주는 것은 소규모 사업주가 아닌 우리 사회의 책임이다. 소규모 고용주와 그 고객뿐만 아니라 모든 납세자는 노동자 계층이 생계를 꾸릴 수 있도록 돕는 데 기여해야 한다. UBI는 이를 실현시킨다.

내가 수 년 동안 제시했던 한 가지 해결책은 '역 원천징수'다. 한 고용주가 시간당 10달러(신입)에서 시간당 40달러(경력직)까지 지급하는 50명의 직원을 고용하고 있다고 하자. 연방 정부가 시간당 15달러를 생활임금으로 여긴다면 고용주는 총임금이 시간당 15달러 이하인 모든 직원에게 시간당 급여를 최대 5달러까지 더할 것이고 그에 따라 시간당 15달러 이하로 받는 직원이 없을 것이다. 고용주는 더 높은 급여를 받는 직원들에게 징수한 급여 원천세에서 시간당 5달러까지의 급여 인상분에 대한 보조금을 바로 보전 받을 것이다. 고용주는 이러한 방안을 지지한다. 시간당 15달러의 실효임금으로 직원을 고용하지만 실제 부담하는 비용은 10~14.99달러뿐이기 때문이다. 주당 40시간 일하는 사람은 누구나 생활임금을 받아야 한다. 하지만 이는 소규모 사업주와 그 고객이 아닌 사회가 책임져야 한다.

### 가난한 미국인도 선택할 자격이 있다

약 4500만 명의 미국인이 빈곤한 삶을 산다. 그들은 대체로 일을 할 수 없으며 식품 구입 쿠폰, 공영 주택, 의료급여 같은 재정 지원을 받아 생존한다.

우리는 이들에게 '그들이' 필요하다고 생각하는 것을 직접 선택하도록 돈을 주는 대신 '우리가' 그들에게 필요하다고 생각하는 특정 상품과 서비스에 대해 주로 바우처를 제공한다.

주택의 경우 그들은 정해진 공영 주택에서 다른 저소득 가구들과 함께 거주해야 한다. 음식의 경우 식품 구입 쿠폰을 받지만 그 쿠폰으로는 식품 공급업체를 위해 활동하는 로비스트들이 만든 목록의 물품만 구매할 수 있다. 의료 지원의 경우 특정 의료기관의 진료와 공무원이 사전 승인한 목록의 의료 서비스만 받을 수 있다. 놀랍게도 메디케이드<sup>Medicaid</sup>(미국의 저소득층 의료보장 제도)에 대한 대형 제약회사의 성공적인 로비 덕분에 대부분의 경우 메디케이드 수혜자는 제네릭 의약품(특허가 만료된 오리지널 의약품을 복제한 의약품)보다 브랜드 의약품(최초 개발되어 승인받은 오리지널 의약품)에 대해 더 낮은 본인 부담금을 지불한다. 메디케이드 수혜자가 제네릭 의약품 대신 브랜드 의약품을 선택했을 때 주 정부 및 연방 정부가 몇 배 더 많은 돈을 지불함에도 불구하고 말이다.

이들 저소득 가구가 월 1000달러의 UBI를 어떻게 사용할지 직접 결정할 수 있게 된다면 빈곤에서 벗어나기 위한 교육 프로그램에 일부를 사용할 수도 있을 것이다. 더 효율적인 슈퍼마켓이 인근에 개업하도록 촉진할 수도 있으며, 우리 모두가 그랬듯이 재정적 실수를 저지르고 그로부터 배울 수도 있을 것이다. 기업가, 교회, 푸드 뱅크, 노숙자 쉼터 등은 가난한 사람들을 돕기 위한 프로그램을 개발할 것이다. 우리는 자유시장이 가난한 사람들을 돕기 위한 프로그램을 얼마나 개발할 수 있는지 모른다. 한 달에 1000달러씩 자유롭게 지출할 수 있는 4500만 명의 가난한 미국인이 그동안 없었기 때문이다. 4500만 쌍에게 연간 1만 2000달러를 지급한다고 계산하면 이들 빈곤층을 재교육하고 코칭하는 것은 하루아침에 5400억 달러 규모의 산업이 될 수 있다!

## 정부 보조 주택을 현금 또는 임대료 쿠폰으로 대체

1950년대에 캘리포니아에 기반을 둔 주요 노동조합의 회장이 공화당과 민주당 후보 모두를 위해 캠페인을 벌였다. 이 노동조합 회장은 시카고의 악명 높은 빈민가인 카브리니-그린Cabrini-Green을 시작으로 모든 지역의 공영 주택 프로젝트를 중단하고 기존 거주자들에게 현금이나 모든 임대인이 받아들일 수 있는 보편적인 임대료 쿠폰을 제공해야 한다고 말했다. 나는 십대 시절에 저소득층 주택 보조금에 대한 그의 연구를 우연히 발견했다. 그는 영화배우조합 회장, 캘리포니아 주지사, 미국 대통령을 지낸 로널드 레이건이었다.

## 장애급여 종료

약 1000만 명의 생산가능인구가 장애급여를 받고 있으며, 생산가능인구 중 장애급여 수급자 비율은 유타주 9.9퍼센트, 텍사스주 15퍼센트, 웨스트버지니아주 20.1퍼센트에 이른다. 수급액의 중앙값은 연간 2만 2000달러로, 비장애인 소득의 약 3분의 2에 해당한다(장애급여가 비과세임을 감안하면 거의 비슷한 수준이다).*

2200억 달러의 이 시스템은 '다친' 고객들을 위해 얼마나 많은 돈을 받아낼 수 있는지 끊임없이 광고하는 수많은 변호사들로 인해 사기로 얼룩져 있다. CBS 뉴스는 일부 주에서 지급된 장애급여의 50퍼센트가 부정수급일 것으로 추정했다.** 일단 장애가 생기면 급여 수급을 그만두는 것이 경제적으로 불가능한 경우가 많다. 일반적으로

---

* 연방 정부는 사회보장장애보험Social Security Disability Insurance(SSDI)과 생활보조금 Supplemental Security Income(SSI) 두 가지 프로그램을 통해 장애급여를 지급한다. 주 정부는 각기 다른 제도를 운영하며 보건복지국에서 수급 자격을 검토한다.
** 「CBS 이브닝 뉴스 스페셜 리포트」(2021). 장애급여 사기에는 고용 상태 또는 수급자의 사망 및 건강에 대한 변경 사항을 보고하지 않는 것뿐만 아니라 지원서나 의료 기록 허위 작성 또한 포함된다.

초봉이 장애급여보다 훨씬 적기 때문이다. 부정수급 50퍼센트가 사실이라고 가정해도 매월 생계 보조금이 필요한 500만 명의 정당한 수급자가 여전히 남는다. 그들은 재활을 통해 풀타임이나 파트타임으로 일터에 복귀한 뒤에도 조건 없이 지급되는 월 1000달러가량의 지원금을 받으며 더 나은 생활을 하게 될 것이다.

## 메디케이드 및 메디케어 낭비 억제

장애급여 부정수급으로 우리가 1100억 달러를 잃고 있다는 생각에 화가 난다면 메디케이드(6160억 달러)와 메디케어(6600억 달러)에서 생긴 사기와 낭비에 대해서는 시작도 하지 않는 편이 좋을 것이다. 나는 이러한 재정 지원에 사용하는 1조 3000억 달러 가운데 사기와 낭비로 인한 손실이 3000억 달러(25퍼센트), 비효율적인 전달 시스템으로 인한 손실이 3000억 달러일 것으로 추정한다. 메디케어 및 추가 보험 가입의 복잡성은 말할 것도 없다. 당신이 중병에 걸려 복잡한 의료 시스템에 들어간다면 악몽 같은 행정 절차를 경험하게 될 것이다. 제대로 작동하지 않아 힘들고 지치게 만드는 시스템이기 때문이다.

예를 들어, 나는 비싼 대면 진료 대신 줌을 이용해 화상 진료를 받을 수 있는지 내가 다니는 의료기관에 10년 전부터 문의했다. 그들은 정부와 보험회사가 의료수가를 지불하지 않거나 화상 진료를 통한 처방전 갱신을 허용하지 않을 것이라고 주장하며 거절했다. 그러나 코로나19 대유행으로 영업제한이 이루어진 2020~2022년에는 선택의 여지가 없었기 때문에 화상 진료를 제공할 수밖에 없었다. 원격 의료는 새로운 광란의 20년대에도 계속될 것으로 보인다. 이는 수십억 달러의 의료비용을 절감하고 의료 전달 시스템을 재정비하려는 혁신적인 의료기관에 수십억 달러를 더 제공하게 될 것이다.

### 석방 후 재기의 기회 제공

미국은 매년 65만 명의 죄수를 석방한다. 그들 중 3분의 2는 금세 감옥으로 돌아오고 만다. 이런! 중범죄를 저지른 전과자를 고용하려는 사람이 거의 없다면 우리는 전과자들에게 무엇을 기대해야 하는가? 석방된 전과자들에게 지급되는 UBI는 그들이 새롭게 등장한 긱이코노미에서 직무 기술이나 일자리를 개발해 성공할 수 있는 기회를 제공할 것이다.

### 능력 이하의 일을 하고 있거나 구직을 단념한 사람들을 지원

2000만 명의 미국인이 자신의 능력보다 낮은 직장에서 일하고 있으며, 많은 사람들이 구직을 완전히 포기한 상태다. UBI는 이들이 적합한 일자리를 찾을 때까지 더 오래 기다릴 수 있도록 해주거나 매월 다른 사람들과 동일한 금액을 받으며 존엄하게 살 수 있도록 해줄 것이다.

### 커뮤니티 지원 구축

모든 지역 사회에는 노숙자, 장애인, 고령층을 돕기 위한 단체들이 있다. 문제는 이들 단체가 후속 조치 없는 일회성 미봉책에 그치지 않고 더 근본적인 지원을 제공할 자금이 없다는 점이다.

모든 잠재 수혜자가 매월 500달러의 UBI를 받는다면 또는 낭비가 심한 일부 수혜자의 경우 한 번에 다 쓰지 못하도록 매주 125달러를 받는다면 이들 단체는 사회적 약자들을 지속적으로 지원하는 장기 프로그램을 개발할 수 있을 것이다. 자선활동을 하는 교회는 경제적으로 길 잃은 영혼을 위해 기도보다 더 많은 일을 할 수 있을 것이다. 그들은 길 잃은 영혼에게 UBI를 관리하는 더 나은 방법을 가르치는 주간 프로그램을 제공할 수도 있다.

UBI가 성공하기 위해서는 분명 해결되어야 할 세부사항들이 많다. 하지만 재정 지원의 실태와 재정 지원이 빈곤층 및 노동자 계층에게 미치는 파괴력을 분석할수록 나는 어떤 형태든 재정 지원을 대체할 UBI 방안을 우리 사회에 도입하도록 돕고 싶은 의욕이 생긴다.


## 내 형 스티븐

고인이 된 내 형 스티븐은 상냥한 마음씨와 밝은 미소를 지녔다. 그는 고등학교를 졸업하고 10년 동안 여러 직업을 전전하다가 서른 살이 되던 1973년에 시간당 7.5달러, 월 1200달러를 받는 건물 유지관리 업무에 정착했다. 형의 급여는 시간당 3.35달러였던 당시 최저 임금의 두 배가 넘었고 우리는 형을 자랑스러워했다.

이후 고용주가 형을 해고하면서 형이 속한 노동조합은 퇴직금 협상에 돌입했다. 형을 대리한 노동조합 측 변호사는 고용주 측 변호사와 다음과 같은 거래를 성사시키고 매우 기뻐했다. 고용주가 퇴직금을 지급하는 대신 양측은 스티븐이 '허리 통증' 있다는 증명 서류를 작성했고, 형은 고용주의 비용 부담 없이 주 정부 및 연방 정부가 지급하는 월 2400달러(형이 받던 임금의 두 배)의 비과세 장애급여를 평생 받을 수 있는 자격을 얻게 되었다.

이후 35년 동안 우리는 스티븐이 다시 일을 하도록 도우려 노력했지만 그렇게 하지 못했다. 모든 일자리의 초봉이 (형이 어떤 일로 얼마를 벌든 일을 시작하면 지급이 종료될) 장애급여 2400달러보다 훨씬 적었기 때문이다. 스티븐이 세상을 떠난 지 10년이 훨씬 넘었고 그래서 지금에야 편안하게 이 이야기를 털어 놓는다.

경제학자로서 실업 문제를 연구할 때마다 나는 스티븐과 그의 밝은 미소를 생각한다. 실업자들은 그저 '직업이 없는 수백만 명'이 아니다. 그들은 그들을 너무나 사랑하며 경제적으로 의욕을 잃은 채 집에 머무는 대신 생산적인 삶으로 돌아가도록 돕고자 하는 나 같은 동생이 있는 수백만 명의 '스티븐'이다.

UBI에 대해 처음 들었을 때 많은 사람들은 UBI 지원금을 낭비할 것으로 여겨지는 무책임한 누군가의 이야기로 비약한다. 하지만 그 반대가 더 맞다. UBI는 현재 가족과 친구의 도움으로 살아가는 1000만 명의 미국인에게 돈을 관리하고 재정적으로 독립하는 방법을 배울 수 있는 기회를 제공할 것이다. 한 달 동안 신중하게 돈을 쓰는 데 실패한다 해도 그들은 다음 달에 또 다시 배우는 경험을 시작하게 될 것이다.

나는 빈곤하게 사는 3000~5000만 명의 혜택을 위해 UBI를 지지하는 것이 아니다. 1억 6000만 명의 절반인 8000만 명을 위해 UBI를 지지한다. 하루 벌어 하루 먹고 사는 그들은 위태로운 재정 상태에 조금이라도 지장이 생기는 것을 두려워한다. 그들에게는 가벼운 접촉 사고가 이동수단을 빼앗아 출근할 수 없게 만들 수도 있다. 사소한 질병에 걸리는 것이나 사랑하는 이를 돌보기 위해 집에 머무르는 것이 파산으로 이어질지도 모른다.

　우리는 더 잘할 수 있다. 이제 특정 요건에 따른 재정 지원에서 벗어나 모든 사람을 위한 보편적 기본소득으로 나아갈 때다.

① UBI는 사실 사회 전체의 돈을 절약해준다. 제삼자인 일부 공무원이 가난한 사람들에게 필요하다고 생각한 것이 아닌 가난한 사람들이 실제 필요로 하는 것을 직접 구매하기 때문이다.

② 주택, 상품, 서비스 등 기존의 복잡한 재정 지원을 매주 또는 매월 직불카드에 지급하는 단순한 현금 보조금으로 대체하여 부분적으로 UBI를 지급할 수 있다.

③ UBI의 핵심은 '보편적Universal'을 뜻하는 U다. UBI가 필요하든 필요하지 않든, 부자와 가난한 사람 모두가 사회보장처럼 매월 UBI 지원금을 받는다. 이는 정부 지급과 관련된 오점을 없애고 모든 미국인이 이 프로그램을 수용하도록 만든다.

④ UBI는 우리 모두에게 이익이 되는 많은 일에 대한 자금 조달 메커니즘을 제공한다. 예를 들어 석방된 모든 사람이 거리로 내몰려 스스로를 지탱할 수 없는 절박한 상태에 놓이는 대신 매월 지원금을 받는다면 나와 당신의 가족은 더 안전해진다.

⑤ UBI는 미국 인구의 절반에 달하는 경제적 약자 1억 7500만 명이 자금을 관리하고 개인 경제를 개선하기 위해 각자 가장 필요로 하는 것에 집중하도록 돕는 완전히 새로운 산업을 창출할 것이다.

# THE NEW
# ROARING
# TWENTIES

## 3 부

# 6개의 사회적 기둥

이제 새로운 광란의 20년대의 가능성과 변동성에 영향을 주는 6개의 사회적 기둥을 살펴본다. 먼저 미국 인구 중 가장 많은 비중을 차지하는 밀레니얼 세대와 그들의 후손인 Z세대가 있다. 그들은 사회의 진화와 최종 운명을 결정하는 지배적인 세력이 될 것이다.

공유 혁명은 이미 삶의 방식과 관계 발전 방식을 다시 형성하고 있다. 소비자는 그저 충분한 것에 그치지 않고 그 이상을 제공하는 소비자 잉여가 거래 사회의 일부가 되기를 요구하고 있다.

코로나19 대유행은 국민총행복 같은 윤리적 개념 안에서 우리 삶을 생각해보게 만들었다. 우리는 성공을 경제 이상의 의미로 보고 있다.

또한 우리는 중국의 도전과 러시아의 예측 불가능성이라는 두 가지 지정학적 우려를 안고 있다. 이 두 가지는 우리 세계의 본질과 우리 세계가 실제로 지킬만한 가치가 있는지 여부에 영향을 미칠 것이다.

# 9 장

# 밀레니얼 세대의 도약

베이비붐 세대(1946~1964년 출생)는 경제적 산출물 면에서 세상을 훨씬 더 크게 성장시킨 세대다. 밀레니얼 세대(1980~1998년 출생)는 세상을 훨씬 더 살기 좋은 곳으로 만들고 있는 세대다. Z세대(1999~2012년 출생)는 밀레니얼 세대의 영향을 가속화하고 있다. 머지않아 Z세대가 인구에서 가장 큰 비중을 차지하게 될 것이다.

밀레니얼 세대란 일반적으로 1980~1998년에 태어나 20세기 초에 성인이 된, 현재(2022년) 24~42세의 미국인들을 말한다. 밀레니얼 세대는 약 8300만 명으로, 그들의 부모인 베이비붐 세대 7200만 명보다 많아 미국에서 가장 큰 비중을 차지하고 있으며 이는 앞으로도 한동안 지속될 것이다. 밀레니얼 세대는 새로운 광란의 20년대에 가장 생산적인 연령에 진입하고, 베이비붐 세대는 점차 은퇴하여 마침내 그 숫자가 줄어들 것이다.

밀레니얼 세대는 미국 인구의 25퍼센트, 유권자의 30퍼센트, 노동인구의 40퍼센트를 차지한다. 그들은 '정보 경제'와 소셜 미디어가 폭발적으로 증가하는 가운데 성인이 된 첫 세대로, 온라인 게임부터 온라인 데이트, 하루 24시간 이어지는 커뮤니케이션까지 온라인 세상을 자유롭게 이용할 수 있다. 베이비붐 세대는 이러한 세상에 이민자나 다름없다.

밀레니얼 세대는 장기적인 고용 보장을 제공하는 우호적인 구직 시장, 건강보험과 연금을 제공하는 고용주 등 부모 세대가 당연하게 여겼던 여러 안전망이 없는 상황에서 성인기에 진입했다.

밀레니얼 세대는 코로나19 대유행, 소셜 미디어, 높은 교육비와 주거비 등의 압력에 직면해 있다. 그들은 불법 약물과 오피오이드(아편과 비슷한 작용을 하는 마약성 진통제)의 공세를 받아 왔다. 세상의 기반이 바뀌었고 경력이나 '성공'의 표준적인 공식은 이제 더 이상 없다. 젊다는 것이 쉽지 않은 시대가 된 것이다.

베이비붐 세대가 2차 세계대전 이후 사회의 대부분을 규정한 것과 마찬가지로 밀레니얼 세대는 성인이 되면서 사회에 대한 대다수의 관점을 규정할 것이다. 그들은 당신의 공급자이며, 고객이며, 직원이며(종종 고용주이기도 하다), 이웃이다. 밀레니얼 세대의 사고방식을 이해하는 것은 새로운 광란의 20년대에 당신의 경제를 이해하는 열쇠다. 그럼 밀레니얼 세대에 대해 알아보자.

밀레니얼 세대 또는 연령으로 정의된 다른 집단에 대해 이야기할 때, 그 집단에 속한 모든 사람을 규정하는 특정 행동이나 사고 프로세스가 있는 것은 아니다. 하지만 밀레니얼 세대가 사회적 양심을 중시하는 것처럼 우리가 특정 연령 집단에 부여한 일반적인 특성이 있다. 각 세대의 정확한 연령은 다양하게 정의되지만 우리는 다음과 같은 구분을 사용할 것이다.*

◆ 가장 위대한 세대: 1901~1927년 출생

◆ 침묵의 세대: 1928~1945년 출생

◆ 베이비붐 세대: 1946~1964년 출생

◆ X세대: 1965~1979년 출생

◆ Y세대(밀레니얼 세대): 1980~1998년 출생

◆ Z세대: 1999~2012년 출생

---

*    미국 인구조사국US Census Bureau, 연방 준비은행 경제 데이터FRED, 세인트루이스 연방준비위원회St. Louis Reserve Bank; 마이클 디목Michael Dimock, 「세대 정의: 밀레니얼 세대가 끝나고 Z세대가 시작되는 곳Defining Generations: Where Millennials End and Generation Z Begins」, 퓨 리서치 센터Pew Research (2019년 1월 17일).

# 새치기

2016년 12월의 어느 날 저녁, 나는 7시 15분에 가족들과 영화를 볼 계획이었다. 그 전에 딸과 특별한 저녁 식사를 하고 싶어서 딸이 좋아하는 레스토랑에 가게 되었다. 당시는 스키 시즌 극성수기로, 스키 마을에서 일 년 중 가장 바쁜 시기였고 레스토랑은 관광객으로 초만원이었다.

6시에 딸과 레스토랑에 도착했을 때에는 이미 사람들이 가득 들어차 문 밖까지 줄이 늘어서 있었다. 우리는 7시까지 식사를 마치고 영화관으로 출발해야 했으나 레스토랑 직원은 자리에 앉으려면 1시간 15분가량 기다려야 하며 주방에서 음식이 늦어지고 있다고 말했다.

딸은 돌아가려고 했지만 나는 잠시 기다리라고 말했다. 나는 밖으로 나가 스마트폰을 꺼냈다.

"아빠, 뭐하시는 거예요?"

"자리를 잡으려고."

나는 레스토랑 매니저에게 우리의 상황을 설명하는 문자 메시지를 보내며 대답했다. 나는 이 레스토랑의 단골이고 회사 행사를 위해 전체를 빌린 적도 몇 번 있었다. 그동안 나는 이곳에서 비즈니스 고객을 접대했고, 가족과 식사를 했으며, 매니저와 관계를 발전시켜 왔다. 따라서 몇 분 뒤 직원이 밖으로 나와 "필저님, 자리가 준비되었습니다!"라고 큰 소리로 외치며 나를 찾은 것은 전혀 놀라운 일이 아니었다.

직원을 따라 빈자리로 가면서 딸은 곤혹스러운 표정이었다. 직원은 메뉴를 건네며 미소 지었고 우리가 서두르는 것을 알고 있으니 서빙 직원을 바로 보내겠다고 말했다. 직원이 가자마자 딸은 내게 말했다.

"아빠, 이건 새치기예요! 다른 사람들은 여기서 식사하려고 모두 밖에서 차례를 기다리고 있어요. 아빠는 그 사람들 앞에 끼어든 거예요! 우리는 1시간 15분 동안 기다린 사람들의 자리를 차지한 거라고요! 저는 집에 가야겠어요!"

나는 내 귀를 믿을 수 없었다. 하지만 딸의 설명은 정곡을 찔렀다. 그 순간 나는 내가 평생 새치기를 해왔다는 사실을 깨달았다. 그것은 앞서 나가기 위해 사업과 인생에서 일찌감치 배운 것이었다. 초과 판매된 브로드웨이쇼 티켓을 원하든, 인기 레스토랑의 예약을 원하든, 나는 합법적으로 줄 앞으로 가는 데 선수였다.

19살 학부생 시절 나는 와튼경영대학원 MBA 과정에 지원했다가 떨어졌다. 나는 대기 명단이 있는지 물어보는 대신(대기 명단이 있었다) 입학처장 면담을 요청했고 일주일 뒤 입학 허가를 받았다. 내 아이들은 이전 저서에서 이 이야기를 읽고 내가 다른 지원자들로부터 대기 명단의 자리를 빼앗았다고 비난했다. 솔직히 말해서 아이들이 입학에 대해 '새치기'라고 비난하기 전까지 나는 내 입학이 대기 명단에 있었을 다른 누군가의 불합격을 뜻한다고 전혀 생각하지 않았다.

아내가 넷째 임신 도중 합병증에 걸렸을 때 우리는 바로 진료를 받지 못하고 차례를 기다려야 했다. 나는 곧장 병원으로 달려갔고 인맥을 동원해 우리가 도착했을 때 담당 의사가 응급실에 기다리고 있도록 조치했다.

어머니가 심장마비로 쓰러졌을 때에도 똑같이 행동했다. 유대교 속죄일 저녁, 어머니는 뉴욕대학교가 운영하는 노스 쇼어 병원North Shore Hospital에 입원해 있었다. 그런데 담당의가 어머니를 치료하는 데 필요한 수술팀을 늦게까지 병원에 붙잡아 둘 수 없었다. 뉴욕대학교 겸임 교수로 뉴욕대학교 신분증이 있던 나는 신분증을 꺼내 뉴욕대학교 의과대학 교수임을(그저 경제학 교수가 아니라) 암시했다. 나는 그들이 어머니를 살피기 위해 수술팀을 병원에 대기시키도록 만들었다. 어머니는 경막하 혈종이 있었고, 어머니를 돌보기 위해 그날 밤 가족과 함께하지 못한 외상팀 덕분에 살아날 수 있었다.

이 중 어떤 일도 잘못된 것 같지 않았다. 나는 가족과 내게 필요한 서비스를 얻기 위해 내가 가진 자원을 이용했을 뿐이었다. 하지만 내 딸은 그렇게 생각하지 않았다. 딸은 메뉴판을 옆으로 밀고 먹지 않겠다고 말했다. 아무것도.

나는 이렇게 말했다.

"물론 그렇겠지. 하지만 우리는 여기 앉아 있고, 네가 먹지 않는다고 해서 밖에 기다리는 사람들에게 바뀌는 건 아무것도 없단다."

이어서 나는 레스토랑 매니저와 주인 관점에서 볼 때 내게 자리를 마련해주는 것이 사업상 이득이 된다고 설명했다. 우리는 스키 마을인 파크시티에 살고 있으며 항상 그 레스토랑에서 외식을 한다. 그날 밤 레스토랑에 있던 대부분의 사람들은 휴가 차 이곳에 온 관광객이었다. 이는 그들이 이 레스토랑은 고사하고 파크시티에도 다시 올 가능성이 매우 낮다는 뜻이었다.

"기업가로서 네가 할 수 있는 최선은 기존 고객을 신경 쓰는 거란다. 내가 이곳에서 맛있는 식사와 좋은 경험을 하면 사람들을 계속 데려올 것이기 때문이지. 내가 이곳에 더 많은 비즈니스 기회를 제공하는 거란다. 게다가 우리에게 바로 자리를 마련해주지 않았다면 우리는 다른 레스토랑에 갔을 거고 경쟁 업체 중 한 곳을 이용하기 시작했을 거야."

서빙 직원이 왔지만 딸은 주문을 거부했다. 나는 딸이 좋아하는 음식을 골라 함께 주문했고 음식이 나오면 마지못해 먹을 것이라고 생각했다. 어쨌거나 딸아이는 혈기왕성한 10대 소녀, 그것도 배고픈 10대 소녀였다.

음식이 나오자 딸은 옆으로 밀어 놓고 아무것도 손대지 않았다. 우리는 새치기에 대한 논쟁을 계속했다. 나는 전에 레스토랑을 이용한 것에 대해 매니저가 우리에게 보답한 것이며, 이는 지난달에 델타 항공을 이용했을 때 내가 우수 고객임을 고려해 일등석으로 무료 업그레이드를 해준 것과 전혀 다르지 않다고 지적했다.

"그건 전혀 달라요! 델타 항공은 투명해요. 항공 마일리지에 대해 모두가 알고 있다고요. 모든 사람이 델타 항공을 이용할지 말지 혹은 일등석 탑승을 위해 더 많은 돈을 지불하고 그런 보상을 받을지 선택할 수 있어요. 그건 아빠가 여기서 한 것과 달라요. 아빠는 속임수를 쓴 거예요!"

나는 우리가 매우 다른 곳에서 왔음을 깨달았고, 둘 중 누가 틀렸다고 말할 수 없었다. 내가 자란 세상은 열심히 공부하고, 대학에 진학하고, 기술을 배우고, 관계를 맺고, 합법적인 모든 이점을 이용해 앞으로 나아가는 것이 가장 중요했다. 우리는 다른 사람보다 우위를 점하기 위해서가 아니라 관계를 개선하고 고객에게 더 나은 서비스를 제공하기 위해 우정과 비즈니스 관계를 유지했다. 나와 가까운 친구들 중 상당수는 비즈니스 관계로 시작했다.

하지만 내 딸의 눈에는 내가 불공평한 이득을 얻기 위해 영향력을 행사한 것으로 비춰졌다. 나는 밀레니얼 세대의 관점에서 새치기가 무언의 규칙을 어긴 것임을 깨달았다. 밀레니얼 세상에서는 차례를 기다려 자격을 얻는 것, 즉 사회적 형평성과 모든 사람이 같은 기회를 갖는 것이 중요하다. 당신이 앞으로 나아가기 위해 열심히 노력한다면, 다른 사람 모두가 같은 기회를 갖고 모든 것이 투명하다면 다른 사람보다 성공한 것은 잘못된 것이 아니다. 이것은 한 사람이 이점을 누릴 때, 특히 모두에게 허용된 것이 아닌 숨겨진 이점을 누릴 때 달라진다.

## 밀레니얼 세대, 비즈니스 방식을 바꾸다

딸과의 대화를 통해 나는 새로운 사실에 눈뜨게 되었다. 밀레니얼 세대가 이미 비즈니스 방식을 바꾸고 있음을 깨닫게 되었기 때문이다. 그들은 일과 삶의 균형에 접근하는 방식을 바꾸고 있으며 비즈니스 세계에서 오랫동안 검증된 원칙들을 뒤흔들고 있다.

밀레니얼 세대는 인구수에서 베이비붐 세대를 넘어섰으며 머지않아 구매력에서도 베이비붐 세대를 능가할 것이다. 밀레니얼 세대와 동일한 가치를 상당 부분 공유하는 Z세대는 곧 밀레니얼 세대보다 많아질 것이다. 레스토랑에서의 일을 계기로 나는 윤리가 반드시 절대적인 것은 아니며 오히려 움직이는 대상이라는 점을 깨달았다. 나는 유대 기독교의 명확한 관점이 있는 세상에서 성장했고 지금은 윤리가 유동적인 세상에 살고 있다. 옳고 그름은 어떤 렌즈를 통해 보느냐에 따라 크게 달라진다.

당신이 내 나이 또래라면 좋은 자리를 얻기 위해 지배인 또는 서비스 직원에게 팁을 주거나 그들이 다음에 당신을 기억하도록 식사 후 보답하는 것을 알고 있을 것이다. 만족스러운 식사를 했을 때 나는 명함을 달라고 요청해 비서를 시켜 시티뱅크가 인쇄된 편지지에 개인적인 감사 메시지를 적어 보내곤 했다. 밀레니얼 세대인 내 아이들은 이것을 몇 개월씩 기다린 다른 고객들을 속이고 이익을 얻으려는 행동으로 볼 것이다.

당신이 현재 밀레니얼 세대든 아니든, 당신이 그들의 철학에 동의하든 동의하지 않든, 머지않아 당신의 고객은 대부분 밀레니얼 세대와 Z세대가 될 것이다. 당신이 밀레니얼 세대와 Z세대의 사고방식을 빨리 이해할수록 당신의 비즈니스와 지속적인 성공에 도움이 될 것이다.

밀레니얼 세대는 참여하지 않으면서 특권을 누린다는 비판을 받기도 하지만 관대하고 현실적이라는 칭찬을 받기도 한다. 가장 많은 비중을 차지하는 세대로서 그들은 새로운 광란의 20년대에 노동인구, 경제, 정치를 지배할 것이다.

# 학자금 대출 세대

2021년, 미국의 학자금 대출 채무자(주로 밀레니얼 세대)는 약 1조 7000억 달러의 미상환 학자금 대출이 있으며, 이는 4500만 명의 채무자에게 1인당 평균 3만 7777달러의 부채가 있음을 나타낸다. 이러한 부담은 장기적인 재정 안정과 웰빙을 저해할 수 있다. 또한 영리 목적의 사기성 단체 같은 형편없는 기관에 재학하는 돈으로 쓰이거나 현실적인 취업 기회 없이 프로그램 및 학위 취득을 조장하는 요인이 될 수 있다.[*]

하지만 나는 고등 교육을 위해 돈을 빌릴 수 있는 것이 우리 사회와 특히 밀레니얼 세대에게 결국 좋은 일이라고 믿는다. 한 번 생각해 보자. 부모가 대학 등록금을 모을 수 없었거나 모으지 않은 4500만 명의 밀레니얼 세대는 대학을 다니기 위해 필요한 1조 7000억 달러를 신용 없이 빌릴 수 있었다. 내 아버지는 11살 때인 1914년에 미국에 건너왔고 가족을 부양하기 위해 고등학교를 그만두어야 했다. 나는 당시 학자금 대출이 있어서 아버지가 대학에 진학할 수 있었다면 아버지의 인생이 어땠을지 가끔 생각한다.

그렇긴 하지만 대학에 진학하지 않거나 졸업하지 않은 기업가들

---

[*]  아비가일 존슨 헤스Abigail Johnson Hess, 「학자금 대출 1조 7300억 달러로 사상 최고치 기록The US has a record-breaking $1.73 Trillion in Student Debt」, 〈CNBC〉, 2021년 9월 9일; 아일렛 셰피Ayelet Sheffey, 「1조 7000억 달러의 학자금 대출 위기가 4500만 미국인에게 심각한 4가지 이유4 Reasons why the $1.7 trillion student debt crisis is so bad for 45 million Americans」, 〈비즈니스 인사이더Business Insider〉, 2021년 11월 11일 (정책 결정이 학자금 대출 위기에 미치는 영향을 분석한 초당적 정책센터Bipartisan Policy Center 보고서 참고).

도 많다. 대학은 밀레니얼 세대에게 중요한 결정이며, 정답이 늘 하나만 있는 것은 아니다.

밀레니얼 세대 이전의 X세대와 베이비붐 세대는 학자금 대출을 부담이 아닌 경제적 계층 상승의 기회로 여겼다. 이들 세대는 1960~1990년대의 인플레이션 시기에 성인이 되었다. 이는 밀레니얼 세대와 달리 이들이 사실상 빌린 금액의 5분의 1에서 2분의 1만 '실질' 화폐로 갚으면 된다는 것을 의미했다. 인플레이션 상황에서 대출이 어떻게 이루어지는지 살펴보자.

당신이 1970년에 대학 등록금으로 10만 달러를 대출받았다고 가정하자. 당시의 10만 달러면 2000년 기준으로 50만 달러 가치인 교육을 받은 셈이다. 30년 뒤인 2000년에 10만 달러를 모두 상환하면 당신은 사실상 대출받은 가치의 5분의 1만 지불하는 셈이다. 인플레이션으로 인해 1970년의 1달러가 2000년 화폐 가치로 5달러에 해당하기 때문이다. 따라서 당신의 학자금 대출은 사실상 80퍼센트 할인된 것이나 다름없다.

반대로 2001년 이후 낮은 인플레이션이 지속되면서 2001년의 1달러는 2020년 화폐 가치로 1.46달러밖에 되지 않았다. 베이비붐 세대는 1970년에 학자금 대출로 10만 달러를 빌려서 사실상 20퍼센트인 2만 달러만 갚으면 되었던 반면, 밀레니얼 세대는 2000년에 10만 달러를 빌려서 사실상 68퍼센트(1달러/1.46달러)인 6만 8000달러를 갚아야 했다. 이는 인플레이션을 감안한 실질 화폐로 2만 달러의 3.5배에 달하는 금액이다.

미국 경제는 다시 인플레이션에 들어서고 있다. 이는 밀레니얼 세대가 실제 갚아야 하는 학자금 대출 상환액을 감소시킬 수 있을 것이다. 게다가 특정 연방 대출이 전액 또는 일부 탕감되고 있다.*

더구나 1970년에는 대학 교육을 위해 10만 달러를 지출하기가 매우 어려웠을 것이다. 내가 학부를 졸업한 리하이 대학교는 1년 치 수업료, 기숙사비, 식비가 1970년에 3000달러였고 2022년에 7만 5000달러였다. 이것이 인플레이션이다!

안타깝게도 대학 등록금의 높은 인플레이션은 교수와 학생의 경험을 강화하는 데 사용되는 비용보다 행정 및 모집에 소요되는 높은 비용이 원인이다. 이 주제에 대해서는 밤을 새도 모자랄 것이기 때문에 시작하지 않는 편이 나을 것이다.

밀레니얼 세대는 이전 세대보다 자신들을 '노동자 계층'으로 여기는 경우가 훨씬 더 많다. 그들은 독신으로 지내는 기간과 아이 없이 지내는 기간이 부모 세대보다 긴 편이다. 펜실베이니아대학교 와튼 스쿨에서 시행한 일련의 연구에 따르면 밀레니얼 세대 절반 이상이 자녀를 가질 계획이 없는 것으로 나타났다.**

거의 모든 밀레니얼 세대는 9.11 테러를 목격했고 기억한다. 그 사건은 분명 '가장 위대한 세대'가 겪은 제2차 세계대전 이후 모든 세대에게 가장 충격적이고 폭력적인 사건이었다. 이 충격적인 경험은 영구적인 불안과 걱정을 만들어냈다.

---

* 2022년 8월 24일, 바이든 대통령은 특정 기준 충족 시 2만 달러까지 대출금을 면제해 주는 학자금 대출 탕감 계획Student Debt Relief Plan을 발표했다.
** 펜실베이니아대학교 와튼 스쿨 연금연구위원회Pension Research Council 아카이브: 밀레니얼 세대 (2019-2022).

밀레니얼 세대가 9.11 테러 당시 어린 나이에 경험한 것은 그들이 19년 뒤인 2020년에 개인적으로 경험한 것에 비하면 아무것도 아니다. 코로나19 대유행은 경제적으로 더욱 민감한 나이에 그들을 강타했다. 수많은 학생들은 대학에 다닐 수 없게 되거나 시작할 기회를 갖기도 전에 첫 직장에서 해고되었다. 게다가 2020년 대통령 선거 및 1월 6일 의회 난입 사건의 여파와 최근의 대법원 결정은 민주주의의 안정성과 공정성에 대한 젊은 세대의 신뢰를 약화시켰다.

밀레니얼 세대는 많은 비판을 받는다. 그들의 부모를 탓해도 좋다. 그들은 그렇게 한다! 2006년에 심리학자 진 트웬지Jean Twenge가 저서 《제너레이션 미Generation Me》를 출간한 이후 밀레니얼 세대는 '제너레이션 미(자기중심주의 세대)'로 폄하되어 왔다. 트웬지에 따르면 그들은 이기는 것보다 보이는 것에 대해 보상을 받으며 자랐다.

그러나 밀레니얼 세대는 칭찬할 것이 많다. 그들은 대체로 부모 및 형제자매와 매우 친밀하다. 일화로, 나는 평균적인 밀레니얼 세대 대학생이 부모님과 하루에 한 번 대화한다는 이야기를 친구에게 들었다. 내가 1970년대에 대학을 다닐 당시 우리는 보통 한 달에 한 번 이상 부모님과 대화하지 않았고, 그마저도 다가오는 방학 동안 가족 자동차를 빌릴 수 있는지 확인하기 위한 것이었다.

경제와 관련하여 밀레니얼 세대는 이전 세대보다 훨씬 더 특징적인 모습을 나타낸다. 이것은 어디까지나 일반화이며 모든 밀레니얼 세대에게 적용되는 것은 결코 아님을 기억하기 바란다. 사람은 복잡한 존재이며 다양한 경험과 고유한 정체성을 갖는다.

1. 밀레니얼 세대는 집을 소유하고 싶어 하지 않는 경우가 많다. 그들은 임대를 선호하며 원할 때 어디로든 비교적 쉽게 떠날 수 있기를 원한다. 그들에게는 '아메리칸 드림'(자택 소유)이 비용 상의 이유로 존재하지 않을 수도 있지만 많은 경우 그들이 더 이상 아메리칸 드림을 원하지 않아서일 것이다.

2. 밀레니얼 세대는 자가용을 필요로 하지 않는다. 그들은 대중교통, 집카Zipcar, 우버 같은 차량 호출을 선호한다.

3. 밀레니얼 세대는 전반적으로 물건을 소유하고 싶어 하지 않는다. 그들은 다양한 삶의 경험을 선호하며 이동성을 제한하는 물질적 소유를 원하지 않는다.

4. 밀레니얼 세대는 제2차 세계대전을 겪은 가장 위대한 세대나 1960년대 민권 운동과 베트남 전쟁 반대 시위를 겪은 베이비붐 세대 이후 볼 수 없었던 사회적 양심을 갖고 있다. 그들은 대의를 위해 자신의 경력과 재정을 기꺼이 희생한다. 이는 2만 명의 전 세계 구글 직원이 회사의 성희롱 대처 방식에 항의하기 위해 동맹 파업을 했던 2018년의 전례 없는 구글 파업 기간 동안 명백히 드러났다. 페이스북, 애플, 디즈니, 마이크로소프트 등 최고의 직장에 근무하는 다른 밀레니얼 세대도 자신들에게 직접적인 영향을 미치지 않는 회사의 사회적 프로그램으로 인해 마찬가지로 파업에 돌입했다.

5. 밀레니얼 세대는 1960년대 베이비붐 세대 이후 어떤 세대보다 더 많은 정치 활동에 참여한다. 그들의 행동주의는 공정에 대한 그들의 의식을 나타낸다.

6. 중국부터 유럽까지 각국은 밀레니얼 세대를 다른 용어로 칭한다. 하지만 1980년 이후 태어난 사람들은 비슷한 특성을 가지고 있는 것 같다. 밀레니얼 세대는 세계적인 현상이다.

앞의 세 가지 특성은 주택, 교통, 레저 부문에서 GDP에 의미 있는 영향을 미칠 것이다. 이들 항목이 전통적으로 미국 소비자 지출에서 많은 비중을 차지하기 때문이다. 12장 '국민총행복'에서 살펴볼 내용처럼 밀레니얼 세대는 그들의 소비 감소로 인해 더 적은 비용으로 주택과 교통의 혜택을 얻을 것이므로 세 가지 특성이 국민총행복에 긍정적인 영향을 미칠 수 있다.

존 메이너드 케인스는 소비가 모든 경제활동의 유일한 목표라고 말했다. 오늘날의 케인스라면 행복이 또 다른 중요한 목표라고 말했을 것이다. 2000제곱피트(약 185제곱미터)짜리 집을 가진 밀레니얼 세대가 4000제곱피트짜리 집을 가진 베이비붐 세대만큼 행복하다면, 두 사람이 동일한 크기의 집을 가진 경우 밀레니얼 세대가 베이비붐 세대보다 두 배 더 부유한가? 4000제곱피트짜리 집이라면 아마 아닐 것이다. 밀레니얼 세대는 그렇게 큰 집을 원하지 않기 때문이다. 2000제곱피트짜리 집이라면 아마 그럴 것이다. 2000제곱피트 이하에서는 두 세대가 집 크기를 동등하게 중시할 것이기 때문이다.

어느 쪽이든 밀레니얼 세대는 이미 우리의 가치를 바꾸었으며 모든 범주에서 경제적 산출물로 간주하는 것을 재정의함으로써 다음 10년 동안 기존의 가치에 더욱 거세게 도전할 것이다. 밀레니얼 세대의 가치가 주도하는 사회로서 우리는 이미 더 적은 물리적 소유에서 훨씬 더 많은 가치를 얻는다는 사실을 알고 있다. 이는 새로운 광란의 20년대에 '번영'을 새롭게 정의하는 동력이 된다. 베이비붐 세대도 비슷하게 '축소Downsize'에 대한 욕구를 경험하고 있다. 베이비붐 세대는 인생의 전반부를 물건을 모으는 데 보냈고 후반부는 그것을 없애고자 노력하며 보내고 있다.

## Z세대: 지금까지는 시작에 불과하다

Z세대는 빠르게 증가하고 있으며 그들은 아마도 더 강력한 밀레니얼 세대일 것이다. 다시 한 번 말하지만 이것은 일반화임을 기억하라.

한 집단으로서 Z세대는 근면하고 경력 지향적이다. 그들은 위험 회피적이고 신중하지만 동시에 기업가적이기도 하다. 그들은 기술과 긱 이코노미를 받아들인다.

Z세대는 이전 세대보다 더 다양하고 교육 수준이 높다. 그들은 성적 지향 및 인구통계학적 성향에 대해 유동적이다. 그들은 스스로를 동성애자 혹은 이성애자, 남성 혹은 여성, 독실한 신앙인 혹은 무신론자로 구분지어 생각하지 않는 경우가 많다. 그들은 자아실현에 신경 쓰며 성취와 행복에 대한 자기만의 정의에 관심을 둔다.

## 밀레니얼 세대와 Z세대가 미래다

우리 모두는 밀레니얼 세대와 Z세대를 관리하고 지원하며 동기부여할 수 있어야 한다. 분명 그들은 우리의 미래다. 그들은 기술 상호작용 및 솔루션에 익숙하지만 현재 변화하고 있는 비즈니스 관례에 대한 소개가 필요할 것이다. 그들은 새로운 광란의 20년대에 기술 주도의 부를 촉진할 것이다. 이들 젊은 세대의 영향력을 과소평가하지 말아야 한다.

① 밀레니얼 세대의 사고방식을 이해하는 것은 새로운 광란의 20년대에 성공의 열쇠가 될 것이다. 밀레니얼 세대는 당신의 고객, 공급자, 직원(그리고 아마도 당신의 고용주)의 대부분을 차지할 것이다. 새치기를 하지 말아야 한다. 최소한 누가 보고 있을 때는 말이다!

② 밀레니얼 세대는 공정성과 타인에 대한 진심어린 배려를 훼손할 바에야 직장을 그만둘 용의가 있다.

③ 당신이 밀레니얼 세대라면 컴퓨터 공학, 엔지니어링, 회계, 응용과학 같이 졸업 후 돈이 되는 전공을 고려하라. 당신에게 졸업 후 재정 지원에 대한 구체적이고 현실적인 계획이 있지 않는 한 문과 전공은 경제적으로 힘들 수 있다.

④ 밀레니얼 세대와 Z세대는 새로운 광란의 20년대를 지배할 것이다!

# 10장

# 공유 혁명

군대의 침략에는 저항하고 사상의 침입에는 저항
하지 않는다.

– 빅토르 위고 Victor Hugo

오늘날 기업가들은 정보기술을 이용해 새롭고 더 나은 그리고 때로는 규제받지 않는 유통 방법을 개발한다. 이는 택시 승차부터 하룻밤 숙소까지 어떤 것이든 대체로 소비자의 비용을 낮추고 가치를 두 배까지 높이는 결과로 이어진다.

공유 경제는 단순히 경제가 개선되는 것 이상을 의미한다. 공유 경제는 모든 것을 바꾸고 있다. 일하는 방식, 운전하는 방식, 먹는 것, 자는 곳, 그야말로 모든 것을 말이다! 내가 공유 경제를 '공유 혁명'이라고 부르는 것은 바로 이 때문이다. 합리적인 가격의 자동차가 보급되어 도로, 호텔, 식당, 교외 지역이 생겨났던 19세기 이후 공유 혁명은 분명 우리 삶에 가장 중대한 변화다.

다른 사람과 무언가를 공유하는 행위는 우리 삶에서 가장 멋진 경험 중 하나다. 식사, 주거, 사랑, 지식 등 무엇을 공유하든 대부분의 경우 공유한 것 중 남은 부분은 원래의 전체보다 더 유용해진다. 결국 공유는 인간 존재의 기반이다. 그렇기 때문에 공유 혁명이 새로운 광란의 20년대를 이루는 기둥 중 하나가 된다.

이 장에서는 경제적 가치 창출 관점에서 공유 경제를 살펴보고 우리 삶의 방식에서 공유가 어떻게 진정한 혁명이 될 수 있는지 생각해 볼 것이다. 공유는 여러 방법으로 가치를 창출할 수 있다. 그중 한 가지는 동시에 사용할 필요가 없는 하나의 도구를 둘 이상의 독립체가 공유하는 것이다. 또 다른 방법은 영화나 기도회 같은 경험을 즐길 때 다른 사람과 그 경험을 공유함으로써 훨씬 더 즐거워지는 것이다.

최근 소셜 미디어가 발전하기 전까지는 무언가를 공유할 수 있는 대상이 직계 가족, 동료, 미리 형성된 그룹이나 친구밖에 없었다. 소셜 미디어의 발전으로 우리는 누구와 무엇이든 공유할 수 있게 되었고, 아마도 모든 사람이 공유에서 비롯된 보상을 얻을 것이다. 그러나 소셜 미디어는 스트레스를 유발하고 중독성이 있으며 사생활 보호와 사색의 필요성을 방해할 수 있다. 6장 '로봇이 온다'를 참고하기 바란다.

궁극적으로 소셜 미디어는 지구상의 모든 사람을 실시간으로 연결하여 전 세계의 부를 기하급수적으로 확장할 수 있다. 나는 원래 '공유 경제'라는 제목으로 이 장을 집필하기 시작했으나 곧 살펴볼 이유들 때문에 '공유 혁명'으로 제목을 바꾸었다. 2008년 대침체 기간에 공유 경제라는 용어가 처음 만들어진 이후 나는 이를 공유 혁명으로 지칭해 왔다.

## 과거로 나아가다

미래의 차량 호출 산업은 40년 전 대학에 있던 승차 공유 게시판과 비슷할 것이다.

1971년, 나는 펜실베이니아주 베슬리헴에 있는 리하이 대학교에 입학했다. 학교는 뉴욕에서 90마일(약 144킬로미터), 필라델피아에서 50마일(약 80킬로미터), 롱아일랜드의 부모님 댁에서 120마일(약 193킬로미터) 거리였다. 나는 아버지의 사업을 돕기 위해 매월 두 번씩 뉴욕에 가야했으나 베슬리헴에서 뉴욕까지 바로 갈 수 있는 대중교통

이 없었다. 그래서 1학년 때 내가 학교에서 자주 들른 가장 중요한 장소는 대학 센터University Center(UC) 지하에 있는 승차 공유 게시판이었다.

게시판에는 보통 다음과 같은 광고가 붙어 있었다.

---

승객 구함: 베슬리헴-뉴욕. 9월 18일 금요일 오후 2시 UC에서 출발. 일요일 오후 5시 복귀. 2~4명의 탑승자가 5~11달러씩 연료비와 통행료 분담. 215-758-8549(폴)로 전화하거나 교내 사서함 509번으로 연락바람.

---

신입생은 교내에 자동차를 가지고 들어올 수 없었다. 그래서 돌아오는 주말에 뉴욕에 가야할 경우 비용을 나눠 내기 위해 승객을 구하는 운전자가 있는지 그 주 내내 광고를 확인하곤 했다. 이후 2학년 때에는 자동차를 마련했고 '내' 비용을 나눠 낼 승객을 구하기 위해 광고를 붙였다. 승차 공유는 대단히 재미있었다. 나는 새로운 사람들을 만났고, 그들은 비슷한 나이에 같은 대학에 다니고 있으며 같은 지역(뉴욕)에서 자랐을 가능성이 높아 대부분 나와 많은 공통점이 있었다. 이는 오늘날 차량 호출 산업이 어디로 향할지 보여준다. 즉 앞으로는 모르는 사람이 운전하는 우버 자동차에서 소셜 네트워크로 연결된 사람이 운전하는 우버 자동차로 바뀌면서 운전자가 친구인 미래가 펼쳐질 것이다.

2010년대의 공유 경제에서는 모르는 사람과 비용을 공유하고 함께 사용하여 원하는 많은 것을 절반 가격에 얻을 수 있었다. 2020년대의 공유 혁명에서는 이와 같은 가격 이득에 더해 새로운 친구나 잠재 사업 파트너를 만남으로써 제품의 가치가 두 배까지 높아질 수도 있을 것이다.

내 부모님은 '공유는 배려'라는 것을 내게 상기시켜 주곤 하셨다. 하지만 나는 내가 공유 혁명의 열렬한 지지자가 될 것이라고 전혀 상상하지 못했다. 우리 경제를 떠받치는 공유 혁명이라는 기둥 덕분에 우리는 단순히 더 저렴할 뿐만 아니라 200퍼센트까지 더 좋아진 제품과 서비스를 누릴 수 있다. 우버를 예로 들어보자. 나는 우버와 그 경쟁사인 리프트, 디디(중국) 같은 업체를 항상 이용한다. 수십 년 동안 공항 밖에서 터무니없는 가격을 부과하는 지저분한 택시를 기다렸지만 이제는 비행기가 착륙하면 스마트폰을 꺼내 든다. 내가 예약한 우버 기사는 공항을 나가면 어디서 기다리는지 내게 알려준다.

공유 혁명에서 중요한 것은 투명성, 즉 실시간, 솔직함, 열린 커뮤니케이션, 공급자와 고객 간의 평가다. 공유 혁명 이전이었다면 나는 모르는 사람에게서 중고 기술 제품을 구매하지도, 모르는 사람에게서 내 가족이 머물 외국의 별장을 빌리지도, 비행기 시간에 맞춰 공항에 데려다주겠다고 약속한 모르는 사람의 승차 제안을 받아들이지도 않았을 것이다. 이제 나는 이 모든 일을 매주 하고 있으며 새로 찾은 판매자, 집주인, 운전사와 우호적인 관계를 형성하고 즐긴다.

우버와 비슷한 서비스들은 사업을 시작할 때 지역의 택시 규제를 피하기 위해 두 명의 소비자가 온라인으로 연결해 차량을 함께 타고 비용을 나눠 낼 수 있도록 해주는 '승차 공유' 서비스라고 자신들을 내세웠다. 그러나 실제로는 승차 공유를 원하는 두 명의 '소비자'가 아니었다. 차량이 필요한 소비자는 한 명뿐이었고 다른 한 명은 요금을 받고 탑승 서비스를 제공하려는 운전자였다.

결국 이들 업체는 탑승객이 정확한 목적지까지 자신을(보통 그 탑승객만) 데려다 줄 개인 운전사를 고용하는 '차량 호출' 서비스로 더 정확히 알려지게 되었다. 최근 우버와 경쟁업체들은 가격 인하를 위해 우버 기사가 한 명 이상의 추가 승객을 태우는 우버엑스 쉐어라는 카풀 서비스를 추가했다. 이는 다른 의미에서 승차 공유라는 원래 명칭에 더 부합하는 서비스다.

차량 호출 회사들은 모두가 승차 공유를 즐길 수 있도록 승객들을 연결해 주면서 고객의 특정 요구와 기준에 맞는 2세대 승차 공유 제품을 개발하고 있다. 이것은 아내와 내가 즐겼던 고급 윈드스타 크루즈와 비슷한 수준의 서비스다.

## 승차 공유의 미래는 크루즈 산업을 따라간다

지중해에서 윈드스타 크루즈를 처음 타기 전에 우리는 취미, 자녀, 좋아하는 음식 및 와인, 업무 관심사, 예술 취향에 대한 질문지를 작성했다. 이후 저녁을 먹으러 식당에 도착하자 담당 웨이터 피에르가 우리의 관심사와 취향을 기반으로 선정한 식사 친구 선택에 대해 설명했다.

"필저씨 그리고 필저 부인, 두 분만 식사를 하시겠습니까 아니면 새로운 사람들을 만나시겠습니까? 새로운 사람들을 만나고 싶으시 다면 세 테이블을 안내해드릴 수 있습니다. 뉴욕에서 온 미식가 두 커플이 있는 테이블, 아내가 시티뱅크에서 일했던 한 커플이 있는 테이블, 프랑스어와 베트남어를 쓰고 두 분에 대해 물어보았던 베트남 가족이 있는 테이블입니다."

7일 간의 크루즈 일정 동안 우리는 결국 이들 세 팀 모두와 식사를 함께 했다. 우리는 저녁식사를 함께한 사람들 중 몇몇과 좋은 친구가 되었다. 다가오는 20년대에는 공유 혁명에서 제공되는 피에르 같은 서비스 덕분에 더욱 더 많은 사람들이 비슷한 경험을 할 것이다.

당신이 공항이나 이웃 도시까지 꽤 긴 시간 동안 우버나 리프트를 타야한다고 생각해 보자. 머지않아 당신은 당신이 선택한 다음 기준에 부합하는 사람과 함께 차량을 타고 비용을 나눠 낼 수 있을 것이다.

- ◆ 당신의 아이와 같은 학교를 다니는 자녀가 있다.
- ◆ 당신이 다니는 지역 교회의 신자다.
- ◆ 당신과 같은 회사에 재직한다.
- ◆ 당신의 회사에서 면접을 보고 있다.
- ◆ 당신과 골프 핸디캡이 같다.
- ◆ 당신의 아이가 원하는 대학의 이사다.
- ◆ 당신 회사의 고객이 될 수 있다.
- ◆ 당신이 알고 싶은 장소에서 휴가를 보낸 적이 있다.
- ◆ 책이나 음악 취향이 비슷하다.

이것을 실현할 열쇠는 현재 우버, 구글, 애플, 테슬라가 개발하고 있는 AI 사적 공유 네트워크다. 이들 기업은 미래의 자율주행 및 승차 공유 차량에 적용되는 운송 소프트웨어 부문을 선도하겠다고 밝혔다.

우버의 사적 공유 네트워크가 어떻게 작동하는지 살펴보자. 우버에 로그인해서 탑승 요청을 하면 주변 지역에 있는 모든 유형의 우버 네트워크에서 이용 가능한 차량을 볼 수 있다. 차량 운전자는 대부분 직장이 있는 사업가들이며 택시를 운전했던 사람들도 있다. 하지만 차량 호출 사적 공유 네트워크에서는 다음과 같은 선택지가 제공된다.

1. 당신이 정한 한 가지 이상의 기준을 충족하는 운전자의 우버 차량을 선택할 수 있다.
2. 당신이 정한 한 가지 이상의 기준을 충족하는 승객(가령 공항이나 근처 도시로 향하는)이 탑승한 우버 차량을 선택할 수 있다.
3. 자선 단체나 학교, 교회에 요금의 일정 비율을 기부하는 운전자의 우버 차량을 선택할 수 있다. 당신은 돈을, 운전자는 시간을 기부하는 셈이다.
4. 더 많은 기준을 선택할수록 원래 네트워크에서 원하는 유형의 운전자, 즉 공통점이 많아 금방 친구가 될 수 있는 운전자를 만날 가능성이 높아질 것이다.

승차 공유 또는 차량 호출은 우버를 통해서든 다른 서비스를 통해서든 흔히 볼 수 있는 현상이 되었다. 이는 자동차를 이용한 운송을 더 효율적이고, 편리하고, 경제적으로 만들었다. AI가 적용되면 공유 이동은 적합한 운전자나 승객과 함께 하는 사회적 경험이 될 것이다. 결국 자율주행 차량은 또 다른 경험을 만들어 낼 것이다.

## 공간 공유가 현실로

공유 혁명 초기인 2012년, 나는 스키 마을의 내 직원들에게 에어비앤비를 해본 적이 있는지 물어보았다. 당시 에어비앤비는 사람들이 자기 집의 사용하지 않는 방을 빌려줄 수 있도록 도와준다고 알려진 가상 호텔 회사였다. 25살의 한 여성이 자기 원룸의 카우치를 하룻밤에 90달러, 때로는 한 달에 550달러를 받고 빌려준다고 알려주었다. 나는 모르는 사람에게 집을 빌려주면 안전이 걱정되지 않는지 그녀에게 물어보았다. 그녀는 주로 오벌린 대학교Oberlin College 최근 졸업자에게만 집을 빌려준다고 설명했다. 그녀 역시 최근 그 학교를 졸업했고 대학 웹사이트에 로그인해서 예비 손님이 진짜인지 확인하곤 했다. 미국에서 가장 오래된 음악 학교인 오벌린 대학교의 여러 졸업생들과 마찬가지로 그녀는 뮤지션이었고 집에 머무는 손님들과 즉흥 연주를 즐기거나 콘서트를 관람했다. 우버와 마찬가지로 에어비앤비가 각 거래의 결제를 처리하기 때문에 그녀는 재정적으로 세부 사항을 다루는 데 불편함이 없었다(에어비앤비는 집 주인과 손님이 양쪽 모두 만족했음을 확인할 때까지 결제를 보류한다).

지난 10년 동안 내 가족은 플로리다주 새러소타, 이스라엘 예루살렘, 캘리포니아주 코로나도 등에서 에어비앤비를 이용해 호텔보다 훨씬 저렴한 가격으로 10여 차례 집을 빌렸다. 아이 4명과 아이들의 친구들까지 데리고 휴가를 가보았다면 호텔 방보다 모든 것이 갖춰진 가정집이 훨씬 낫다는 사실을 이해할 것이다. 집을 공유한 호스트는 우리에게 또 다른 장점이 있었다. 그 지역의 괜찮은 레스토랑과 서핑 장소를 알려주어 우리가 휴가 계획을 세우는 데 도움이 되었던 것이다.

나는 예루살렘의 멋지고 독실한 호스트가 기억에 남는다. 우리는 2013년에 일주일 동안 집을 빌리고 2년 뒤 다시 그 집을 빌렸다. 첫 번째 숙박 조건을 협상할 때 그 호스트는 자신들이 22년 전 이 집을 지은 것은 올리브산 근처에 머물 곳을 갖고 싶었기 때문이라고 이야기했다. 올리브산은 독실한 유대인들이 묻힌 곳이며 메시아가 지상으로 돌아올 장소로 여겨지는 곳이다. 우리의 호스트는 메시아가 왔을 때 시내의 모든 호텔방에 손님이 찰 것을 걱정했다. 그래서 그들은 우리가 머무는 동안 메시아가 도착할 경우 사용료 전액을 환불하고(일할계산하지 않음) 12시간 전에 통보하면 그곳을 떠나겠다는 임대 조항을 요구했다. 보통 이 조항은 내가 그 집을 예약하는 데 걸림돌로 작용할 수 있었지만 나는 예루살렘에 사는 독실한 친척에게 연락해 두 가지 확답을 받은 뒤 호스트의 요구에 동의했다.

⑴이것은 예루살렘에서 독실한 호스트에게 집을 빌릴 때 흔히 받아들여지는 조항이다. ⑵메시아의 도착으로 쫓겨날 경우 우리는 이스라엘에 사는 친척집에 머물 수 있을 것이다. 또한 나는 그들이 메시아가 오지 않은 가운데 22년 동안 그 집을 소유하고 있었다는

점을 고려해서 기꺼이 위험을 감수했다.

호스트는 여행을 떠나기 며칠 전 우리에게 연락해 우리가 주방에서 유대교의 규칙을 '엄수'하지 않을까봐 걱정이라고 말했다. 하지만 걱정할 것 없이 그들은 유대교 율법을 지키는 요리사를 일정 내내 무료로 보내 우리의 식사를 준비하고 주방을 깨끗하게 유지하도록 했다. 그 요리사는 유쾌한 젊은 여성이었고 우리 가족의 친구가 되어 나중에 스키를 타러 우리 지역을 방문하기도 했다. 우리 가족은 숙소와 스키 여행을 제공하고 그녀는 우리 아이들에게 히브리어를 가르쳐주었다.

## 에어비앤비의 오르막과 내리막

에어비앤비의 설립자인 조 게비아Joe Gebbia와 브라이언 체스키Brian Chesky는 샌프란시스코의 임대료를 감당할 수 없었다. 그들은 곧 있을 전시 행사에 참석하는 방문객들이 합리적인 가격의 숙소를 구하는 데 어려움을 겪을 수도 있음을 깨달았고 이를 계기로 2007년에 에어비앤비를 시작했다. 그들은 거실에 에어 매트리스를 구비해 아침 식사를 제공하는 숙박 시설을 만들었고 이후 몇 년 동안 앱과 콘셉트를 개선하며 공유 경제의 많은 규칙들을 가다듬었다.

2020년 초반은 에어비앤비에게 쉽지 않은 시기였다. 2020년 3월, 대부분의 비행기가 운항을 중단했고 사회적 거리두기를 비롯한 여러 제한 조치로 인해 매출이 95퍼센트 급감했다. 전 세계 수만 명의 에어비앤비 호스트들은 성공적인 공유 경제 집주인에서 파산자가 될 위기를 맞이했다.

2020년 3월, 에어비앤비는 현금이 바닥났고 회사를 유지하기 위해 회사 가치를 260억 달러로 평가받으며 10억 달러의 긴급 대출을 마련해야 했다. 하루아침에 회사 가치가 32퍼센트, 120억 달러 폭락한 것이다! 2020년 5월 5일, 에어비앤비는 직원의 25퍼센트인 1900명을 해고했으며 2020년 매출은 2019년 매출의 절반에도 못 미칠 것으로 예상되었다.

그러나 이러한 하락세는 잠시였다. 공유 경제의 여러 주요 업체들과 마찬가지로 집을 빌려주는 호스트와 집에 머무는 게스트, 두 유형의 고객들에게 에어비앤비가 매우 실질적이고 가치 있는 서비스를 제공했기 때문이다.

2020년 후반, 코로나19로 인한 각종 제한이 수개월 동안 이어진 뒤 미국의 휴가 수요가 급증했다. 에어비앤비의 가치는 2020년 3월 260억 달러에서 기업공개일인 2020년 12월 9일 470억 달러로 증가했다. 이후 놀랍게도 두 달 만인 2021년 2월 11일, 에어비앤비의 가치는 1340억 달러, 주당 219달러로 세 배 가까이 치솟았다. 이 책을 쓰고 있는 현재, 러시아의 우크라이나 공격과 주식시장 변동의 여파로 기업 가치는 745억 달러, 주당 117달러가 되었다. 기업 가치의 이 같은 큰 변동은 일반적으로 100억 달러 이상은 말할 것도 없고 10억 달러 가치의 기업에서도 전례 없는 일이다. 새로운 광란의 20년대에 온 것을 환영한다!

# 새로운 비즈니스를 발견하다

16장 '비즈니스 기회를 창출하는 새로운 비즈니스'에서 살펴볼 내용처럼 에어비앤비 내에서는 다른 무언가가 진행되고 있었다. 나는 2019년 11월에 플로리다주 새러소타의 방 9개짜리 집을 빌리면서 이것을 처음 알게 되었다. 내 딸은 새러소타에서 대학을 다니고 있었고, 우리는 가족 모두가 바닷가에서 추수감사절을 보내러 새러소타에 가기로 결정했다. 우리는 방이 9개나 필요하지 않았지만 숙소를 찾는 동안 그 집의 호스트가 근처에 있는 방 7개짜리 집만큼 가격을 낮춘 것을 보게 되었다. 에어비앤비 숙소에 도착한 뒤 나는 열쇠를 찾을 수 없어서 호스트에게 문자를 보냈다. 호스트는 열쇠를 찾도록 도와준 뒤 우리가 이 집을 선택하기 전에 함께 고려했던 근처의 방 7개짜리 집에 대해 문자로 의견을 보내왔다. 문자를 받고 나는 그 주 초에 내가 그의 경쟁 호스트와 주고받은 문자를 그가 어떻게 알고 있는지 우려스러웠다. 나는 그에게 전화를 요청했고 통화를 하면서 그가 근처 지역에 고급 바닷가 주택 9채를 소유(혹은 관리)하고 있음을 알게 되었다. 3일 전 에어비앤비에서 숙소를 찾을 때 나는 각 숙소의 다른 호스트에게 문자와 이메일을 보냈다고 생각했다. 하지만 내가 연락을 주고받은 적어도 세 곳의 호스트는 실제로 한 사람이었다. 내 딸이 근처 대학에 재학 중이며 따라서 내가 단골 고객이 될 수도 있음을 알고 나자 그는 내게 주변의 숙소 목록을 보내주며 다음부터 단골 고객으로 10퍼센트 할인을 받을 수 있다고 알려주었다.

그때까지 나는 에어비앤비 숙소들이 호스트의 '집'이라고 생각했다. 그러나 이것은 임대 고객과 현지 규제 당국이 그렇게 생각하기를 바란 에어비앤비와 호스트들의 기대였다. 맙소사, 내가 잘못 생각했던 것이다. 에어비앤비의 숙소 관련 정보를 추적하는 에어DNA^AirDNA에 따르면 숙소를 하나만 등록한 호스트는 전체 호스트의 3분의 1에 불과하며 2~24개를 등록한 호스트가 3분의 1, 24개 이상을 등록한 호스트가 3분의 1을 차지한다.

비슷한 현상이 우버에도 나타난다. 모회사인 우버나 여러 대의 우버 차량을 보유한 기업가는 차량 호출에 적합한 차량이 없을 경우 일부 운전자에게 차량을 제공한다. 우버는 자동차를 소유한 운전자와 승차를 '공유'하는 것처럼 보일 것이다. 하지만 우버가 자율주행(운전자가 없는) 자동차로 이동함에 따라 앞으로의 우버에는 여러 대의 차량을 보유한 소유자가 더 많아질 것이다.

우버는 비행기를 놓칠까봐 걱정하는 최고급 리무진 고객에게 더 효과적인 서비스를 제공하기 위해 전매특허 GPS를 기반으로 양쪽 모두에게 투명한 소프트웨어를 개발했다. 이후 우버는 경쟁업체에 소프트웨어 앱 사용에 대한 라이선스를 부여하고 일반 차량을 보유한 개별 운전자까지 잠재 경쟁업체를 확대하는 것이 더 큰 기회임을 깨달았다. 현재 우버는 자격을 갖춘 기사가 유니폼을 착용하고 우버의 관리에 따라 운행하는 고급 리무진 서비스를 '우버 블랙', 우버의 통제가 없는 차량 호출 서비스를 '우버 엑스'라고 부른다. 우버 블랙과 우버 엑스 모두 운전자의 전력을 광범위하게 확인하며, 고객 평점이 5.0 만점에 4.5 이하인 운전자는 자동으로 운행을 중단시킨다.

# 공유 혁명의 다음 단계

이 장은 원래 미래에 관한 내용을 다룰 예정이었다. 2020~2021년 코로나19 대유행으로 인한 영업제한 기간 동안 미래가 현재가 되기 전까지만 해도 말이다. 언제 어디서나 이루어지는 화상회의 같이 새로운 광란의 20년대에 5~10년이 걸릴 것으로 예상했던 변화가 2020년에 일어났다. 그리고 그 변화는 되돌릴 수 없다.

당신의 기업가적 마인드는 우버와 에어비앤비가 운송과 숙박을 개선했던 것처럼 소셜 미디어와 정보기술을 이용해 무언가를 개선하는 방법에 관한 아이디어들로 바쁘게 돌아갈 것이다. 몇 가지 예시를 살펴보자.

## 원격 의료

당신의 아이가 아침에 일어나서 몸이 안 좋다고 가정하자. 당신은 학교에 보내야 할지 집에 데리고 있어야 할지 모른다. 당신은 온라인이나 집 전화를 통해 담당 의사나 임상 간호사에게 합리적인 가격으로 연락을 받을 수 있다. 당신이 의료 전문가라면 가능한 시간에 이웃을 방문해 시간 당 100~200달러를 벌고 싶을지도 모른다. 당신은 이미 면허가 있기 때문에 모바일 의료 서비스나 이와 비슷한 서비스를 시작할 수 있을 것이다. 당신이 기술 전문가라면 산소포화도 측정기, 혈압계, 체온계를 스마트폰의 간단한 애플리케이션과 연결하여 99달러짜리 의료용 하드웨어 패키지를 구성해 소비자에게 제공하는 사업을 시작할 수 있을 것이다. 미래의 유모 캠은 마치 중환자

실처럼 아이의 바이탈 통계를 모니터링 해서 당신과 당신이 다니는 병원이나 의사(아마 로봇일 것이다)에게 실시간으로 공유할 수도 있다.

## 외식 사업가

공유 혁명의 차세대 혁신은 이미 시작되었다. 우버 같은 소프트웨어 플랫폼을 이용해 요리 장비가 있는 가정이나 공간 또는 기존 레스토랑을 테이크아웃 주방으로 바꾸는 것이다. 2021년에 외식을 해보았다면 스마트폰에서 전자 메뉴판을 이용해 주문하고 결제하는 것이 이미 익숙할 것이다. 외식 사업가는 사진, 수량, 재고가 표시된 그날의 메뉴를 올려두고, 식당과 요리사는 스마트폰과 컴퓨터를 이용해 온라인으로 메뉴를 선택하며 공급자가 식당으로 배달 가는 것이나 식당(또는 우버 이츠 운전자)이 외식 사업가의 매장으로 이동하는 것을 볼 수 있다.

## 배관공

물이 새는 곳을 수리하기 위해 15분 내로 배관공이 필요하다고 가정해 보자. 당신은 10분 안에 입증된 배관공을 만날 수 있을 것이며 앱을 통해 배관공이 당신의 집으로 이동하는 것을 볼 수 있을 것이다. 나는 얼마 전 일요일 밤 9시에 배관공을 구하기 위해 앱을 이용하면서 이런 과정을 경험했다. 우리는 그가 9시 30분까지 우리 집으로 운전해 오는 것을 스마트폰으로 지켜보았다. 그는 트럭에 설치된 스피커폰으로 고장 난 부분에 대해 물어보았고 도착하자마자 바로 작업을 시작했다.

### 수학 개인교사

당신과 아이가 기말고사 전날 밤에 수학 숙제를 이해하지 못했다고 가정하자. 그 지역의 '입증된' 수학 개인교사(당신의 아이와 같은 반 학생일 수도 있는)가 10분 안에 방문할 수 있다면 어떻겠는가? 당신은 수년 동안 온라인에서 교사를 찾을 수 있었지만 이제 아이에게 가장 적합한 방법이 무엇인지에 따라 대면과 비대면이 혼합된 모델을 활용할 수 있다.

### 합리적인 가격의 레스토랑 테이블

당신이 빈 테이블을 50퍼센트 할인된 가격에 판매하는 레스토랑을 원한다고 가정하자. 하지만 15분 내 도착, 1인당 최소 15달러 이상 주문을 반드시 지켜야 한다. 할인 가격으로 이용할 수 있는 근처 레스토랑의 테이블을 모두 확인하고 원하는 테이블을 고를 수 있다면 어떻겠는가? 당신이 레스토랑 주인이라면 원래 가격으로 판매할 수 없는 테이블이 모두 찰 때까지 한 테이블씩 입증된 단골손님에게만 이러한 할인을 제공하는 것이 좋지 않겠는가?

### 금융

벤모 같이 규제 받지 않는 금융 서비스가 시작되었고 밀레니얼 세대와 Z세대는 이미 이러한 서비스를 금융 플랫폼으로 선택하고 있다. 하지만 금융의 다음 단계는 여러 명이 각 참여자의 입금 내역을 자유롭게 확인하면서 스키 여행비를 한 계좌에 모으는 것처럼 특정 이벤트를 위한 한 가지 목적의 공유 플랫폼이 될 것이다.

## 공유의 성공에는
## 탁월한 아이디어와 뛰어난 실행력이 필요하다

성공적인 여러 공유 사업의 스토리에서 '입증된Approved'이라는 단어가 키워드임을 주목하자. 서비스 제공자와 고객, 양쪽 모두에게 입증되고 평가되는 것이 중요하다. 우버와 에어비앤비를 비롯해 수많은 공유 경제 성공 스토리의 핵심은 그저 좋은 아이디어를 가진 회사들이 아니다. 아이디어, 투명성, 훌륭한 고객 서비스를 뛰어나게 실행한 회사들이 바로 성공의 주인공이다. 제프 베조스(아마존)와 브라이언 체스키(에어비앤비) 같은 사람들은 미국 최고의 대학에서 컴퓨터공학을 공부했거나 최고의 공학기술 배경을 가진 사람들을 재빨리 파트너로 고용했다.

공유 비즈니스를 뛰어나게 실행하기 위해서는 개념화 외에 다른 역량이 필요하다. 이 분야에서는 관리 능력, 임계 경로 분석법, 대인관계 능력이 중요하게 작용한다.

기업가로서 당신은 공유 혁명과 그 응용 방안을 이해하고 싶을 것이다. 좋은 아이디어를 더 좋게 만들 수 있는 개념이나 실행 측면의 개선 사항이 있는가? 당신의 역량과 관심사는 무엇인가? 그것이 공유 경제에 어떻게 부합하는가?

① 공유 경제에서 소비자는 다른 사람들과 비용을 나눔으로써 제품이나 서비스의 원래 비용을 2배까지 절감한다(2배 향상). 공유 혁명에서 소비자는 비용을 절반으로 줄일 뿐 아니라 비슷한 생각을 가진 사람들을 만남으로써 2배 더 좋은 제품이나 서비스를 얻는다(총 4배 향상).

② 사적 네트워크와 비슷한 기술을 통해 언젠가는 자신의 기준에 따라 함께 식사할 레스토랑 친구를 선택할 수 있을 것이다. 지금은 주로 훌륭한 요리와 분위기를 기준으로 레스토랑을 선택하지만 앞으로는 저녁 식사를 하며 훌륭한 대화를 나눌 수 있는지를 기준으로 레스토랑을 선택할지도 모른다.

③ 과거로 나아가라! 공유 혁명의 제품과 서비스는 대부분 수년 전부터 훨씬 미흡한 형태로 존재했다. 대학의 승차 게시판은 우버 등으로 대체되었고 '룸메이트 구함' 게시판은 에어비앤비와 거기서 파생된 서비스들로 대체되거나 현저히 개선되었다.

④ 공유 혁명은 기존의 틀을 벗어나거나 틀이 존재하는 것조차 믿지 않는 창의적인 기업가에게 특별한 기회를 제시한다.

THE NEW
ROARING
TWENTIES

**11장**

# 소비자 잉여

'소비자 잉여'는 소비자가 어떤 제품이나 서비스에 지불할 용의가 있는 가격에서 실제 지불한 가격을 뺀 값이다.

이 장에서는 오래된 개념이지만 비교적 새로운 용어인 '소비자 잉여'를 살펴볼 것이다. 소비자 잉여는 지난 몇 년 동안 우리 경제를 강타했고 새로운 광란의 20년대의 기반을 일정 부분 형성했다. 엄밀히 말해서 소비자 잉여는 소비자가 제품이나 서비스에 기꺼이 지불하는 가격보다 더 낮은 가격이다. 소비자가 '지불했을' 가격을 어떻게 측정할 수 있으며 측정이 가능하다면 그 측정치로 무엇을 하겠는가? 오늘날 소비자 잉여는 가장 귀중한 비즈니스 도구이며 니만 마커스Neiman Marcus, 아마존, 우버 등 상징적인 기업들의 성공 요인이기도 하다.

## 많은 기업이 최소한의 제품 및 서비스를 제공하는 이유

지난 세기의 성공 기업들은 소비자가 최대 가격으로 기꺼이 받아들일 최소한의 제품이나 서비스를 제공했다. 경영 대학원에서는 이를 '단기 이윤 극대화'라고 불렀다. 여기서 재미있는 점은 무엇일까?

기존 택시를 탔던 최근의 경험을 생각해 보자. 당신은 기사, 차량, 가격에 만족했는가? 아마 아닐 것이다. 구식 패스트푸드 체인점에 갔던 최근의 경험을 생각해 보자. 당신은 직원, 청결함, 맛, 가격에 만족했는가? 당신은 왜 그곳에 갔는가? 아마 너무 배가 고파서 얼른 뭐라도 먹어야 했기 때문이거나 다른 선택지가 없었기 때문일 것이다.

많은 젊은이들, 특히 밀레니얼 세대가 비즈니스를 좋아하지 않는 것은 어쩌면 당연한 일이다. 하지만 대부분의 사람들, 특히 영업에 뛰어난 사람들은 상대방이 '항복'(이 경우 '판매')할 때까지 밀어붙이는 것이 아니라 그들을 행복하게 만드는 것을 즐긴다.

물적 자원이 지금보다 부족했던 과거에는 대부분의 상품과 서비스에 대해 소매업체가 소매가격의 50~80퍼센트를 부담했다. 상점이 사업을 지속할 수 있는 유일한 방법은 소매업체의 실제 비용에 관계없이 모든 경비를 절감하고 소비자가 지불할 최대 가격에 상품과 서비스를 판매하는 것이었다.

## 소비자 잉여를 발견한 스탠리 마커스

이러한 흐름이 바뀐 것은 폭넓은 지식과 교양을 지닌 내 친구이자 기업가였던 스탠리 마커스Stanley Marcus가 '장기 이윤 극대화'를 생각해낸 20세기 초반 무렵이었다. 스탠리 마커스는 주어진 가격에 대해 소비자가 기대한 것 이상을 제공함으로써, 즉 경제학자 알프레드 마샬Alfred Marshall이 '소비자 잉여'*라고 부른 것을 제공함으로써 장기 이윤 극대화를 이룰 수 있다고 제시했다.

1925년, 스탠리 마커스는 스무 살에 하버드 대학교를 졸업하고 고향인 댈러스로 돌아가 가족이 운영하던 단독 소매점, 니만 마커스

---

* '소비자 잉여'라는 용어는 이탈리아 출신의 프랑스 경제학자 쥘 뒤피Jules Dupuit가 고안했으나 알프레드 마샬이 그의 명저 《경제학 원리Principles of Economics》 (1890)에 사용하면서 널리 알려졌다.

에서 일했다. 당시 고객들은 대체로 가을에 한 번 겨울 코트를 구매하기 위해 쇼핑했고 2년 정도 입을 것으로 예상했다.

대부분의 고객이 부유하다는 점에 주목한 스탠리는 니만 마커스가 쇼핑을 신나고 재미있는 경험으로 만들어 매번 즐거운 결과(소비자 잉여)를 제공한다면 코트 한 벌을 사는 고객에게 1년 내내 더 많은 상품을 판매할 수 있을 것이라는 가설을 세웠다. 그리고 그 전략은 적중했다. 대부분의 미국 소매업체가 스탠리의 소비자 잉여 성공 공식을 이해하는 데에는 수십 년이 걸렸지만 말이다.

당신이 친구 결혼식에 참석하기 위해 200달러의 예산으로 새 드레스를 사야한다고 가정하자. 당신은 매장에 가서 179.99달러에 마음에 드는 드레스를 찾는다. 이 금액은 당신이 지불할 용의가 있는 최고 금액이다. 당신은 20.01달러를 아꼈다고 생각하며 계산대로 간다. 그리고 매장 컴퓨터에 드레스 가격이 119.99달러로 할인되어 있는 것을 발견한다. 하지만 가격 인하는 매장이나 가격표 어디에도 표시되어 있지 않았다!

당신은 원래 예산 200달러보다 40퍼센트(80.01달러) 낮은 가격으로 만족스럽게 물건을 구매할 뿐만 아니라 아마 80달러짜리 액세서리도 구매할 것이다. 그리고 다음 달에 친구들과 점심을 먹으러 다시와서 더 많은 쇼핑을 하기로 계획을 세운다!

스탠리 마커스는 자동화, 대공황, 인건비 하락으로 인해 드레스 같은 제품의 도매가격이 낮아졌던 1930년대에 소비자 잉여 개념을 적용했다. 이러한 가격 하락 요인들 덕분에 스탠리의 매장은 소비자 잉여를 제공할 수 있었다.

새로운 광란의 20년대에는 기술 발전으로 인해 도매가격이 빠르게 하락하여 많은 제품과 서비스의 한계비용이 사실상 0이 될 것이다. 이는 컴퓨터 프로그램, 영화표, 저녁 식사, 드레스 등 제품이 추가로 판매될 때마다 가격이 이윤과 같거나 거의 같아질 것임을 의미한다. 따라서 소매업체들은 특히 고객이 비슷한 품목 두 개를 묶음으로 구매할 때 가격을 훨씬 더 낮출 수 있을 것이다. 첫 번째 품목의 가격으로 판매자의 도매, 영업, 마케팅 비용이 모두 충당되어 많은 경우 두 번째 품목은 거의 순수한 이익이 된다. 요즘 많은 품목들이 '두 개 사면 한 개 반값' 또는 '원 플러스 원'에 판매되는 것도 놀라운 일이 아니다.

## 순고객추천지수

거의 모든 사람의 쇼핑 경험이 인구통계학적 유사 집단과 실시간으로 공유될 수 있는 소셜 미디어의 치열한 온라인 세계에서는 어떤 기업도 고객을 그저 '만족'한 채 떠나보내서는 안 된다. 모든 고객은 '대단히 만족'해야 하며 이후 그 기업의 열정적인 영업사원으로 기여해야 한다.

이것은 2003년 프레드 라이켈트Fred Reichheld가 개발한 순고객추천지수Net Promoter Score(NPS)로 측정되며, 현재 포춘 100대 기업 중 3분의 2가 NPS를 이용하고 있다. 당신은 최근의 온라인 구매에서 그리고 때로는 매장 구매에서도 이 점수를 집계하기 위한 후속 메시지나 설

문을 보았을 것이다.[*]

제품이나 서비스를 구매한 뒤 당신은 간단한 질문 한 가지를 받는다. "0~10점 중 [회사 이름]을 친구, 가족, 비즈니스 파트너에게 얼마나 추천하고 싶습니까?"

0~6점으로 응답한 고객은 '비추천 고객', 7~8점은 '중립 고객', 9~10점은 '추천 고객'이다. 기업의 NPS는 추천 고객 비율에서 비추천 고객 비율을 뺀 값이다. 기업, 고용주, 소매업체, 제조업체 등 거의 모든 사업체가 NPS를 이용해 자신의 점수를 경쟁업체와 비교하고 일정 기간에 걸쳐 변화를 관찰한다.

NPS의 개념은 대기업에서 흔히 볼 수 있지만 단순하고 정확해서 규모에 관계없이 모든 공급자에게 적용될 수 있다. 당신이 레스토랑이나 소매업체를 운영한다고 가정하자. 먼저 당신이 적당하다고 생각하는 NPS 기준점을 정한다. 이 때 중요한 것은 시작점이 아니라 가고 있는 방향이다. 그 다음 기준점을 이용해 NPS를 지속적으로 관찰한다. 이를 통해 시간이 지나면서 당신이 어떻게 사업을 하고 있는지 점검하고 고객이 당신의 사업을 홍보하지 않게 되는 등의 문제가 생기기 전에 어떻게 상황을 바로잡을지 파악한다. 당신이 적합한 데

---

[*] 「저희를 추천하시겠습니까?Would You Recommend Us?」, 〈비즈니스 위크Business Week〉, 2006년 1월 29일; 패트릭 위어크스Patrick Wierckx, 「유지율에 대한 오해 – 유지율과 구독 기반 비즈니스의 강점 사이의 관계The Retention Rate Illusion—Understanding the Relationship Between Retention Rates and the Strength of Subscription-Based Businesses」, 〈응용경영경제 저널Journal of Applied Business and Economics〉, 2020년 10월 11일; 「대기업을 장악하고 있는 단순한 지표the Simple Metric That's Taking over Big Business」, 〈비즈니스 위크〉, 2021년 2월.

이터 수집 프로세스를 어떻게 설정하는지에 따라(간단한 설문 또는 자유롭게 응답하는 항목) NPS는 월별, 주별, 일별, 심지어 시간별로 제공되는 귀중한 정보가 될 수 있다. 이는 형편없는 음식이나 불친절한 직원 같은 새로운 문제가 더 큰 참사로 악화되기 전에 당신에게 실시간으로 문제를 경고해줄 수 있을 것이다.

마태복음 5장 41절은 다른 사람에게 무언가를 해줄 때 한층 더 노력할 것을, 즉 더 해줄 것을 우리에게 가르친다. 이는 더 해주는 것이 그저 좋은 정책이기 때문이 아니다. 소비자 잉여를 창출하고 평생 고객과 더 높은 장기 수익으로 이어질 것이기 때문이다.

## 기업이 소비자 잉여를 무시했던 이유

소비자 잉여는 많은 연구가 이루어진 분야가 아니었다. 이는 주로 소비자 잉여를 측정하는 것이 매우 어렵기 때문이었으나 이제 이러한 상황이 빠르게 변화하고 있다. 고등학교에서 배운 전통적인 수요공급 곡선은 특정 품목의 공급과 수요가 일치하는 균형점(가격)만을 보여준다. 그 품목이 더 높은 가격에 제공될 경우 소비자가 얼마나 더 높은 가격을 지불할 것인지는 보여주지 않는다. 게다가 전통적인 수요공급 곡선의 균형점은 내생적으로 공급이 제한되어 있다고 가정한다. 그러나 새로운 광란의 20년대에는 기술 발전 덕분에 결국 모든 것이 무한히 공급되므로 이러한 가정은 절대 일어나지 않는다.

가격을 설정하기 전에 고객이 지불할 용의가 있는 최고 가격을 고객별로 알고 있다면 수익은 어떻게 될 것인가.

온라인으로 셔츠를 구매하는 간단한 거래를 생각해보자. 당신은 온라인 매장에서 29.99달러에 판매하는 셔츠를 보고 그것을 구매하거나 구매하지 않는다. 셔츠를 구매한 뒤 그 셔츠가 29.99달러 이상의 가치가 있다고 느낀다면 당신은 소비자 잉여를 경험해 비교적 높은 NPS를 부여할 것이고 그 매장의 장기 고객이자 추천 고객이 될 것이다. 내 아버지는 이것을 '고객을 위해 테이블에 무언가를 남겨두는 가격'이라고 불렀다.

셔츠로 돌아가서, 셔츠가 더 높은 가격에 판매된다면 얼마나 더 지불할 것인지 아무도 당신이나 다른 구매자에게 묻지 않는다. 또 물어볼 수도 없다. 여러 가격에 대해 당신에게 많은 질문을 해야 하며 셔츠가 판매 가격보다 얼마나 가치 있는지에 대해 고객마다 다른 답을 할 것이기 때문이다. 무엇보다도 애초에 29.99달러가 너무 비싸서 구매조차 할 수 없다고 생각한 비고객은 어떻게 하겠는가? 제품을 사지 않은 사람들에게서 어떻게 응답을 얻을 것인가?

## 소비자 잉여를 전혀 새로운 단계로 끌어올린 우버

소비자 잉여에 대한 기업의 관심도, 즉 관심 부족은 기술 발전으로 생산자와 소매업체가 고객과 비고객의 행동을 자동으로 추적할 수 있는 방법이 등장하면서 최근 바뀌고 있다. 실제로 2016년 무렵 우버에서 이러한 방법이 시작되었다.

우버는 특정 시간의 수요에 따라 동일한 서비스에 대해 일시적 가격인상을 적용하는 독특한 비즈니스 모델을 갖고 있다. 우버는 너무 비싸서 성사되지 않은 거래의 가격까지 알고 있다. 사람들이 우버를 절대적으로 필요로 할 때, 특히 날씨가 궂을 때 거의 모든 잠재고객의 탑승을 실질적으로 보장할 수 있게 해주는 일시적 가격인상의 작동 방식을 살펴보자.

탑승할 차량을 찾고 있는 한 고객이 스마트폰으로 우버에 로그인해 자신의 위치와 목적지를 입력하여 '우버 세션Uber session'(우버가 정의한 용어)을 생성한다. 우버는 요청된 탑승 서비스에 대해 내부적으로 즉각 계산하여 '할증 없음' 또는 '1배' 가격을 산출한다. 이제 고객에게 산출된 가격과 가능한 운전자 및 최종 목적지까지 걸리는 시간을 제시하기 직전이다. 그러나 이 가격을 표시하기 전에 우버는 같은 지역에서 탑승 서비스를 찾는 다른 잠재 고객의 수를 검토한다. 그리고 잠재 고객들이 너무 비싸서 요청을 취소할 가격 수준이 얼마인지 알고리즘을 이용해 예측한다. 이런 방식으로 우버는 실시간으로 매출을 늘릴 수 있으며 가격이 얼마든 그 지역에서 적정 시간 내에 반드시 차를 타야 하는 고객들의 수요(회사에 늦었기 때문이든, 천둥을 동반한 폭우가 시작되었기 때문이든)를 거의 항상 충족할 수 있는 충분한 운전자를 확보한다.

2016년, 옥스퍼드 대학교의 경제학자 로버트 한Robert Hahn 교수가 우버에 대한 흥미로운 연구 결과를 발표했다. 로버트와 그의 연구팀은 우버의 미국 내 최대 시장 네 곳(샌프란시스코, 뉴욕, 시카고, 로스앤젤레스)에서 5개월 동안 생성된 5400만 건의 우버 세션을 검토했다. 여기에는 탑승이 완료된 세션과 요청했으나 탑승이 완료되지 않은 세션이 모두 포함되었다. 연구 결과, 우버 엑스 세션의 약 21퍼센트는 1.2~1.5배의 일시적 가격인상이 적용되었고 4.1퍼센트는 3배 이상, 0.65퍼센트는 4배 이상의 일시적 가격인상이 적용된 것으로 나타났다. 이 자료를 우버의 2021년 전 세계 매출 260억 달러에 반영하면 우버는 일시적 가격인상을 통해 회사와 운전자들에게 약 10퍼센트(26억 달러)의 추가 매출을 올려준 것으로 추정된다. 우버 운전자들은 인상된 요금의 약 75퍼센트를 받고 우버는 25퍼센트를 받는다. 일시적 가격인상은 차량이 정말 필요하고 요금을 지불할 용의가 있는 잠재 고객들에게 더 높은 가격이지만 차량 확보를 보장해주는 데 도움이 된다.*

중요한 것은 대부분의 우버 승차가 대체로 직장이나 집 등 동일한 장소에서 이루어지기 때문에 우버가 대부분의 승차에 대해 소비자 잉여를 정확하게 측정할 수 있다는 사실이다. 일시적 가격인상 덕분에 우버는 탑승자가 특정 승차 서비스에 대해 하루 중 언제, 정확히 얼마를 지불할 용의가 있는지 알고 있다. 이 가격 이하로 지불된 금액은 모두 소비자 잉여다.

연구팀은 고객이 일시적 가격인상에 따라 지불하는 요금과 일반 가격에 따라 지불하는 요금을 파악함으로써 우버가 매출 1달러

---

* 로버트 한, 피터 코헨Peter Cohen, 조나단 홀Jonathan Hall, 스티븐 레빗Steven Levitt, 로버트 메트칼프Robert Metcalfe, 「빅데이터를 이용한 우버의 소비자 잉여 추정Using Big Data to Estimate Consumer Surplus: The Case of Uber」, 전미경제연구소National Bureau of Economic Research, 2016년 9월.

당 약 1.60달러의 소비자 잉여를 창출했다고 결론 내렸다. 이는 지출 1달러 당 2.6달러의 가치를 의미한다. 다시 말해, 소비자는 2016년에 승차 요금으로 약 160억 달러를 우버에 지불했고 우버가 일방적으로 가격을 260퍼센트 인상한다면 동일한 승차에 대해 약 415억 달러를 지불했을 것이다. 따라서 2016년에 우버 승객들은 255억 달러의 소비자 잉여를 얻었다.

현재 우버는 매출의 75퍼센트를 운전자에게 제공하고 25퍼센트를 우버가 갖는다. 이는 새로운 광란의 20년대의 진정한 가능성인 자율주행 자동차가 도입되기 이전의 상황이다. 운전자가 없는 우버 차량은 동일한 승객에서 비롯되는 기업 매출(승객 매출 100달러 당 우버에게 가는 25달러)을 300퍼센트까지 증가시킬 수 있다. 자율주행 차량 도입으로 승객 매출 100달러가 전부 우버에게 돌아가기 때문이다(그렇지만 우버는 긱 이코노미 기업가들이 우버 자율주행 차량을 소유하고 유지할 수 있는 새로운 기회를 만들어야 할 것이다). 물론 각 시장마다 위협적인 경쟁자들이 있다. 나는 자율주행 차량이 운전자를 대체하면 우버와 다른 차량 호출 서비스의 가격이 50퍼센트 이상 하락할 것이라고 생각한다. 그리고 그것이 또한 소비자 잉여가 될 것이다.


## 소비자 잉여를 관리해 성공한 아마존

아마존은 시가총액 1조 달러에 이르는, 오늘날 세계에서 가장 부유한 유통업체다. 아마존에 견줄만한 유통업체는 없다. 세계 최대 규모를 자랑하는 월마트도 시가총액은 아마존의 3분의 1에 불과하다! 아마존에 대해 놀라운 사실들이 너무나 많지만 가장 놀라운 점은 아마존이 매우 빠르게 정상에 올라 설립자 제프 베조스를 세계 최고의 부자로 만들었다는 사실이다. 지금부터 살펴볼 내용처럼 아마존의 대부분은 소규모 기업의 네트워크로 이루어져 있다.

제프 베조스는 1964년에 앨버커키에서 태어났고 1986년에 프린스턴 대학교에서 전자공학 및 컴퓨터공학 학위를 받았다. 그는 월스트리트에서 몇몇 직장을 다니다가 향후 가장 빠르게 성장할 것으로 여겨지는 온라인 유통 부문에 주목했다. 그는 1994년에 워싱턴주 벨뷰로 옮겨 부모님댁 차고에서 아마존을 창업했다. 그리고 고객 리뷰를 바탕으로 온라인에서 거래될 수 있는 20개의 제품 목록을 체계적으로 만든 다음 다섯 개 품목을 추려냈다. CD, 컴퓨터 하드웨어, 컴퓨터 소프트웨어, 비디오, 책이었다.

1995년 7월, 아마존은 온라인 고객 리뷰를 토대로 책을 판매하기 시작했고 두 달 만에 일주일 매출 2만 달러를 기록했다! 1996년 매출은 51만 1000달러에서 157만 5000달러로 약 3000퍼센트 성장했고, 1997년 5월 15일 주당 18달러에 기업공개를 실시했다. 당시 주식을 매입한 투자자는 지금으로 치면 투자금 1000달러당 10만 달러 이상의 가치가 있는 투자를 한 셈이다.

기업공개 3일 전, 아마존은 '세계 최대 서점'이라고 주장한 것에 대해 반스앤노블Barnes & Noble로부터 고소를 당했다. 반스앤노블은 아마존이 실제 매장을 갖고 있지 않으므로 '서점'이라는 용어를 사용하도록 허용해서는 안 된다고 주장했다. 이와 별개로 월마트는

1998년 10월 16일, 아마존이 월마트의 전 임원을 고용해 영업 비밀을 훔쳤다는 이유로 아마존을 고소했다. 하지만 두 소송 모두 법정 밖에서 해결되었다.

1997년, 아마존은 웹사이트 소유자가 자기 사이트에 링크를 게시해 방문객들을 아마존닷컴의 특정 제품 페이지로 보내면 수수료를 얻을 수 있는 아마존 어필리에이트 프로그램Amazon Affiliate Program(지금은 아마존 어소시에이트 프로그램Amazon Associates Program으로 불린다)을 시작했다. 1980년대부터 책을 저술했던 나는 독자들과 온라인으로 소통할 수 있는 기회가 생겨 기뻤고 내가 원하는 곳 어디에서나 독자들을 아마존 '구매' 페이지로 연결시켰다. 그리고 1999년에 아마존 어소시에이트가 되었다.

1998년, 아마존은 책 외에도 전자제품, 소프트웨어, 비디오 게임, 의류, 가구, 식품, 장난감, 보석 등 다양한 물건을 판매하기 시작했다. 1999년, 〈타임〉지는 온라인 마케팅에 대한 아마존의 기여를 인정해 베조스를 '올해의 인물'로 선정했다. 아마존 어소시에이트 프로그램에 대해서는 16장 '비즈니스 기회를 창출하는 새로운 비즈니스'에서 더 자세히 살펴볼 것이다. 스탠리 마커스의 전통에 따라 아마존은 판매와 사업 실행의 모든 면에서 고객에게 항상 소비자 잉여를 제공하는 데 초점을 맞췄다.

나는 2002년 9월 아마존에서 처음으로 책이 아닌 제품을 구매했을 때 아마존이 오랜 시간에 걸쳐 입증된 이 성공 공식을 적용했음을 직접 확인했다.

나는 5중날 질레트 퓨전5 면도기를 이용한다. 스타터 팩 묶음에는 일반적으로 10달러 상당의 무료 전기면도기 본체와 개당 3달러 정도인 면도날 카트리지 5~12개가 포함된다. 9월의 어느 날, 면도기 본체를 떨어뜨려 망가지는 바람에 나는 아마존닷컴에서 무료 면도기 본체와 카트리지 3개짜리 묶음(나는 그렇게 생각했다)을 9.99달러에 구매했다. 3일후 구매한 제품이 도착했으나 5중날 카트리지 3개만 들어있었고 면도기 본체는 없었다. 나는 아마존에 전화해 곧바로 고객 담당자와 통화했다.

나는 묶음 제품을 구매했으나 면도기 본체를 받지 못했다고 설명했다. 그녀는 면도기 본체 사진이 있음에도 불구하고 '카트리지만 제공-본체 미포함'이라고 명확히 표시된 아마존 웹사이트를 내게 보여주었다. 나는 그녀에게 실수를 사과하고 본체가 포함된 묶음 제품을 다시 주문하도록 도와줄 수 있는지 물었다.

그러자 그녀는 오히려 이렇게 말했다. "아니오, 이건 저희 실수입니다. 제품 페이지에 쓰여 있는 내용은 상관없습니다. 저희는 고객님이 제품 설명을 읽은 후 무엇을 기대했는지 또는 그 설명이 무엇을 뜻한다고 생각했는지가 중요합니다. 저희 실수를 바로잡기 위해 오늘 '정확한' 품목인 면도기 본체와 카트리지 3개 묶음 제품을 보내드리겠습니다. 이미 받으신 카트리지 3개는 고객님께 혼란을 드린 웹사이트 실수에 대한 사과로 그냥 사용하시면 됩니다."

당시 아마존의 태도와 놀라운 환불 정책은 소비자 잉여에 관한 정책의 시작일 뿐이었다. 요즘 나는 우리 집에 반복적으로 필요한 거의 모든 제품을 구매할 때 여러 가지 이유로 아마존부터 찾는다. 그리고 아마존에 보관된 과거 구매 목록부터 살펴본다.

아마존의 NPS 점수는 73점이다. 일반적으로 50점 이상이면 훌륭한 수준이고 70점 이상이면 세계 최고 수준이다. 아마존이 성공을 거둔 것은 당연한 일이다.

## 소비자 잉여를 개인적 우선순위로 만드는 것

직원이든 사업가든, 당신은 소비자 잉여를 우선순위로 두어야 한다. 이는 당신의 고용주나 고객에게 훌륭한 가치, 즉 기대 이상의 가치를 제공해야 한다는 것을 의미한다. 이것이야말로 성공적인 관계나 사업을 구축하는 방법이다.

그럭저럭 지낼 정도로만 적당히 하는 것은 다른 사람은 물론 자기 자신에게도 무례한 일이다. 당신이 하고 있는 일에 자부심을 가져라. 할 가치가 있는 일이라면 그것은 할 가치가 있을 뿐만 아니라 가능한 자원과 노력을 모두 활용할 수 있는 일일 것이다. 그리고 새로운 광란의 20년대에 소비자 잉여를 제공할 수 있는 일일 것이다.

① 소비자 잉여는 소비자가 어떤 제품이나 서비스에 지불할 용의가 있는 최대 금액에서 실제 지불한 금액을 뺀 값이다.

② 기존에는 판매자가 소비자 잉여를 제공하는 것이 거의 불가능했으나 오늘날에는 현실적인 목표가 되었다. 많은 제품들의 한계 생산비가 0이거나 0에 가깝기 때문이다. 영화관의 추가 영화표, 공유 우버 차량의 추가 탑승, 에어비앤비 호스트의 빈 방 등이 대표적인 예시다.

③ 소비자 잉여를 받는 고객은 그 제품, 그 판매업체, 그 제공업체의 추천고객이 된다. 소비자 잉여를 측정하는 경험적 척도를 NPS, 즉 순고객추천지수라고 부른다.

④ 우버는 매출 1달러 당 1.60달러의 소비자 잉여를 제공하여 공유 경제에서 높은 가치를 인정받는 참여자가 되었다. 우버는 이제 운전자가 없고 유지 관리가 필요 없거나 적은 자율주행 자동차로의 전환을 희망할 것이다.

⑤ 아마존의 성공은 지속적으로 소비자 잉여를 제공하고 NPS를 이용해 이를 측정하는 것에 기반을 둔다.

# 12장

# 국민총행복

우리는 다음과 같은 사실을 명백한 진리로 받아들인다. 모든 사람은 평등하게 창조되었고, 창조주로부터 양도할 수 없는 일정한 권리를 부여받았으며, 그 권리에는 생명권, 자유권, 행복추구권이 있다.

-미국 독립선언문, 1776년 7월 4일

미국의 위대한 건국 문서인 독립선언문은 먼저 영국으로부터의 독립을 선언하고 그 다음 국민이 행복을 추구할 수 있도록 하는 것이 미국의 존재 이유임을 선언한다.

독립선언문에는 다른 사람에게 피해를 주거나 다른 사람이 꿈을 추구하는 것을 방해하지 않는 한 국민은 무엇이든 자신이 원하는 꿈을 추구할 수 있어야 한다고 명시되어 있다. '행복'이라는 단어는 대문자로 표기되어 있으나 그 정의는 모호하며 모든 시민이 각자 추구하고자 하는 바에 따라 스스로 정의할 수 있다.

하지만 20세기 초, 미국을 비롯한 대부분의 나라에서 국가의 초점은 행복 추구에서 경제 추구로 옮겨갔다. 1934년, 경제학자 사이먼 쿠즈네츠는 경제성과를 측정하는 균일한 방법론을 거의 하룻밤 사이에 개발했고, 쿠즈네츠의 국민총생산 지수(이후 국내총생산, GDP로 명칭이 바뀌었다)는 국가의 성공을 측정하기 위해 전 세계적으로 사용되는 주요 지수가 되었다.

이 장에서는 2020년대 이후에 적합한 새로운 개념으로, 우리의 가치를 근본적으로 뒤흔든 국민총행복Gross National Happiness(GNH)을 소개한다.

거의 100년 동안 우리는 매년 생산되는 물질적 부의 양을 기준으로 우리 자신, 직업, 국가, 수많은 사람들을 평가해 왔다. 심지어 물질적 부를 측정하는 척도를 개발한 쿠즈네츠에게 노벨상을 수여하기까지 했다. 성공적인 기업가들은 자신이 추구하는 물질적 부를 성취했으나 상당수는 궁극적 목표인 행복이 규정하기 어려운 것임을 깨달았다. 게다가 여기에 설명했듯이 GDP로 측정된 막대한 부를 생산하는 과정에서 우리는 비극적인 계산 실수를 저질렀다. 우리가 야기한 오염과 기후변화의 비용에 공정한 보상을 치르지 않고, 다른 사람들로부터 가져다 쓴 원재료의 실제 비용을 포함하지 않았던 것이다.

## 돈벌이 vs. 배움

제2차 세계대전 이후, 전쟁 참여 군인들의 복귀 및 제대군인 원호법에서 비롯된 소비자 수요에 대응해 대학들은 인문학에서 경영학으로 수업 자원을 이동시켰다. 학문에 중점을 두는 것보다 소득에 중점을 두는 것이 인기를 얻기 시작한 것이다. 1974년, 내가 학교를 다니기 위해 뉴욕을 떠날 때 부모님은 친척들과 모임을 마련했다. 아버지는 친척들에게 이렇게 말씀하셨다.

"폴은 돈 버는 법(how to make a living)을 배우러 와튼 경영대학원에 진학합니다."

당황한 어머니는 아버지의 말에 이렇게 답하셨다.

"폴은 인생을 살아가는 법(how to live)을 배우러 펜실베이니아 대학교에 진학합니다."

1980년대까지 미국은 경제적 번영을 이루고 전 세대가 가능하다고 생각했던 수준 이상의 많은 부를 얻었다. 미국의 1인당 GDP는 1999년 3만 4000달러에서 2021년 6만 8000달러로 두 배 증가했다. 반면 그러한 부를 공유한 미국인의 비율은 매년 줄어들었다.

미국의 1인당 평균 부는 급상승했지만 미국 및 전 세계의 전반적인 행복은 악화되었다. 초혼 부부의 이혼율은 50퍼센트에 달하며 불안장애를 겪는 사람은 약 5000만 명에 이른다. 우울증을 앓는 사람이 약 7000만 명, 주로 과식과 불행으로 인한 비만에 시달리는 사람이 2억 3300만 명으로 미국 인구의 3분의 2에 달한다. 경제적 이득을 추구하는 동안 행복에 타격을 입은 것이다.

최근까지 쿠즈네츠의 GDP 지수처럼 개인 및 국가 수준에서 행복을 측정하는 보편적인 지수(국민총행복 지수)를 개발한 사람은 아무도 없었다.

그러한 보편적인 지수가 없는 가운데 각국은 1979~2015년에 추진된 중국의 한 자녀 정책처럼 계속해서 잘못된 의사결정을 내리고 있다. 우리는 다음 장에서 1979년 한 자녀 정책에 대한 덩샤오핑의 결정이 어떻게 GDP 측면에서 세계 역사상 최고의 결정이자 GNH 측면에서 최악의 결정으로 남을 수 있는지 살펴볼 것이다.

## GNH의 유래

GNH, 즉 세계행복지수가 어떻게 등장했는지 살펴보자.

2008년, 부탄 왕국은 민간 및 공공 부문의 의사결정이 그것을 통해 벌어들일 수익보다 창출할 수 있는 행복을 기준으로 이루어져야 한다고 결정했다. 뿐만 아니라 GDP처럼 경제성과를 측정하는 데 이용되는 모든 척도에서 재생 불가능한 자원의 고갈과 오염 발생을 공제해야 한다고 발표했다. 2008년 선포된 부탄의 민주 헌법에는 행복의 9가지 영역과 GNH의 4대 축이 기본 틀로 제시되어 있다. 2011년 7월, 유엔은 GNH에 대한 부탄의 연구를 상당 부분 채택했다.

2012년 이후 유엔은 매년 세계행복보고서World Happiness Report(WHR)를 통해 156개국 국민들이 스스로 얼마나 행복하다고 인식하는지 평가하여 순위를 발표해왔다. 이 연례 보고서는 다른 나라와 비교해 각 나라의 순위를 매겨 통찰력을 제공한다. 또한 각 나라의 전년도 결과를 기준으로 개선도를 모니터링 할 수 있게 해준다. WHR은 유엔 국제 행복의 날인 3월 20일에 발표된다.

데이터와 별도로 각 연례 보고서에는 세계 최고의 경제학자, 과학자, 지도자들이 참여한 관련 논문과 연구가 포함된다. 예를 들어 2018년 WHR에는 펜실베이니아 대학교 리처드 이스털린Richard Easterlin 교수가 제시한 '이스털린의 역설Easterlin paradox'에 대해 경제학자 제프리 삭스Jeffrey Sachs 교수가 저술한 논문이 실렸다. 이 논문은 1972년 이후 46년 동안 미국의 행복 수준이 거의 그대로 유지되면서 1인당 실질소득이 어떻게 두 배 이상 증가했는지 분석했다. 1974년 당시, 이스털린의 역설은 소득이 증가할수록 행복도 증가하지만 일정 수준을 넘어서면 소득이 증가해도 행복은 더 이상 증가하지 않는다고 가정했다.

## 연례 세계행복보고서

2012년 이후 나는 매년 연례 세계행복보고서를 기대한다. 더 자세한 정보나 최신 보고서를 보고 싶은 독자들은 www.worldhappiness.report 를 참고하기 바란다.

다음은 연례 보고서 발행 10주년인 2022년에 발표된 WHR의 행복 수준 상위 20개 국가 목록이다. 이 순위는 연례 설문조사를 수행하지 않은 국가들을 설명하기 위해 2019~2021년의 평균으로 산출되었다.

| 2022년 세계행복보고서 | | | | | |
|---|---|---|---|---|---|
| 순위 | 국가 | 점수 | 순위 | 국가 | 점수 |
| 1 | 핀란드 | 7.842 | 13 | 아일랜드 | 7.041 |
| 2 | 덴마크 | 7.620 | 14 | 독일 | 7.034 |
| 3 | 아이슬란드 | 7.557 | 15 | 캐나다 | 7.025 |
| 4 | 스위스 | 7.512 | 16 | 미국 | 6.977 |
| 5 | 네덜란드 | 7.415 | 17 | 영국 | 6.943 |
| 6 | 룩셈부르크 | 7.404 | 18 | 체코 | 6.920 |
| 7 | 스웨덴 | 7.384 | 19 | 벨기에 | 6.805 |
| 8 | 노르웨이 | 7.364 | 20 | 프랑스 | 6.687 |
| 9 | 이스라엘 | 7.365 | 72 | 중국 | 5.585 |
| 10 | 뉴질랜드 | 7.200 | 80 | 러시아 | 5.459 |
| 11 | 오스트리아 | 7.163 | 146 | 아프가니스탄 | 2.404 |
| 12 | 오스트레일리아 | 7.162 | | | |

이 순위에서 몇 가지 주목할 점이 있다.

◆ 숫자는 15점 척도로 측정한 각국의 총 행복 점수를 나타내며,

평가 항목에는 1인당 GDP, 부정부패, 경제적 안전망 등이 포함된다.

◆ 상위 6개국의 점수는 통계적으로 같다고 볼 만큼 차이가 없지만 핀란드가 3년 연속 덴마크를 제치고 1위에 올랐다.

◆ 선진국 국민들은 소득의 양, 즉 1인당 GDP보다 소득의 질(안정성), 즉 개인적인 경제 안전망을 매년 더 중시하고 있다.

◆ 이는 2020년대에 금융 서비스 업체와 고용주에게 시사하는 바가 매우 크다. 사람들이 경제적 보상과 관련하여 높은 액수보다 안정성을 선호한다는 점이다.

◆ 코로나19 대유행으로 GNH가 하락할 것으로 예상되었으나 사회적 지원 증가로 인해 몇몇 점수들은 예상과 달리 상승했다.

◆ 내가 2012년에 GNH 연구를 시작했을 때 동료 중 한 명이 이렇게 말했다. "코펜하겐에 핀을 꽂고 동심원을 그려보게. 어떤 방향이든 덴마크에서 멀어질수록 GNH가 낮아진다네." 나는 이 말이 맞다고 생각한다. 스칸디나비아 국가와 그 인접 국가들은 국민에게 경제적 안전망을 제공하는 데 항상 앞장서 왔기 때문이다.

◆ 미국의 순위는 2018년 이후 한 단계, 2017년 이후 다섯 단계 하락했다. 미국은 1인당 GDP가 현저히 높음에도 불구하고 경제, 사회, 범죄 측면에서 매우 낮은 수준의 안전망을 보유하고 있다. 미국의 GNH 순위가 낮은 것은 바로 이 때문이다.

◆ 물리적 안전과 부정부패로부터의 자유는 모든 국가에서 매년 더욱 중요하게 평가된다.

# 환경, 사회, 지배구조

투자자들은 환경, 사회, 지배구조Environmental, Social and Governance(ESG) 같은 비재무 지표를 투자 분석에 점점 더 중요하게 적용하고 있다. 그들은 이러한 지표가 기업을 이해하고 위험을 평가하는 데 도움이 될 수 있다고 생각한다. 지속가능회계기준위원회Sustainability Accounting Standards Board, 글로벌 지속가능경영 보고 기준Global Reporting Initiative, 기후변화 관련 재무정보공개 협의체Task Force on Climate-related Financial Disclosures 같은 기구들은 그러한 요인들의 표준과 정확한 영향을 규명하고자 노력하고 있다. 또한 코로나19 대유행을 계기로 비재무적 요인들이 기업 및 기업가들에게 어떤 영향을 미치는지에 대한 인식이 높아졌다.

'환경'은 보호 및 효율성을, '사회'는 고객, 직원, 지역사회와의 관계를 고려한다. '지배구조'는 이사회 구성, 도덕성, 경영진 보상 등 기업의 실제 운영을 다룬다.

ESG 투자는 사회적 책임 투자에 대한 다양한 생각에서 출발했으나 오늘날에는 가치판단과 부정적인 선별을 막아줄 방안으로 여겨진다. ESG 투자는 기업의 내재가치를 고려하고 ESG 요소를 개선해 주주와 사회에 제공하는 가치를 높일 수 있는 방안에 대해 검토하고자 시도한다.

유명한 보수 경제학자 밀턴 프리드먼은 주주의 이익을 증가시키는 것이 기업의 사회적 책임이라는 입장을 취했다. 기업으로부터 이익을 얻은 주주들은 어떤 사회적 계획에 대해서도 스스로 결정할 수 있을 것이라고 주장했던 것이다. 이러한 견해는 금융 기관과 직원들이 이윤과 직원 보너스를 극대화하기 위해 과도한 위험을 감수한 결과 초래된 2007~2009년 대침체 이후 많은 비판을 받았다. 그럼에도 불구하고 프리드먼의 견해는 매우 큰 영향력을 발휘해 왔다.

나는 현재의 ESG 접근방식에 대해 회의적이다. 여러 목표들이 서로 충돌하며 측정치가 모호하고 조작될 수 있기 때문이다.

ESG는 기업이 수익성과 존경을 모두 얻을 수 있다는 생각을 지지한다. 사실 ESG 목표를 달성하기 위해 특정 비용을 내부에서 부담하는 것보다 외부화하는 것이 기업의 수익성을 더 높이는 경우가 많다.

나는 ESG가 곧 '환경'이 되어야 하며 배출 물질에 중점을 두어야 한다고 정중히 제안한다. 이러한 접근방식을 통해 기업 지배구조보다 배출 물질 관련 기술의 영향을 강조하게 될 것이다. 그 결과 ESG는 더 유용하고 현실적인 방안으로 자리매김할 것이다.


## 향상되는 GNH

국민총행복이라는 개념은 성장의 필요성뿐만 아니라 성장의 본질에 대한 분석을 촉발한다. 이 책을 통해 우리는 경제와 생활수준을 비교하는 척도로 GDP를 살펴보았다. 이것이 세상을 보는 올바른 방식이 아니라면 어떻겠는가?

GNH는 성장으로 인한 피해를 고려해 GDP를 조정한다. 또한 진정한 성장을 파악하기 위해 비경제적 요인이 고려되어야 한다고 가정한다. 스칸디나비아 국가들이 GNH에서 높은 순위에 오른 것은 자본주의에 대한 그들의 접근이 유럽의 사회주의 안전망으로 뒷받침되었기 때문이다. 이는 분명 타당한 접근이지만 모든 나라에 적합하지는 않을 것이다. 스칸디나비아 국가들은 중국, 러시아, 미국처럼 거대한 나라가 아니다. 그들은 세계 경제나 지정학적 협력에서 중대한 역할을 수행하지 않는다. 따라서 더 폐쇄적인 환경에서 GNH를 창출하고 관리하는 것이 더 쉬울 것이다.

미국은 분명 GNH를 높이기 위해 더 많은 조치를 취할 수 있을 것이다. 8장 '보편적 기본소득'에서 논의했듯이 모든 미국인에게 현금 지원을 제공하는 것은 매우 좋은 출발점이다. 음식과 주거에 대해 미리 정해진 관료적 재정 지원에서 자유로운 선택으로 전환하는 것은 또 다른 긍정적인 조치다. 메디케이드와 메디케어를 이해하기 쉽고 접근하기 쉽도록 개혁하는 것은 엄청난 일일 것이다. 이러한 시스템의 복잡성과 낭비가 감소한다면 우리는 더 행복해질 것이다.

희망사항에 불과한가? 나는 그렇지 않기를 바란다.

① 독립선언문의 '행복 추구'와 비슷하게 행복은 경제를 대신해 사람들이 삶에서 가장 원하는 항목이 되었다.

② 1934년, 경제학자 사이먼 쿠즈네츠는 경제성과(국민총생산)를 측정하는 균일한 방법론을 처음으로 개발했다. 1979년, 부탄 국왕은 종합적인 웰빙(국민총행복)을 측정하는 보편적인 기준을 제안했다.

③ 2012년 이후 유엔은 세계행복보고서를 통해 156개국 국민들의 행복 순위를 발표해 왔다. 이 보고서는 국민의 복지 수준을 다른 나라의 결과 및 자국의 이전 결과와 비교할 수 있게 해준다.

④ 2022년 세계행복보고서에서 스칸디나비아 7개국이 156개국 가운데 상위에 올랐듯이 생활수준 다음으로 가장 중요한 행복의 기준은 안전망이다.

⑤ 미국은 1인당 GDP(경제)가 현저히 높음에도 불구하고 경제, 사회, 범죄 측면에서 매우 낮은 수준의 안전망을 보유하고 있다. 미국의 GNH 순위가 낮은 것은 바로 이 때문이다.

# THE NEW
# ROARING
# TWENTIES

# 13장

# 중국의 도전

세계 역사상 1980~2000년까지 중국이 이룩한 경제 기적보다 대단한 성과는 없다. 중국은 아프리카 전체 인구보다 많은 10억 명의 국민을 빈곤에서 구해냈다!

전 세계적으로 사람들의 생활 여건 개선 측면에서 볼 때, 유사 이래로 국가, 자선단체, 종교단체의 노력을 모두 합해도 여기에 미치지 못한다.

이 장에서는 새로운 광란의 20년대에 중국 경제가 어떻게 미국 및 다른 선진국의 경제에 막강한 도전을 야기하는지 살펴볼 것이다. 또한 중국이 어떻게 전 세계에 막대한 경제적, 사회적 기회를 제공하는지 알아볼 것이다. 앞으로 중국과 미국의 관계보다 더 중요한 사안은 없을 것이다.

당신이 기업가나 고위 경영진이라면 중국은 당신이 지금까지 사업상 직면한 가장 큰 도전일 것이다. 중국은 당신의 기존 제품을 기존 고객에게 당신이 바랄 수 있는 수준보다 더 낮은 가격에 제공할 수 있다. 지금까지 중국이 놓치고 있던 부분은 유통 채널뿐이며, 현재 중국은 유통 채널을 빠르게 구축해가고 있다.

새로운 광란의 20년대에 중국은 풍부한 가처분소득과 제품 및 서비스에 대한 구매 여력을 바탕으로 세계 최대의 단일 소비자 국가로 부상할 것이다. 인도가 인구 규모에서 중국을 능가할 것임에도 불구하고 이는 분명하다. 인도는 세계 경제에 여전히 매우 중요한 나라이나 국민을 빈곤에서 구해낸 중국의 놀라운 성공을 경험하지 못했다.

먼저 우리는 가장 가난한 나라가 어떻게 지난 몇십 년 만에 가장 부유한 나라가 되었는지 중국의 현대사부터 살펴볼 것이다. 이어서 중국과 미국이 세계 시장에 새롭고 안정적인 질서를 가져올 수 있는 방안을 모색할 것이다.

# 중국의 도전과 기회

다음 10년 동안 세계 경제에 가장 중요한 사건은 중국이 세계 최대 생산국이라는 현재의 지위를 유지하면서 세계 최대 소비국으로 부상하는 것이다. 미국과 다른 나라들은 이러한 위협과 기회에 어떻게 대처해야 하는가?

중국, 더 구체적으로 말해서 중국과 미국의 파트너십은 미국의 금융 부문뿐만 아니라 실물경제까지 장악할 것이다. 이러한 양국 관계의 역학은 전 세계 모든 나라에 영향을 미칠 것이다.

나는 2009년부터 중국에서 일해 왔다. 1969년, 학생으로 처음 중국에 방문했고 중국에 다녀올 때마다 미국에서 개선할 수 있는 새로운 것들을 보았다. 중국인에 대한 존경과 애정에도 불구하고 나는 중국이 전 세계 주요국 가운데 가장 불행한 나라일 수 있음을 직접 보고 느꼈다. 2022년 WHR에 발표된 156개국 중에서 미국은 16위, 중국은 72위에 올랐다. 어째서 이런 결과가 나왔는지 잠시 후 이야기할 것이다.

흥미롭게도 중국이 창출한 막대한 부는 지속적으로 미국 경제에 유입되고 있다. 500만 명 이상의 중국인이 미국에 살고 있으며, 36만 명가량의 중국 학생들이 미국에서 대학을 다닌다. 당신이 어떤 사업을 운영하든 향후 당신의 성공은 중국으로부터 어떻게 상품을 구매하는지 또는 중국에 어떻게 상품을 판매하는지에 상당 부분 좌우될 것이다.

역사적 배경을 잠시 살펴보자. 중화인민공화국을 설립한 마오쩌둥은 1976년 사망했다. 이후 현대 중국을 수립하고 중국의 경제 기적에 가장 중심적인 역할을 담당한 덩샤오핑이 23년 동안 실질적인 지도자가 되었다. 그는 중국을 자본주의의 길로 이끈 정치 천재이며 역사나 이데올로기에 얽매이지 않은 실용주의자였다. 마오쩌둥이 중국의 문화 엘리트를 비롯해 인민들을 잔인하게 학살했던 문화혁명 이후 덩샤오핑은 어떤 지도자도 절대적인 지배력을 행사하지 못하도록 견제와 균형 체제를 구축했다.*

1978~1997년, 19년 동안 중국의 GDP는 2600억 달러에서 9620억 달러로 3.7배 증가했다. 같은 기간 미국의 GDP는 2조 4000억 달러에서 8조 6000억 달러로 비슷하게 3.5배 증가했다.**

미국과 비슷했던 중국의 초반 성장은 칭찬할 만했으나 중국의 일반 국민들에게는 영향을 미치지 못했다. 당시 미국의 인구는 중국의 4분의 1에 불과했으나 경제 규모는 중국의 10배였기 때문이다. 이는 이론적으로 1980년대 미국의 일반 국민이 중국의 일반 국민보다 경제적으로 40배 부유했음을 의미한다. 즉, 4분의 1밖에 안 되는 적은 사람들에게 10배 많은 부가 분배되었던 것이다.

덩샤오핑의 개혁은 중국에 큰 영향을 미쳤으며, 오늘날 중국이 세계 인구의 약 5분의 1을 차지하고 있다는 점에서 인류 전체에도

---

* 조셉 토리기안Joseph Torigan, 「중국 엘리트 정치에 드리운 덩샤오핑의 그늘 The Shadow of Deng Xiaoping on Chinese Elite Politics」, 〈텍사스 국가안보 리뷰Texas National Security Review〉, 2012년 1월 30일; 패트릭 타일러Patrick Tyler, 「덩샤오핑: 중국을 자본주의의 길로 이끈 정치적 마법사Den Xiaoping: A Political Wizard Who Put China on the Capitalist Road」, 〈뉴욕타임스〉, 1997년 2월 20일.

** 세계은행과 경제협력개발기구 데이터; 「중국 GDP: 1980년 이후의 변화China GDP: How It Has Changed Since 1980」, 〈가디언The Guardian〉, 2012년 11월.

영향을 미쳤다고 볼 수 있다. 덩샤오핑은 1978년 〈타임〉이 선정한 '올해의 인물'에 뽑혔고 1985년 한 번 더 이름을 올렸다.

1997~2020년에 중국의 GDP는 9620억 달러에서 18조 달러로 18배 증가하며 믿을 수 없는 성장을 기록했다. 이와 대조적으로 같은 기간 미국의 GDP는 8조 6000억 달러에서 22조 달러로 2.5배 증가했다.[*]

당신이 읽은 숫자가 맞다. 22년 동안 중국의 GDP는 18배 증가한 반면 미국의 GDP는 불과 2.5배 증가했다.

2014년, 구매력 평가(생계비) 기준으로 중국의 GDP는 세계 최대가 되었다. 오늘날 중국(실질 GDP 18조 달러)과 미국(GDP 22조 달러)을 합치면 세계 인구의 22퍼센트(중국 15억 명, 미국 3억 3000만 명)에 불과하나 세계 GDP의 절반가량을 차지한다.

중국 경제의 진정한 강점은 현재의 경제성장률, 효율적인 중앙 관리, 집중적인 인프라 건설에 있다. 이러한 요인들이 종합적으로 작용해 중국은 수십 년 동안 GDP 증가를 이어갈 가능성이 매우 높다.

맥킨지 글로벌 연구소McKinsey Global Institute가 발표한 2016년 보고서에 따르면 중국은 북미와 서유럽을 합친 것보다 많은 예산을 인프라에 지출하고 있는 것으로 나타났다.[**] 인프라 지출이 어떻게 구성되어 있는지 살펴보자.

---

[*]   세계은행과 경제협력개발기구 데이터; Macrotrends.net; CEICdata.com.
[**]   조나단 워첼Jonathan Woetzel, 니클라스 가레모Nicklas Garemo, 잔 미스케Jan Mischke, 프리양카 캄라Priyanka Kamra, 로버트 팔터Robert Palter, 「인프라 격차 해소: 세계는 진전을 이루었는가?Bridging the Infrastructure Gaps: Has the World Made Progress?」, 맥킨지 글로벌 연구소McKinsey Global Institute (2016). 맥킨지는 주요 기업 및 정부에 조언을 제공하는 글로벌 경영 컨설팅 회사다.

**사무용 건물** 2015~2018년, 중국은 초고층 건물 310개를 신규 건설한 반면 미국은 33개를 건설했다.

**우주 계획** 2018년, 중국은 인공위성 35개를 성공적으로 발사한 반면 미국은 30개를 발사했다.

**온라인 판매** 2019년, 중국 온라인 시장은 중국 전체 판매의 42퍼센트를 차지하며 1조 달러를 넘어 세계 최대 규모가 되었다.

**휴대폰** 2018년, 중국은 10억 명 이상의 4G 휴대폰 사용자를 보유했고, 이는 세계 인구의 18퍼센트에 불과하나 세계 휴대폰의 40퍼센트를 차지했다. 화웨이Huawei는 2018년에 애플을 제치고 세계 최대 휴대폰 제조업체가 되었다. 하지만 이후 미국의 제재로 인해 성장이 중단되었다.

**재생가능 에너지** 중국은 2022년까지 전 세계 재생가능 에너지의 40퍼센트를 차지할 것으로 예상된다. 중국은 이미 태양 발전, 수력 발전, 풍력 발전 용량에서 세계 1위에 올라 있다. 4장 '에너지 혁명'을 참고하기 바란다.

**효율적인 철도** 중국의 철도는 전 세계 선로의 6%에 불과하지만 가장 바쁘게 운영된다. 2017년, 중국의 여객 이동 거리는 1조 3000억 여객 킬로미터Passenger Kilometer(여객수송인원에 수송거리를 곱한 값)인 반면 미국은 106억 여객 킬로미터였다.

**건강 보험** 중국은 2011년부터 정부가 국민 95퍼센트에게 기본 건강 보험을 제공했다. 이에 반해 미국은 2011년에 국민 85퍼센트가 기본 건강 보험을 갖고 있었으며, 이 수치는 현재 약 91퍼센트로 증가했다. 미국의 건강 보험은 주로 민간 기업에 의해 제공된다.

**빈곤 인구** 중국은 1981~2011년, 불과 30년 동안 극빈층 인구를 12억 명에서 2600만 명으로 감소시켰다. 이는 아프리카 전체 인구보다 많은 10억 명 이상이 빈곤에서 벗어난 것이다. 이러한 성과는 지난 100년 동안 전 세계 거의 모든 나라의 자선 활동을 합친 것보다 많은 사람의 삶을 더 크게 향상시켰다.

**중산층 인구** 오늘날 중국은 세계 최대 규모의 중산층을 보유하고 있으며(2019년 4억 명으로 추산) 새로운 광란의 20년대에는 6억 명까지 증가할 것으로 예상된다. 미국의 중산층은 1억 7500만 명으로 추산되며 점차 감소하고 있다. 이는 많은 미국 시민과 거주자들이 사회에서 뒤처져 빈곤에 가까운 상태에 놓였기 때문이다. 미국은 부익부 빈익빈이 심화되고 있다. 이것은 미국 경제와 민주주의에 매우 불행한 발전이다.

제2차 세계대전 이후 미국의 취향이 소비자 및 상업적 취향을 규정한 것처럼 세계 최대 소비자 집단인 중국의 취향은 수십 년 동안 상품 및 서비스에 대한 세계의 취향을 규정할 것이다.

**부자 인구** 2018년, 크레디트 스위스 연구소Credit Suisse Research Institute 에 따르면 전 세계 억만장자 2754명 중 626명이 중국에 있었고 724명이 미국에 있었다. 2021년, 중국의 억만장자 수는 미국을 앞질렀다. 중국에는 350만 명의 백만장자가 있으며 향후 5년 동안 미국보다 3배 빠르게 새로운 백만장자가 생길 것이다. 따라서 머지않아 중국은 억만장자뿐 아니라 백만장자 또한 세계 최대 규모가 될 것이다.[*]

# 세계 에너지를 지배하는 미국과 중국

오늘날 세계 GDP는 약 90조 달러, 1인당 GDP는 1만 2000달러다. 미국과 중국은 세계 인구의 22퍼센트에 불과하나 세계 GDP의 50퍼센트 이상을 차지한다. 즉, 미국과 중국에 사는 일반 국민은 그 이외 나라에 사는 일반 국민보다 약 2.3배 부유하다.

이러한 경제적 차이는 에너지 소비에도 적용된다. 세계 인구의 4퍼센트를 차지하는 미국은 세계 에너지 공급의 17퍼센트를 소비하며, 세계 인구의 18퍼센트를 차지하는 중국은 세계 에너지 공급의 24퍼센트를 소비한다. 두 나라는 세계 에너지 공급의 41퍼센트를 소비한다.

중국은 에너지 생산 및 사용 개선과 관련하여 화석 에너지원과 재생가능 에너지원 두 가지 모두에서 갈 길이 멀다. 화석 에너지원은 자국 및 전 세계에 대기 오염을 일으키고 있으며 재생가능 에너지원은 자국의 대기 질과 글로벌 기후변화 문제의 만능 해결책으로 대두되고 있다. 중국은 가장 오염이 적은 재생가능 에너지원인 풍력 및 태양 에너지의 최대 생산국이기도 하다.

---

★  안소니 쇼록스Anthony Shorrocks, 제임스 데이비스James Davies, 로드리고 루베라스 Rodrigo Lluberas, 「세계 부 보고서Global Wealth Report」, 크레디트스위스 연구소 (2018).

## 미국에 대한 중국 지도부의 생각

덩샤오핑이 추진한 대대적인 개혁 중 하나는 정치보다 경제적 효율성을 선택한 결정이었다. 그는 정치 이데올로기를 거부하고 다음과 같은 유명한 말을 남겼다.

"검은 고양이든 흰 고양이든 쥐만 잘 잡으면 된다."

이 철학에 따라 중국은 전반적으로 세계 정치에서 벗어나 모든 분야에서 세계 최고의 기술을 사용할 수 있었다(도용했다고 말하는 사람도 있을 것이다).

한 자녀 정책 이후 덩샤오핑이 추진한 최대 정책 중 하나는 중국 최고의 인재들이 해외 유학을 떠나도록 장려한 것이었고 이는 매우 놀라운 결과를 가져왔다. 1985년, 서른세 살의 화학공학자 시진핑은 농업을 배우기 위해 미국으로 건너와 아이오와주 머스커틴의 작은 마을에서 농장을 운영하는 미국인 가족과 지냈다. 시진핑은 현재 중국 국가주석이며, 아이오와에서 보낸 시간을 통해 미국 생활에 대해 긍정적인 시각을 갖게 된 것으로 전해진다. 그럼에도 불구하고 그는 미국과 경제 분야에서 공격적인 경쟁을 추진하고 중국 관리경제 시스템의 우수성을 입증해야 하는 강력한 필요성을 느끼고 있다. 그는 중국 기술 기업들의 역할과 그들을 중앙 관리 시스템에 통합하는 방안에 많은 관심이 있는 것으로 보인다.

오늘날 해외에 거주하는 대부분의 중국인들은 아이비리그 8개 학교를 비롯해 미국 일류 대학에 진학하기를 원한다. 이들 학교가 입학을 허가하는 신입생 수는 모두 합쳐서 1만 3000명밖에 되지 않는다. 나는 아이비리그 신입생 중 20~25퍼센트가 아시아계일 것으로 추정한다.

2020년, 중국계 학생 36만 명이 미국에서 정규 대학을 다녔다. 이는 앞으로 다소 줄어들 것이나 매우 놀라운 숫자다. 이들 대부분은 미국에서 교육을 받은 뒤 중국으로 돌아간다. 그러나 중국에서 강연을 하며 내가 이들의 부모 세대에게 가장 많이 받은 질문은 "언젠가 저희 가족이나 아이들이 살 집을 미국 어느 지역에 구매해야 할까요?"였다. 이 질문은 상당수의 중국 엘리트 계층이 미국의 장기 전망에 대해 실제 어떤 생각을 갖고 있는지 보여준다.

시진핑 주석의 전임자인 원자바오 총리는 중국에서 《제5의 물결 The Fifth Wave》이라는 제목으로 출간된 내 책 《건강관리 혁명The Wellness Revolution》의 팬이었다. 원자바오는 2003~2013년에 중국 총리를 지냈으며 미국에 대해 비슷한 존경심을 가지고 있었다. 그는 총리 재임 당시 외동딸 원루춘Wen Ruchun을 릴리 창Lily Chang이라는 가명으로 보스턴의 대학원에 보냈다. 중국의 한 총리 경호원은 원자바오 총리가 재임 당시 좋아했던 활동에 대해 내게 이야기해주었다. 원자바오 총리는 보스턴으로 날아가 중국인 관광객으로 위장해 공항에서 차를 빌린 뒤 영어와 중국어에 능통한 기사 한 명만 대동한 채 비밀리에 딸과 딸의 학교 친구들을 데리고 딸이 좋아하는 미국 음식(랍스터)을 먹으러 가곤 했다. 그의 딸은 졸업 후 뉴욕의 J.P. 모건에서 일했다. 나는 중국 혐오증이 있는 친구들에게 이것이 지난 20년 동안 중국 지도부가 미국에 대해 실제 갖고 있던 생각이라고 말한다.

이 책을 쓰고 있는 현재, 미중 관계는 좋지 않은 상황에 처해 있다. 하지만 전형적인 중국의 사업가들은 지정학적 우위나 타이완, 티벳 같은 문제들에 관심을 두지 않는다. 그들은 자녀를 미국 학교에 보내고 미국에 집을 사고 싶어 한다(그렇긴 하지만 타이완은 가장 복잡한 해상로의 일부이자 반도체 최대 생산국으로 매우 중요함에 틀림없다).

양국 간의 긴장과 코로나19 대유행을 계기로 미국 기업들은 공급망 관리에 다양한 공급원과 대체품이 필요하다는 것을 인식했다. 어떤 기업도 원료나 전문성을 특정 국가 또는 기업에 의존해서는 안 된다. 중국의 도전에 대응하기 위해서는 경쟁적인 도전과 위험에 대한 인식 그리고 기회에 대한 열린 마음이 필요하다.

## 덩샤오핑의 개혁: 한 자녀 정책

덩샤오핑이 시행한 가장 중요한 개혁은 1979년 채택된 한 자녀 정책 One-Child Policy(OCP)이었다. 이 정책은 GDP 측면에서 세계 역사상 최고의 경제적 결정이자 GNH 측면에서 최악의 결정으로 기록될 것이다.

이 정책의 배경을 살펴보자. 중국 혁명이 일어난 1949년부터 덩샤오핑이 집권한 1978년까지 30년 동안 중국 인구는 거의 두 배로 증가했다. 이 기간 동안 중국은 맬서스가 제시한 '끝나지 않는 빈곤의 악순환'에 갇혀 있었다. 기술 개혁이나 정치 개혁을 통해 증가한 GDP는 끊임없이 증가하는 인구에 곧바로 흡수되었고 1인당 GDP는 최저 생활수준을 벗어나지 못했다.

마오쩌둥의 공산당 정부는 인구 규모를 두 배로 만든 대규모 가족을 옹호했으나 이러한 악순환을 깨닫고 10년 동안 '제안'되었던 두 자녀 정책을 시행하며 1970년대에 소규모 가족을 추진하기 시작했다. 이후 덩샤오핑이 한 자녀 정책을 공식 법률로 제정(1980년 1월 1일부터 발효됨)하기 전까지는 아무 일도 일어나지 않았다.

'한 자녀 정책'이라는 용어는 사실 잘못된 명칭이다. 이 정책이 시행된(1979~2015년) 대부분의 기간 동안 중국 가정의 절반가량이 첫째가 여자 아이여서, 시골 지역에 살고 있어서, 쌍둥이를 가져서 등의 다양한 이유로 둘째를 가질 수 있었다. 특히 쌍둥이에 대한 예외 인정은 가임 부부들이 여러 자녀를 낳기 위해 임신 촉진제를 사용하는 결과로 이어졌다.

그럼에도 불구하고 OCP는 인구 밀집 지역과 가장 생산적이고 교육 받은 시민들에게 큰 영향을 미쳤다. 오늘날 추정치에 따르면 OCP로 인해 4억 명의 출생이 억제된 것으로 나타난다. 다시 말해, 중국인 동료들이 내게 상기시켜 준 것처럼 그들의 형제, 자매, 삼촌, 고모 4억 명이 그들의 삶에서 사라진 셈이다.

종종 국제 언론의 비판을 받는 OCP의 부정적 측면을 살펴보기 전에 긍정적 측면을 알아보자.

### OCP의 긍정적 측면

**경제** OCP 시행으로 중국 경제는 '잠시 숨을 돌리고' 신기술 실행, 인프라 건설 등을 추진할 수 있었으며, 이외에도 이미 언급한 여러 긍정적인 경제적 변화가 일어났다.

**대중의 지지** OCP는 중국 내에서 폭넓은 지지를 받았다. 특히 중산층과 상류층은 위대한 중국을 건설하기 위한 시민의 의무로 OCP를 받아들였다. 사실 1979~2015년에 태어난 아이들은 경제와 양육 측면에서 '첫째'라는 이점을 누렸다.

**여성의 지위 향상** OCP는 여성의 사회적 역할을 변화시켰다. 여성은 이제 교육을 받고 사회에 진출할 수 있었으며, 이는 중산층 및 상류층 노동 인구를 두 배 증가시켰다. 중국 GDP 증가의 상당 부분은 교육받은 여성 노동 인구 덕분이었다. 이는 많은 나라가 아직 배우지 못한 부분이다. 중국 여성들은 이제 정부와 민간 부문에서 지도자로 등장하고 있다.

**기술** OCP는 고령 인구의 간병인이자 동반자로서 AI 로봇의 빠른 발전을 이끌고 있다. 이러한 기술은 결국 전 세계 수십억 명에게 도움이 될 것이다.

이제 이 논쟁의 다른 측면인 부정적 결과를 살펴보자.

### OCP의 부정적 측면

**가족 붕괴** OCP는 사상 최대의 인구 왜곡을 만들어냈고, 현재 세대와 다음 세대의 가족생활을 영구적으로 무너뜨렸다(파괴시켰다고 말하는 사람들도 있다).

'4-2-1 문제'는 한 명의 아이가 두 명의 부모와 네 명의 조부모를 부양해야 하는 문제를 말한다. 전형적인 중산층의 25살 부부는 가장 생산적인 노동 시기에 50~60세의 부모 4명과 75~90세의 조부모 8명, 12명의 노인을 부양해야 한다. 당신의 형제, 자매, 삼촌, 고모가 존재하지 않고 당신과 배우자가 12명의 부모와 조부모를 전적으로 책임져야 한다면 현재 당신의 삶의 질이 어떨지 잠시 생각해 보라.

**남녀 성비 불균형** OCP는 남녀 성비 불균형을 초래했고(현재 약 118:100), 그 결과 3000만 명의 남성이 짝을 찾지 못하거나 결혼을 위해 중국을 떠나야 하는 상황이 되었다.

**사회적 분열** OCP는 거주 지역, 정부 규제 변화, 첫째 아이 성별 등에 따라 다르게 적용되었다. 이는 사회 내에서 제도를 따르는 사람과 제도를 회피하는 사람들 간에 갈등을 야기했다.

**노동력 부족** OCP는 급격한 노동력 부족을 초래했다. '35년 동안 4억 명이 없어진' 영향이 수십 년 동안 경제 전반에 작용하는 가운데 노동력 부족 문제는 더욱 악화될 수밖에 없을 것이며 다음 세대에 메아리 효과(어떤 일이 뒤늦게 되풀이 되거나 결과가 늦게 나타나는 현상)로 나타날 것이다.

**인권침해** 이 정책은 가장 기본적인 인권인 출산의 권리를 때로는 강제 불임 수술과 낙태를 통해 빼앗음으로써 수천만 중국 가정에 어두운 역사를 만들었다.


## OCP와의 감정적 첫 만남

나는 2000년대 중국의 대규모 경제 성장을 연구하는 경제학자로서 OCP를 처음 알게 되었다. 2009년 12월 8일, 베이징의 인민대회당에서 강연을 한 뒤 우리 일행은 저녁식사로 중국 전통음식을 먹으러 갔다. 중국 주최 측, 특히 여성들은 4분의 3은 베트남계, 4분의

1은 중국계인 내 아내에게 관심을 보였다. 그들은 아시아계 미국인인 우리 아이들 4명의 사진을 보여 달라고 요청했고, 통역 중 한 명은 우리 아이들이 벌칸족 같다고 언급했다. 프로듀서 진 로든버리Gene Roddenberry가 1960년대에 제작한 〈스타트렉: 오리지널 시리즈〉에서 벌칸족 아이 역할로 아시아계 미국인 배우를 출연시켰기 때문이었다.

다음날 아침, 주최 측 가운데 한 명인 유박사가 내게 대화를 요청했다. 그리고 통역을 통해 이렇게 말했다.

"어젯밤 아내분의 행동은 부적절했습니다. 그 자리에 있던 중국인 어머니들이 교수님 아내처럼 네 명의 자녀는 고사하고 두 명의 자녀라도 갖고 싶어 한다는 것을 생각하지 못하셨습니까? 그건 무례했습니다."

그는 여기서 잠시 이야기를 멈췄다. 그리고는 얼굴을 문질렀다. 나는 그가 금방이라도 울 것 같았다. 그는 마음을 진정시키고 이야기를 계속했다.

"필저 교수님, 지금은 저희에게 매우 어려운 시기입니다. 저희는 자녀수 제한을 비롯해 공공의 이익을 위해 모두가 희생해야 합니다. 방금 교수님 가족을 비난한 것은 제 잘못입니다. 사과드립니다."

그는 말을 이어갔다.

"저희는 교수님의 네 아이를 질투하기보다 교수님을 자랑스러워해야 합니다. 그리고 교수님은 언젠가 제 손자가 두 아이를 가질 수 있도록 경제를 성장시키는 방법을 저희에게 알려주셔야 합니다. 제 아들 부부에게는 너무 늦었으니 말입니다."

그는 나를 힘차게 끌어안았다. 이 이야기를 쓰고 있는 지금도 나를 감쌌던 그의 감정을 느낄 수 있다.

이 일은 이후 10년 동안 중국인들과 함께한 수백 차례의 만남 중 첫 번째에 불과했다. 한 자녀 정책은 공공 정책 문제에서 개인 가정 문제로 대화가 전환될 때마다 모두가 알지만 말하기 껄끄러워 하는 사안이었다. 중국은 한 자녀 정책의 잔류 효과와 낮은 출산율 때문에 장기적인 성장 문제를 겪을 것이다.

또 한 번은 로스앤젤레스에 자택이 있는 젊은 억만장자 중국인 부부를 만난 적이 있다. 그들은 늘 둘째 아이를 원했지만 4만 명의 직원을 거느리고 있는 남편이 직원들 모두가 지키는 OCP를 위반한 다면 직원들이 파업에 돌입할 것이라고 내게 말했다.

오늘날 중국은 GDP 기준으로 세계 1위이며, GNH 기준으로 세계 86위다. 500만 명의 중국인이 미국에 영구적으로 거주하고, 36만 명의 중국 대학생이 미국에서 학교를 다니는 것은 놀라운 일이 아니다. 그들은 그들이 할 수 있는 것을 배우고 이 지식을 중국으로 가져가기 위해 미국에 머무는 것이 아니다. 그들 중 일부는 가족이 언젠가 미국으로 이주할 미래 기반을 구축하기 위해 미국에 머무르고 있다.

## 세계의 공장과 최고의 기업가적 기회

중국은 전 세계 인구의 18퍼센트 미만으로 전 세계 제품의 28퍼센트를 생산하는 세계 최대의 가장 효율적인 생산국으로 자리 잡았다. 평균적인 중국인 노동자는 다른 나라의 경쟁상대보다 훨씬 효율적이다. 하지만 중국 제조업에는 노동력의 가격이나 효율성보다 훨씬 더 많은 것이 있다. 바로 제조 인프라에서 세계를 이끌고 있다는 점이다.

앞서 이야기했듯 내 아이들은 로봇 대회에 많은 시간을 쏟았다. 아이들은 최신 서보모터(속도와 각도를 조절하는 데 사용함), 커뮤니케이션 장치, 상호작용 기계, 최신 로봇 설계에 필요한 그 밖의 부품들을 항상 찾아다녔다. 두 아이는 다른 곳보다 선전에 가는 것을 유독 좋아했다. 홍콩 근처에 있는 인구 1300만 명의 도시인 선전은 중국의 실리콘밸리로 불리며 첨단기술 인프라로 유명하다. 특히 화창 북로는 세계 최대의 전자 상가로, 수십만 개의 업체가 거의 모든 전자 부품을 보유하고 있다. 아이들은 어떤 유형의 전자 제품이든 아침에 설계도를 그린 뒤 오후에 선전 코코파크 쇼핑몰에서 몇 시간 만에 모든 부품을 구할 수 있다고 주장한다. 내 아이들에게 그리고 수많은 전자 제품 디자이너들에게 선전만큼 일하기 좋은 곳은 없다.

차를 타고 베이징 공항을 떠나 호텔로 향하다 보면 다른 장소에 와 있음을 실감하게 된다. 가장 먼저 눈에 띄는 것은 4차선 구간 5개로 나누어진 편도 20차선 고속도로다. 가장 바깥쪽 구간은 지역 교통을 지원하며 가장 안쪽 구간은 약 25마일(약 40킬로미터)마다 출구가 있다. 이것은 미국의 다인승 차량 전용차선과 비슷한 방식이지만 탑승자 수가 아닌 목적지에 따라 구분된다.

1000분의 1초라도 빨간불을 어기면 고해상도 카메라가 자동차 번호판을 촬영해 반론할 수 없는 사진 증거와 함께 교통 위반 딱지를 휴대폰으로 즉각 전송한다. 클릭 한 번이면 위반 사실을 인정하고 범칙금을 납부할 수 있으며 납부가 늦어질수록 가산금이 붙는다.

내가 중국에 방문해볼 것을 추천했던 사람들은 하나같이 자신이 종사하는 분야에서 경험한 중국인의 효율성에 대한 이야기와 이러한 효율성을 미국에 도입할 방안에 대한 아이디어를 가지고 돌아온다. 의료인 친구들은 치료하려는 질병에 따라 의사를 같은 층에 모아 놓은 중국의 병원을 보고 놀라워했다. 서양 의학에 따라 진료하는 양 의사와 중국의 전통적인 대체 의학에 따라 진료하는 한의사가 같은 층에 있기 때문에 환자는 의사 한 명에게 진료를 받는 것이 아니라 여러 의사를 거치며 자신의 문제를 설명하고 의사들은 각자 고유한 처방을 제시한다.

미국에서 소비할 서양 제품을 중국에서 독특하게 설계하고 제조할 수 있는 기회는 거의 사라졌다. 하지만 새로운 광란의 20년대에는 같은 언어를 사용하는 세계 최대의 단일 소비자 국가인 중국에 당신의 제품이나 서비스를 가져갈 수 있는 똑같은 기회가 있을 것이다. 중국은 엔터테인먼트, 레스토랑, 전문화된 서양의학, 기업가적 비즈니스 기회 등의 서비스를 원한다. 한편 치과, 인공지능, 전기 자동차 설계 및 제작, 로봇 음식 서비스 제공 등 모든 것을 더 효과적으로 수행할 수 있는 방법을 중국에서 가져올 수도 있다.

## 새로운 실크로드, 팍스 아메리카나/차이나

세계 인구의 5분의 1, 약 15억 명이 오늘날 중국에 거주한다. 이들 중 97퍼센트는 동일한 인종에 속한다. 바로 자신들을 한나라의 후손으로 규정하는 한족이다.

오늘날 한족은 중국에 있는 13억 명뿐 아니라 싱가포르 인구의 75퍼센트와 타이완 인구의 75퍼센트까지 포함해 세계에서 가장 많은 인종이다.

한나라(기원전 206년~기원후 220년)는 426년 동안 지속된 중국의 첫 황금시대였다. 한 황제는 영국 대헌장(1215년 영국 존 왕이 귀족의 강압에 의해 서명한 문서로, 왕의 권리를 제한하고 왕권 행사 시 법적 절차에 따를 것을 명시했다-옮긴이)보다 1000년 이상 앞서 정치적으로 상인 및 귀족과 권력을 공유하고 기업가정신을 장려했다. 한나라는 금융, 기술, 농업, 직물 그리고 특히 제철 분야(쟁기, 목사리, 외바퀴 손수레 등을 만들 수 있게 해준)에서 당시 세계를 선도했다. 게다가 정교한 정부 조직과 민간화폐 제도까지 있었다. 기원후 100년에 만들어진 한나라의 동전 중 일부는 860년이 지난 기원후 960년에도 여전히 사용되었다.

한나라가 추진한 가장 큰 계획은 기원전 130년에 서양과 공식적으로 무역을 개방하는 것이었다. 그 결과 이후 2세기 동안 유럽 및 서양으로 이어지는 무역로인 실크로드가 개발되었다. 실크로드는 경제, 문화, 정치, 종교 등 여러 측면에서 동양과 서양을 연결했다. 18세기에 더 효율적인 해상 항로가 육로를 대체할 때까지 실크로드는 인류 발전에 매우 중요한 역할을 했다.

2013년 9월, 시진핑 주석은 실크로드를 비롯해 중국과 아프리카 및 유럽을 잇는 여러 육로 인프라 개선에 1조 달러 이상을 투자하겠다고 발표했다. 중국의 '일대일로' 또는 '신 실크로드' 계획은 철도, 트럭, 버스, 자동차를 이용한다. 이 계획은 '지역 연결을 강화하고 더 밝은 미래를 포용하기 위해' 2017년 중국 헌법에 포함되었으며, 2049년 완료를 목표로 공사가 진행되고 있다. 아프가니스탄, 카자흐스탄, 타지키스탄, 투르크메니스탄, 우즈베키스탄, 인도, 파키스탄 등 육로가 통과하는 도시와 국가는 엄청난 경제 발전이 이루어질 가능성이 있다. 일대일로가 이들 나라를 유럽 및 미국(해상을 통해 간접적으로)과 긴밀하게 연결하기 때문이다. 신 실크로드 계획은 '21세기 해상 실크로드'와 함께 추진되고 있다. 이는 중국, 아프리카, 유럽 사이의 선적항을 현대화하고 업그레이드하는 비슷한 프로젝트로, 국제 자유항과 중부 유럽으로 이어지는 철도가 있는 하노이, 자카르타, 싱가포르, 말레, 지부티, 수에즈, 하이파, 이스탄불, 아테네, 트리에스테 등이 포함된다.

최근 시진핑 주석은 유엔 총회에서 2030 지속가능발전목표에 중점을 둔 글로벌 발전 이니셔티브Global Development Initiative(GDI)를 발표했다. 이 프로그램은 코로나19 대유행에 대한 대응방안의 일환으로 개발되었으며, 빈곤과 식량 부족을 줄이고 글로벌 개발에 지속가능성 및 저렴한 청정에너지를 도입하며 생활수준을 향상시켜 전 세계 사람들의 생활 여건을 개선하는 목표를 담고 있다. 이들 대규모 프로젝트는 주로 중국이 투자 대상국에 빌려주는 자금으로 재원을 마련한다. 이는 중국이 세계무대에서 경제적, 군사적 입지를 강화하려는 이른바 '부채함정 외교Debt-trap Diplomacy'라는 비판을 유발했다. 그러나 미국이나 유럽은 모두에게 유용한 인프라를 현대화하기 위해 자국에서조차 수천 억 달러를 투자한 적이 없다. 게다가 이것은 대규모 인프라로, 압류나 회수가 거의 불가능할 것이다. 나는 수혜국이 이 인프라 관계의 영향력을 갖는 경우가 많다고 생각한다.*

나는 구소련에서 일했던 1980년대 후반에 중앙아시아의 옛 실크 로드 일부 지역을 방문했다. 나는 현재의 어떤 프로젝트도 새로운 광란의 20년대에 세계 평화와 번영을 더욱 증진시킬 수 없다고 생각한다. 사실 이러한 프로젝트는 이미 믿기 어려울 정도인 중국의 경제 성장과 영향력을 더욱 촉진할 것이다. 하지만 그 결과 중국은 미국의 제품과 서비스에 더 많은 돈을 지출하고 제3세계 국가들에게 더 많은 돈을 빌려주어야 할 것이다. 중국은 불과 몇십 년 만에 10억 이상의 국민을 빈곤에서 구해내는 유례없는 성과를 달성했다. 실크로드 계획은 대부분 한족도, 중국인도 아닌 아프리카와 동아시아의 또 다른 10억 명을 중산층으로 끌어올릴 수 있을 것이다.

나는 이 새로운 시대를 '팍스 아메리카나/차이나Pax Americana/China' 라고 부른다. 세계 최강국인 두 나라의 이익이 그들과 전 세계의 상호 이익을 위해 이토록 부합한 적은 없었다. 이 기회를 건설적으로 활용하는 것은 두 나라 모두에게 21세기의 가장 큰 도전이자 가장 큰 기회가 될 것이다. 중국과 미국의 지도자들이 이것을 이해하고 행동할 수 있는가? 세계의 미래는 여기에 달려 있다.

---

* 앤드류 채츠키Andrew Chatzky, 제임스 맥브라이드James McBride, 「중국의 거대한 일대일로 계획China's Massive Belt and Road Initiative」, 미국외교협회, 2020년 1월 28일; 프랭크 움바흐Frank Umbach, 「중국의 일대일로 계획 진행 현황How China's Belt and Road Initiative Is Faring」, 〈GIS 보고서: 경제〉, 2022년 4월 8일.

① 미국과 중국은 자유무역과 아이디어 교환을 통해 세계 평화를 촉진하는 데 전 세계적으로 비슷한 관심을 갖고 있다.

② 미국의 기업가와 전문가들에게 중국은 위협이 아닌 기회다.

③ 중국이 이룩한 지난 30년의 경제 기적은 저개발 국가들에게 경제 연금술(막힘없이 발전하는 기술로 인해 무한해진 물적 자원과 노동)로 무엇을 이룰 수 있는지 보여주는 훌륭한 본보기다.

④ 중국의 최고위급 지도부는 미국의 무역 파트너가 되기를 원하며 미국의 라이프스타일과 기술을 모방하고자 한다. 그들은 미국의 군사적 정복에 관심이 없다.

# 14장

# 러시아 와일드카드

러시아의 우크라이나 침략이 2022년 전 세계 뉴스를 장악했다. 블라디미르 푸틴 대통령이 어째서 이러한 전략을 추진했는지 이해하기 위해서는 러시아의 역사와 푸틴 대통령의 목표를 이해해야 한다. 러시아는 새로운 광란의 20년대에 예측할 수 없는 와일드카드다(그럼에도 불구하고 러시아의 거짓은 어느 정도 예측할 수 있다).

러시아연방은 유럽과 아시아에 걸쳐 있는, 세계에서 가장 넓은 나라다. 인구는 1억 5000만 명이며, GDP는 1조 5000억 달러, 1인당 GDP는 약 1만 달러다. 이와 대조적으로 미국의 인구는 3억 3000만 명이며, GDP는 22조 달러, 1인당 GDP는 약 6만 5000달러로 러시아의 6.5배다.*

러시아는 새로운 광란의 20년대에 공급망을 교란하고 지정학적 동맹을 변화시키는 와일드카드가 될 것이다. 가장 중요한 점은 러시아가 세계 역사상 최초로 전술 핵무기를 사용할 능력과 명백한 의지를 갖고 있다는 사실이다.

러시아와 우크라이나는 지금의 전쟁을 초래한 오랜 고난의 역사가 있다. 1547년, 뇌제 이반 4세가 러시아 초대 황제에 올랐다. 17세기 초반 무렵 폴란드-리투아니아 연방이 러시아를 점령하고 기근이 이어지며 나라가 황폐해졌다. 카자크 시대에 들어 로마노프 왕조가 권력을 장악하면서 러시아는 점차 쇠퇴에서 벗어났다. 이후 우크라이나를 보호 하에 두고 광대한 시베리아 지역으로 영토를 확장했다.

러시아는 1721년 표트르 대제 시절 세계적인 강대국이 되었다. 예카테리나 대제는 1762~1796년 러시아의 계몽 시대를 이끌고 유럽과의 관계를 주도했다.

나폴레옹 전쟁 동안 러시아는 다른 유럽 강대국들과 연합해 프

---

* 다니엘 H. 카이저Daniel H. Kaiser와 게리 마커Gary Marker 편집,《러시아 역사의 재해석: 860~1860년대Reinterpreting Russian History: Readings 860–1860s》(Oxford University, 1994); 제프리 호스킹Geoffrey Hosking,《러시아와 러시아인: 역사Russia and the Russians: A History》2판 (Oxford University 2011).

랑스에 맞섰다. 1812년, 나폴레옹 군대가 무모하게 러시아를 공격해 모스크바까지 도달했으나 매서운 추위와 러시아의 끈질기고 용감한 저항에 무너지고 말았다.

20세기 초반 러시아에서 다양한 사회주의 운동이 일어나면서 알렉산드르 2세의 암살을 초래했다. 이후 니콜라스 2세가 주요 개혁을 떠안았으나 그는 1917년 가족과 함께 살해되었다. 불안정한 임시 정부는 블라디미르 레닌이 이끈 10월 혁명으로 결국 무너졌고 볼셰비키 페트로그라드 소비에트에 모든 권력을 내주었다. 이는 수년에 걸친 반(反)공산주의 백군과 소비에트 붉은 군대 간의 충돌과 테러로 이어져 전쟁과 기근으로 최소 1500만 명이 사망하는 결과를 낳았다.

1922년, 레닌은 벨라루스, 자캅카스 공화국, 우크라이나를 러시아에 합병해 소비에트 연방을 형성했다. 레닌 사망 이후 이오시프 스탈린은 모든 반대를 진압하고 소비에트 연방의 독재자가 되어 농업 경제에서 산업경제로 가혹한 전환을 추진하며 중앙집권적 통제경제를 시행했다. 당시 숙청과 기근으로 1000만 명 이상이 사망한 것으로 추정되며 사망자 대부분은 우크라이나인이었다.*

소비에트 연방은 제2차 세계대전이 시작되면서 초기에 나치 독일과 조약을 체결하고 폴란드와 발트 3국을 침공했다. 그러나 히틀

---

*   마틴 맥콜리Martin McCauley, 《스탈린과 스탈린주의Stalin and Stalinism》 3판 (Pearson, 2003); 사라 데이비스Sarah Davies와 제임스 해리스James Harris 편집, 《스탈린: 새로운 역사Stalin: A New History》 (Cambridge University Press, 2005); 사라 데이비스와 제임스 해리스, 《스탈린의 세계: 소련을 지배하다Stalin's World: Dictating the Soviet Order》 (Yale University Press, 2014).

러와 나치 독일은 결국 나폴레옹과 똑같은 실수를 저지르며 소련을 침략했다. 독일군은 초반에 승리를 거두었으나 모스크바 전투에서 가로막혔다. 러시아가 '위대한 애국전쟁'이라고 부르는 이 전쟁에서 소련 사망자는 2700만 명을 넘어 제2차 세계대전 전체 사망자의 절반에 달했다.

소련과 나치 정권은 베를린과 모스크바 사이 지역, 즉 우크라이나, 벨라루스, 폴란드의 '피에 젖은 땅Bloodland'에서 1400만 명 이상을 죽였다. 내 아버지는 11살 때 극심한 탄압을 피해 벨라루스에서 미국으로 건너왔다. 지금의 시대가 무섭게 느껴진다면 역사를 읽어보기 바란다. 기분이 한결 나아질 것이다(혹은 나빠질 수도 있다).**

소련은 제2차 세계대전에서 강대국이자 유엔안전보장이사회 회원국으로 등장했다. 동독을 비롯해 동유럽과 중부 유럽 일부를 점유했고 이들 나라 대부분에 위성 선거구를 설치했다. 소련은 세계에서 두 번째로 핵무기 역량을 보유한 나라가 되었다. 러시아와 동유럽에 드리워진 철의 장막과 함께 이른바 냉전이 시작되었고, 상호확증파괴(핵보유국 간에 핵공격을 감행할 경우 양측 모두 공멸하게 되므로 핵전쟁이 억제되는 상황-옮긴이)로 인한 핵무기 교착상태가 종말을 초래할 대전쟁(아마겟돈)을 억제했다.

1953년 스탈린이 사망한 뒤 니키타 흐루쇼프가 그 뒤를 이었으

---

**   로버트 레키Robert Leckie, 《악에서 구원되다Delivered From Evil》 (Harper & Row, 1987); 니얼 퍼거슨Niall Ferguson, 《증오의 세기The War of the World》 (Penguin, 2006); 티머시 스나이더Timothy Snyder, 《피에 젖은 땅Bloodlands》 (Basic, 2010).

나 그는 스탈린 시대의 잔혹한 프로그램과 숙청을 상당 부분 비판했다. 1950년대 들어 소련의 중앙집권적 통제경제와 과학 계획이 스푸트니크 1호 발사를 비롯해 여러 분야에서 미국을 능가하면서 소련은 기세등등한 시기를 맞았다. 흐루쇼프는 신발로 탁자를 두드리며 "당신들을 묻어버리겠다!"고 선언했다. 많은 사람들은 이를 군사적 의미로 생각했으나 실제 흐루쇼프는 경제와 과학을 언급한 것이었다. 그리고 한동안은 그의 말이 맞을 것처럼 보였다.

1962년, 플로리다 해안과 가까운 쿠바에서 소련의 핵미사일이 발견되면서 냉전이 최고조에 달했다. 이후 미국이 터키에서 미사일을 조용히 철수하고 소련이 쿠바에 배치된 미사일을 포기하면서 전쟁을 피할 수 있었다. 노쇠하고 정체된 지도부가 이끄는 소련은 1970년대와 1980년대에 서서히 쇠퇴하기 시작해 선진국 수준의 군사력을 갖춘 개발도상국 수준의 소비자 경제가 되었다.

어머니는 내가 13살이던 1967년에 나를 데리고 소련을 방문했다. 덕분에 나는 고등학교 체스 대회에 나갈 수 있었다. 그것은 새로운 친구들을 만나고 세계 최고의 체스 선수들로부터 배울 수 있는 믿기 어려운 경험이었다.

나는 1983년 소련이 한국 여객기를 격추해 탑승자 전원이 사망하면서 적대적인 분위기가 형성되었던 시기에 다시 소련을 찾았다. 미국에서 산업단지 소유 및 관리 사업을 했던 나는 소련에서도 비슷한 프로젝트를 시작했고 모스크바 국립대학교에서 학생들을 가르쳤다. 나는 공산당 총서기 5명의 수석 고문을 지낸 게오르기 아르바토프Georgy Arbatov를 비롯해 다수의 소련 관리들과 밀접한 업무 관계를 발전시켰다. 아르바토프는 미국에 왔을 때 종종 우리 집에 머무르곤 했으며 미국 텔레비전에서 소련의 정책과 입장을 설명하는 모습으로 사람들에게 알려졌다.

러시아에서 일할 때 나는 러시아 측 업무 파트너의 기술 전문성과 지적 호기심이 매우 인상적이었다. 나는 "우리가 어땠습니까? 미국 사업가들과 비슷한 방식으로 협상하고 있습니까?"라는 질문을 받기도 했다. 보드카를 대접하는 경우도 자주 있었는데, 확실히 러시아와 미국의 협력 정신을 촉진하는 데 도움이 되었다.

나는 러시아인과 우크라이나인이 매우 비슷하다는 것을 알게 되었다. 러시아의 고위 관리들은 상당수가 우크라이나 출신이다. 하지만 두 나라 관계는 복잡하며 피, 땀, 눈물로 가득 차 있다.

소련의 마지막 지도자인 미하일 고르바초프Mikhail Gorbachev는 글라스노스트(개혁)와 페레스트로이카(개방)라는 소련 개혁을 시도했다. 이는 분리주의 운동으로 이어졌고 결국 러시아를 비롯한 구소련 15개 나라가 독립 국가로 등장하며 1991년 12월 소련이 해체되기에 이르렀다.

보리스 옐친Boris Yeltsin이 고르바초프의 뒤를 이었다. 소련의 경제적, 정치적 붕괴는 러시아를 막대한 혼란과 침체에 빠뜨렸다. 대부분의 산업을 민영화하는 과정에서 정부와 내부 연줄이 있는, 현재 올리가르히로 알려진 이들에게 안타깝게도 막대한 부가 이전되었고, 상당한 유동성이 국외로 유출되었다. 러시아에 남은 것은 재정적자와 막대한 부채였다. 유가 하락과 더불어 대규모 절도는 1998년 금융 위기로 이어졌다. 러시아는 채무불이행을 선언하고 루블화를 평가절

하했으며, 인플레이션이 치솟으며 수많은 은행이 파산했다. 이후 유가가 상승하는 가운데 러시아 경제는 놀랍도록 빠르게 회복하기 시작했다.

1999년 12월, 옐친 대통령이 갑자기 사임하고 블라디미르 푸틴 Vladimir Putin이 뒤를 이었다. 2000년과 2004년 대통령 선거에서 승리한 푸틴은 러시아 경제를 안정시켰으나 정부에 대해 훨씬 더 독재적인 통제를 휘둘렀다.

2014년, 러시아는 당시 우크라이나 영토였던 크림반도를 병합했고 이는 미국의 러시아 제재로 이어졌다. 러시아는 인프라를 파괴하고 선거를 방해하기 위해 우크라이나에 수차례 사이버 공격을 가했다. 이후 2022년 2월, 우크라이나의 분리주의 운동을 인식한 러시아는 우크라이나를 공격했다. 미국과 북대서양 조약기구North Atlantic Treaty Organization(NATO)는 우크라이나 침공의 결과로 러시아에 광범위한 제재를 선언했다.


## 푸틴 대통령은 왜 우크라이나를 공격하는가?
## 이것은 새로운 광란의 20년대에 어떤 영향을 미칠 것인가?

먼저 블라디미르 푸틴이 누구인지 살펴보자. 그는 레닌그라드(현재 상트페테르부르크) 출신이며 상트페테르부르크 국립대학교에서 법학을 전공했다. 16년 동안 KGB에 복무하며 중령 계급까지 올라갔다. 그는 소련의 쇠퇴와 붕괴를 직접 경험했다. 1991년 KGB를 떠나 정치에 입문해 이후 상트페테르부르크 시장이 된 아나톨리 솝차크와 매우 가까워졌고, 러시아 대통령 보리스 옐친과도 긴밀한 관계를 형성했다. 옐친은 푸틴을 KGB 후속 기관인 러시아 연방보안국의 국장으로 임명했다. 이후 푸틴은 총리에 임명되었고 마침내 대통령에 당선되었다.*

블라디미르 푸틴은 러시아 역사학도다. 그의 입장에서 볼 때, 우크라이나와 그 밖의 러시아 부근 영토의 획득은 러시아가 정당한 국경까지 확장해가는 역사적 연속선의 한 부분일 뿐이다. 그는 소련의 붕괴를 비극이자 전혀 필요하지 않은 사건으로 여긴다. 그는 우크라이나와 발트 3국이 역사적으로 러시아의 일부이며 러시아에 포함되든, 위성 국가가 되든 결국 제자리로 돌아갈 운명이라고 생각한다.

1960년대에 쿠바에 배치된 미사일이 미국을 위협했던 것과 마찬가지로 푸틴에게 나토는 러시아를 위협하는 외부 요인이다. 브뤼셀에 본부를 둔 나토는 냉전 시대인 1949년에 창설되었다. 나토는 집단 안전보장 조약이며 회원국들은 외부 공격으로부터 서로를 방어하는 데 동의한다. 이는 세계에서 가장 강력한 단일 동맹이며 12개국으로 시작해 현재 30개국으로 확대되었다.

우크라이나는 그동안 나토 가입을 희망해 왔다. 2021년, 미국과 우크라이나는 우크라이나의 나토 가입 추구를 지지하는 미국-우크

---

* 미하일 지가르Mikhail Zygar, 《크렘린의 사람들All the Kremlin's Men》(Hachette, 2016); 캐스린 E 스토너Kathryn E Stoner, 《러시아의 부활Russia Resurrected》(Oxford University Press, 2021).

라이나 전략적 파트너십 헌장US-Ukraine Charter on Strategic Partnership을 체결했다. 푸틴은 나토에 우크라이나를 회원국으로 받아들이지 말 것을 요구했다. 푸틴의 입장에서 볼 때, 나토 가입 전에 우크라이나를 공격하는 것은 큰 의미가 있다. 우크라이나가 나토 회원국이었다면 우크라이나 공격은 나토 전 회원국에 대한 공격이 되었을 것이다.

푸틴은 우크라이나 점령이 역사적으로, 전략적으로 완전히 정당하다고 생각한다. 우크라이나와 그 밖의 인접국에 대한 러시아의 지배가 푸틴에게는 자연의 질서를 유지하는 것으로 여겨질 것이다.

러시아가 우크라이나를 지배할 생각이라면 우크라이나의 생산 능력과 인프라를 파괴하는 것은 말이 되지 않는다. 러시아는 폐허가 된 이웃나라를 얻게 되고 그 나라를 재건해야 할 것이다. 여기에 어떤 이익이 있는가? 러시아가 얻는 이익은 러시아 국경에 민주주의 국가와 나토 회원국이 생길 가능성을 막는 것일지도 모른다.

러시아의 조치는 국제적인 분노를 일으켰고 우크라이나 국민들을 엄청난 고통에 몰아넣었다. 그 결과 나토는 더욱 강력해졌고 유럽 또한 적극적으로 관여하게 되었다. 이 책을 쓰고 있는 지금, 핀란드와 스웨덴의 나토 가입이 승인될 것으로 보인다.*

그렇다면 전쟁과 러시아에 대한 제재가 국제 경제에 어떤 영향을 미치는가? 장기적으로 그 영향은 당신이 생각하는 것보다 적다. 러

---

*  툰쿠 바라다라잔Tunku Varadarajan, 「우크라이나 전쟁을 야기한 두 가지 실수The Two Blunders That Caused the Ukraine War」, 〈월스트리트 저널Wall Street Journal〉, 2022년 3월 5~6일.

시아는 원유와 티타늄 같은 몇몇 광물을 제외하면 세계 경제에서 중요한 공급자가 아니며 그마저도 다른 나라에서 공급될 수 있다. 하지만 단기적으로는 공급망과 식량 수급에 상당한 영향을 미칠 것이다. 러시아와 우크라이나가 밀과 관련 농산물의 중요 수출국이기 때문이다. 이는 수년 동안 식량난과 인플레이션의 원인이 될 것이다. 러시아에서 유럽으로 흘러가는 석유 및 가스 공급량 감소는 불편을 초래하고 일시적인 가격 상승을 일으키겠지만 의도하지 않은 결과의 법칙에 따라 새로운 광란의 20년대에 변화를 촉진할 것이다. 특히 이것은 화석 연료에서 전기 및 그 밖의 더 효율적인 에너지원으로 전환해야 하는 또 다른 이유다.[**]

러시아는 다른 선택지가 줄어들 것이기 때문에 무역 파트너로 중국이 필요할 것이다. 중국은 러시아가 반드시 필요하지는 않을 것이며 새로운 광란의 20년대에 다소 조심스럽게 발걸음을 내딛을 것이다. 중국의 이익은 미국과 더욱 관련되기 때문이다. 미국-러시아, 유럽-러시아 관계의 악화는 글로벌 안보 관점에서 문제가 되고 있으나 궁극적으로 러시아 원자재에 대한 의존에서 벗어나게 만들 것이다.

보도에 따르면 전쟁에서 러시아의 군사적 성과는 8만 명 이상의 사망자를 낸 참사였다. 이는 러시아가 전술 핵무기를 사용할 능력과 의지가 있다는 우려를 야기하며 새로운 광란의 20년대에 불안한 현실을 촉발한다.

---

[**] 「미국 에너지 혁신의 중요한 순간American Energy Innovation's Big Moment」, 〈이코노미스트The Economist〉, 2022년 3월 26일.

러시아가 사용할 무기는 대규모 전략 핵무기가 아닌 사거리가 짧고 탄두 용량이 적은 소규모 전술 핵무기일 것이다. 러시아와 미국은 비슷한 전략핵 능력을 갖고 있으나 러시아가 미국보다 10배 많은 전술 핵무기를 보유한 것으로 추정된다.

푸틴의 머릿속에는 소련 국가와 러시아에 닥친 병폐가 미국의 책임이라는 강박관념이 있다. 그는 서양에 질 수 없다. 우크라이나를 확보하지 못한다면 러시아는 진정한 강대국으로 올라선다는 그의 비전을 실현할 수 없다. 제2차 세계대전 이후 처음으로 핵무기를 사용할 가능성이 있다는 것은 러시아(사실상 푸틴)가 새로운 광란의 20년대에 와일드카드가 되었음을 의미한다.

우리는 사이버 전쟁에 참여하려는 러시아의 능력과 의지를 간과하지 말아야 한다. 미국과 유럽은 중요한 로봇 및 기타 인프라의 대규모 혼란에 매우 취약하다. 이로 인해 우리는 사이버 상의 상호확증파괴에 의해서만 복합적인 재난이 방지되는 새로운 사이버 냉전에 돌입하게 될 수도 있다.

13장 '중국의 도전'에서 논의했듯이 세계 경제의 미래와 새로운 광란의 20년대는 주로 미국과 중국의 관계에 달려있다. 러시아는 위대한 나라 중 하나다(그리고 영토 면적으로 가장 큰 나라다). 나는 러시아에서 30년 넘게 사업을 운영했으며 러시아 사람들과 그들의 기술 및 지적 능력, 예술가와 댄서들을 매우 존경한다. 하지만 푸틴은 지정학적 위험을 증가시켰다. 이것이 바로 와일드카드다.*

---

*    페기 누난Peggy Noonan, 「푸틴은 실제로 핵 금기를 깰 수도 있다Putin Really May Break

① 푸틴 대통령은 우크라이나를 역사적으로 러시아의 일부라고 여기며 소련의 붕괴를 20세기 최대의 비극으로 바라본다. 그는 자신의 문 앞에 나토 회원국이 생기는 것을 막기 위해 우크라이나를 지배해야 한다고 생각한다.

② 전쟁과 러시아에 대한 제재가 미치는 영향은 글로벌, 정치, 안보 관점에서는 중요하지만 장기적인 경제 관점에서는 그리 중요하지 않다. 전쟁과 제재의 영향은 더 효과적인 공급망, 대체 에너지로의 이동 등 새로운 광란의 20년대의 일부 측면을 촉진할 것이다.

③ 전술 핵전쟁의 위협은 새로운 광란의 20년대에 계속 남아 러시아를 두려운 와일드카드로 만들 것이다.

the Nuclear Taboo」, 〈월스트리트 저널〉, 2022년 4월 30일~5월 1일; 월터 러셀 미드Walter Russell Mead, 「또 다른 쿠바 미사일 위기?Another Cuban Missile Crisis?」, 〈월스트리트 저널〉, 2022년 5월 3일; 케이틀린 탈마지Caitlin Talmadge, 「푸틴의 핵 위협이 미국에 의미하는 것What Putin's Nuclear Threats Mean for the U.S.」, 〈월스트리트 저널〉, 2022년 5월 5~6일; 니얼 퍼거슨, 「푸틴은 역사를 오해했다. 불행하게도 미국 역시 그렇다.Putin Misunderstood History. So, Unfortunately, Does the U.S」, 〈블룸버그 오피니언Bloomberg Opinion〉, 2022년 3월 22일.

## 4 부

# 새로운 광란의
# 20년대를 위한 전략

6개의 경제적 기둥과 6개의 사회적 기둥은 새로운 광란의 20년대에 대한 프레임워크를 제공한다. 그것은 세계 경제뿐만 아니라 당신의 개인적 계획에 대해서도 논리적인 전략을 제시한다. 또한 당신의 스킬, 이익, 관점을 가장 잘 반영할 수 있는 길을 알려준다.

해고되기 전에 직장을 그만두어야 하는가? 아마 그럴 것이다. 하지만 당신에게 적절한 시기일 때만 그렇다. 이것은 대담하고 중요한 단계일 수 있으며 당신은 자신과 12개의 기둥이 당신에게 의미하는 바를 알아야 한다.

비즈니스 기회를 창출하는 새로운 비즈니스는 다양한 기업가적 기회를 제시할 것이다. 당신은 다른 사람에게 비즈니스 기회를 창출해줄 뿐만 아니라 창출된 기회의 수혜자가 될 수도 있다. 하지만 이것이 전부는 아니다. 진짜는 지금부터다. 새로운 광란의 20년대는 놀라운 기술 발전과 AI 로봇의 빨라지는 영향이 특징인 시대가 될 것이다. 또한 대체 자원을 이용한 에너지 혁명이 일어나고 효율성이 증가할 것이다.

모쪼록 일에서 의미를 찾고 타인에게 공감하는 것을 잊지 말기 바란다.

# 15장

# 해고되기 전에
# 그만두어야 하는가?

지금까지 새로운 광란의 20년대에 다가오는 주요 변화들과 멋진 신세계의 근간을 이루는 12개의 사회·경제적 기둥 그리고 기업가 및 사내 기업가가 새로운 비즈니스를 시작할 기회에 대해 논의했다. 이제 당신이 기업가가 되어야 할 또 다른 이유를 살펴본다. 바로 선택의 여지가 없을 수도 있다는 점이다.

1931년, 런던정치경제대학교에 재학 중인 21살의 영국 대학생이 미국에서 기업가정신을 공부하기 위한 장학금을 받았다. 이 젊은 학자는 코닐리어스 밴더빌트Cornelius Vanderbilt(해운), 앤드류 카네기(철강), 헨리 포드(자동차), 데이비드 사르노프David Sarnof(방송) 등 오늘날로 치면 일론 머스크, 제프 베조스, 제시카 알바Jessica Alba, 오프라 윈프리Oprah Winfrey에 해당하는 쟁쟁한 기업가들의 나라에 간다는 사실에 매우 들떴다. 그에게 미국은 모든 사람이 자유롭게 자신의 꿈을 추구할 수 있는 나라였다.

그러나 미국에 도착했을 때 그는 비참할 정도로 실망스러웠다. 경제는 대공황에 빠져 있었으며 대부분의 미국인은 자신의 행복을 책임지거나 자신의 사업을 시작하기보다 저임금 일자리에서 버티고 있었다. 당시 미국인들은 헨리 포드나 데이비드 사르노프 같은 기업가가 되고 싶어 하지 않았다. 그들은 포드나 사르노프 같은 기업가를 위해 일하고 싶어 했다. 이 영국 학생은 「기업의 본질The Nature of the Firm」이라는 논문을 통해 다음 질문에 답을 찾으려 했다.

자유기업경제에서 어째서 노동자는 자신의 생산물이나 서비스를 시장에서 고객에게 직접 판매하지 않고 고용주가 이끄는 방향에 자발적으로 따르는가?

이 영국 학생은 로널드 코스Ronald H. Coase였다. 그는 어째서 대기업이 존재하는지, 어째서 개인들이 자기 사업을 하기보다 대기업에서 일하는 것을 선택하는지 설명했고 이와 더불어 다양한 연구 공로를 인정받아 1991년 노벨 경제학상을 받았다. 1973년, 이 주제에 대해 발표한 그의 획기적인 논문은 오늘날 경제학 연구에서 가장 많이 인용되는 논문 중 하나다.* 코스가 오늘날 같은 논문을 썼다면 특히 긱이코노미에서 대부분의 대기업이 존재하지 말아야 한다는 정반대의 결론에 이르렀을 것이다.

기술 솔루션이나 비즈니스 기회를 창출하는 새로운 비즈니스를 제공하는 기업을 제외한 대기업들은 멸종 위기종이나 다름없다. 오늘날 우리가 겪는 실업의 상당 부분은 수백, 수천 명의 풀타임 근로자를 보유한 기업들이 약 1세기 전 코스가 설명한 이유로 인해 영구적으로 해체되어 나타난 결과다. 바로 이것이 창업이나 긱 이코노미의 일원이 되는 것(프리랜서 또는 계약 노동자)을 고려해야 하는 이유 중 하나다. 이것은 일명 '대퇴사' 현상의 일부다.

「기업의 본질」에서 코스는 같은 프로젝트에서 함께 일하는 개인 간의 거래 비용을 줄여주기 때문에 대기업이 존재한다고 설명했다. 예를 들어, 당신이 1930년대의 관리자라고 가정하자. 당신은 편지를 구술하면 타자기로 입력할 사람이 필요하다. 편지를 타이핑할 사람을 고용할 수도 있지만 1930년대 당시 사람을 고용하는 데 드는 거래 비용(타이피스트를 찾고, 그 사람의 기술을 테스트하고, 가격을 협상하고, 업무를 관리하고, 급여를 지급하는 등)은 그 업무 자체의 비용을 훨씬 초과했을 것이다.

1930년대의(어느 정도는 오늘날의) 이러한 거래 비용을 줄이기 위해 당신은 필요할 때 필요한 곳에 정확한 수의 노동자만 고용하는

---

*    로널드 코스, 《기업의 본질》(Blackwell, 1937).

방식을 버릴 것이다. 한편 타이피스트는 보장된 업무 시간과 일자리를 얻는 대신 독립성과 더 높은 일당을 포기할 것이다.

코스는 기업들이 더 적은 비용으로 외부에서 들여올 수 있는 제품과 서비스를 어째서 직접 생산하는지에 대해서도 설명했다. 그는 외부 공급업체를 상대할 때 발생하는 지연과 거래비용 때문에 필요한 것을 직접 생산하는 것이 기업에 더 나은 경우가 많다고 결론 내렸다. 코스의 연구는 미시건주 디어본의 포드 리버 루즈 공장(1918~2004년) 같은 대규모 공장의 존재를 수학적으로 정당화하는 근거가 되었다. 1600만 제곱피트(약 1.5제곱킬로미터)가 넘는 면적에 10만 명 이상의 근로자가 일하는 이 공장에는 자체 철도가 있었고 '(철강을 만들기 위해) 석탄이 들어오고 자동차가 나가는' 것으로 유명했다.

물론 이것은 소셜 미디어, 언제 어디서나 자유로운(때로는 귀찮은) 커뮤니케이션, 긱 이코노미 등이 등장하기 전인 1930년대의 일이었다. 당시 대기업은 효율적인 비즈니스 조직의 형태로 존재했다. 그것이 개인과 기업 간의 비즈니스 거래 비용을 감소시켰기 때문이다.

하지만 계속해서 기업 규모를 확대함에 따라 직원 관리 비용, 잘못된 의사결정 비용, 성과와 보상이 직접적으로 연계되지 않는 직원을 채용하는 것과 관련된 비용 등 다른 비용이 증가했다.

1930년대에 코스는 기업의 최적 규모란 이러한 비효율 비용(대기업에 내재된 비용)이 거래 비용(개인이 프리랜서나 독립체로 일할 경우 개인들 사이에 발생했을 비용)과 같을 때의 규모라고 제시했다.

코스에 따르면, 더 많은 사람을 고용해서 감소하는 거래 비용이 더 큰 조직을 운영해서 늘어나는 비효율 비용을 초과하는 한 고용주는 직원을 계속 고용할 것이다.

하지만 오늘날 대부분의 대기업은 훨씬 적은 직원을 보유하고 있으며 과도하게 많은 직원을 보유한 기업은 존재하지 않을 것이다. 이는 지난 90년 동안 독립체 간의 비즈니스 거래 비용은 꾸준히 하락한 반면 대기업의 비효율 비용은 증가했기 때문이다. 심지어 이것은 코로나19 대유행으로 수백만 명의 직원들이 긱 이코노미에서 효율적으로 재택근무를 할 수 있게 되면서 모든 것이 바뀌기 전의 상황이었다.

외부 공급업체 및 근로자와 일하는 데 소요되는 거래 비용(의사소통, 배송, 회계)은 그들로부터 얻은 제품이나 서비스의 가치에 비해 매우 낮아서 더 이상 의사결정 프로세스에 포함되지 않는 경우가 많다. 이러한 거래 비용은 직접 연결된 로봇, 이메일, 문자, 당일 배송 서비스, 실시간 송장 발행, AI 카메라, 전자 결제 등을 통해 계속 감소할 것이다.

한편 비효율 비용은 대기업의 비즈니스 운영에 중요한 요소가 되었다. 인플레이션이 일어났던 1960년대와 1970년대 이후 직원들은 연간 성과와 별개로 연봉이 인상되는 것에 익숙해졌다. 이제 동일한 직무를 수행하는 두 명의 직원(한 명은 신입직원, 한 명은 7~10년 차 경력직원)이 100퍼센트 혹은 그 이상 차이 나는 급여를 받는 것은 많은 회사에서 일반적인 일이다. 매년 10퍼센트씩 임금이 오른 직원은 7년마다 임금이 두 배 증가하기 때문이다. 게다가 대기업은 직원들에게 의료 보험과 퇴직 급여를 제공할 의무를 지게 되었다. 이러한 비용은 직원 생산성에 관계없이 매년 증가한다.

비효율 비용이 급격히 증가한 또 다른 이유는 기술 변화를 실행하는 1인 긱 이코노미 사업가나 효율적인 소규모 사업에 비해 대기업의 효과성이 떨어진다는 점이다.

전통적으로 '대기업'이라는 용어에는 기술의 최첨단에 있다는 의미가 내포되어 있다. 컴퓨터는 한때 대기업만 사용했던 거대한 메인프레임이었고 대기업 외에는 이처럼 기술적으로 발전된 장비를 개발할 수 없었다. 하지만 오늘날 애플, 알파벳(구글), 마이크로소프트, 아마존, 메타(페이스북) 등 미국에서 가장 부유하고 규모가 큰 대부분의 기업들은 제삼자에게 기술을 제공하는 거대 공급업체다. 이들 기업은 배고플 때 먹을 음식, 헐벗을 때 입을 옷, 추울 때 머물 집, 이동할 때 탈 교통수단 등 당신이 필요로 하는 어떤 필수품도 제공하지 않는다.

대신 이들 기술 제공기업은 필수품 공급 기업들을 더욱 효율적으로 만들어 필수품을 제공하는 그들의 고객사보다 훨씬 더 높은 가치가 있다.

대부분의 산업에서 최첨단 기술은 더 이상 그것을 개발한 대기업의 전유물이 아니다. 대기업은 거대 기술 제공기업과 긱 이코노미 전문가들로부터 필요한 기술을 구매하며, 각 작업에 대한 지속적인 입찰 프로세스를 통해 최고의 가격과 최신 기술을 확보할 수 있다. 많은 직원을 보유한 기업은 직원들이 혁신보다 근속에 따라 급여를 받기 때문에 신기술 습득이 늦는 경우가 많다. 한편 특정 프로젝트에는 대기업의 막대한 자원이 필요하다고 주장할 수 있다. 하지만 이러한 프로젝트는 규모와 관료주의의 타성을 극복해야 한다.

당신이 현재 풀타임으로 고용되어 있다면 현 고용주의 생존가능성을 파악하는 것이 바람직할 것이다. 지난 몇 년간 당신의 임금 인상을 돌이켜 보라. 회사가 당신과 당신 동료들의 임금 인상을 충당할 만큼 충분한 추가 수익을 거뒀다면 당신의 일자리는 안전할 것이다. 그렇지 않다면 해고되기 전에 회사를 그만두고 긱 이코노미에 합류해야 할 때일 수도 있다. 가족의 경제적 행복을 지키기 위해 신중하게 행동하기 바란다.

이 책을 집필하는 현재 우리는 케인스가 90년 전 예측했던 대로 대퇴사의 시대에 들어와 있다. 자격을 갖춘 의욕 있는 근로자보다 일자리가 더 많은 상황이다. 기업은 필요한 직원과 긱 노동자를 구하기가 어려워졌다. 필요한 훈련을 받고 역량을 갖춘다면 당신을 찾는 수요가 매우 많을 것이다.

더불어 자신에게 몇 가지 질문을 해보라. 내 직업이 가장 기본적인 생계 및 안전 욕구를 충족하는가? 업무량이 적당하고 관리할 수 있는가? 단거리 선수의 속도로 마라톤을 뛰도록 요구받는가? 직장에 신뢰할 수 있는 커뮤니티가 있는가? 무관심, 공감 부족, 적대심, 차별, 괴롭힘에 처해있는가? 내 직업이 남은 인생에 어떻게 부합하는가? 내 직업이 급여 이상의 목적을 내게 제공하는가?[*]

## 고용주로부터 의료보험 혜택을 받아야 하는가?

제2차 세계대전부터 21세기 초까지 전통적으로 대기업에서 일하는

---

[*] 제레나 케크마노믹Jolena Kecmanovic, 「퇴사를 생각하는가?Thinking about quitting your job?」〈워싱턴 포스트〉, 2022년 1월 20일.

것은 무상 의료 보험을 받는다는 것과 거의 같은 뜻이었다. 이제는 더 이상 그렇지 않다. 지난 25년 동안 나는 네 권의 책을 쓰고 두 개의 회사를 시작해 수백만 명이 대기업에서 받을 수 있는 의료 보험보다 더 저렴하고 안전하고 좋은 개별 의료 보험에 가입하도록 도왔다. 보기 드문 일이지만 나는 1985년에 모스크바 국립대학교에서 객원교수로 일하는 동안 이 계획을 시작했다.

나를 초청한 소련 측 관계자는 국가 부채에 대한 강의를 해달라고 요청했다. 당시 고르바초프 대통령이 남미를 막 방문했고 몇몇 라틴 국가들은 서양에 빚을 갚지 못하는 채무불이행 상태였다. 소련은 라틴 국가의 채무불이행을 정치적 이점으로 이용하고 싶어 했다. 강의가 끝난 후 한 소련 경제학자가 물었다.

"러시아 태생의 신앙 깊은 아버지를 둔 당신이 어떻게 미국처럼 사악한 나라를 위해 일할 수 있습니까?"

나는 아프가니스탄과 니카라과에서 소련이 벌인 군사작전을 지적하며 공격적으로 답했고 우리는 미국과 소련이 저지른 악행 의혹에 대해 공방을 벌였다. 마침내 그는 이렇게 말했다.

"미국에서는 당신이 일자리를 잃으면 당신 잘못이 아닌 고용주의 폐업 때문이라고 해도 당신과 가족의 의료 보험을 박탈한다고 들었습니다. 아내가 임신하고 있어도 말입니다!"

나는 그렇지 않다는 것을 설명하고 다른 주제에 대한 질문으로 넘어갔다. 하지만 집에 오는 비행기 안에서 그의 질문이 계속 신경 쓰였고 이로 인해 그 문제를 더 명확히 연구하게 되었다.

워싱턴에 돌아온 나는 그의 말이 모두 사실임을 알게 되었다. 당시 그리고 35년 넘게 지난 지금도 대부분의 미국인은 고용주로부터 의료 보험 혜택을 받고 있으며 질병 때문이라 해도 일자리를 잃으면 의료 보험을 잃게 된다. 이 사실을 깨닫고 나는 고용주와 아무 관련 없는 자동차 보험, 주택 보험, 생명 보험처럼 의료 보험을 고용주와 분리하는 방안에 대한 연구하기 시작했다.

다음 해인 1986년, 나는 실직 후에도 실질 비용을 부담하고 기존 고용주의 의료 보험을 8~36개월까지 유지할 수 있는 통합일괄예산조정법Consolidated Omnibus Budget Reconciliation Act(COBRA)을 지지했다. 고용주의 단체 의료 보험이 '일시적'으로 적용되는 이 문제는 13년 후인 1999년 내게 실질적으로 다가왔다. 아내는 임신 중이었고 우리 가족은 내가 임원으로 있던 월스트리트 기업을 그만두면서 직장 의료 보험을 상실한 상태였다. 직장 의료 보험 상실은 미국 개인 파산의 가장 큰 이유로 매년 100만 가구(400만 명) 이상에게 영향을 미쳤으며 지금도 여전히 그렇다.

이 경험을 계기로 나는 의료 보험 회사 두 곳을 설립하고 네 권의 책을 저술했다. 고용주 부담의 비과세 개인 의료보험 가입 방법을 직원들에게 알리기 위해서였다. 첫 번째 회사인 익스텐드 헬스Extend Health는 가장 큰 단체 직장 의료보험 제공업체에 2012년 매각되었다.* 두 번째 회사인 피플킵PeopleKeep,Inc.은 50인 미만 고용주에게 주로

---

* 「타워 왓슨, 사우스 조던에 기반을 둔 익스텐드 헬스 4억 3500만 달러에 인수 Tower Watson Acquires South Jordan-Based Extend Health for $435 Million」, 〈데저레트 뉴스 Deseret News〉, 2012년 5월 12일.

초점을 맞췄다.**

　　개인이 의료보험 혜택을 받는 것과 비슷한 이야기가 퇴직급여에서도 계속 진행되고 있다. 대규모 기업연금 및 401(k)와 비교할 때 개별 개인퇴직계좌Individual Retirement Account(IRA)의 재정적 경쟁력과 유연성을 높이기 위해 여러 측면에서 진전이 이루어졌다. 하지만 아직 해야 할 일이 많다.

---

** 피플킵은 사용하기 쉬운 의료보험 행정 및 소프트웨어를 제공한다. PeopleKeep.com 참고.

① 오늘날 발생하는 신규 실업은 대부분 일시적 실업이 아니다. 특히 긱 이코노미에서 대규모 조직이 영구적으로 해체되어 더 작고, 효율적이고, 전문화된 상품 및 서비스 제공 업체가 되면서 발생한 실업이다.

② 한때 수직 통합을 이룬 대규모 조직을 만들어야 한다고 제시했던 경제 알고리즘이 이제는 대기업의 종말을 예측하고 설명한다. 팬데믹 경제, 특히 집에서 일할 수 있는 능력은 이러한 추세에 기름을 끼얹었다.

③ '대기업'이라는 용어는 최첨단 기술을 소유하고 있다는 것과 같은 의미였으나 오늘날에는 정확히 반대인 경우가 많다. 애플, 알파벳(구글), 마이크로소프트, 아마존, 메타(페이스북) 등 미국에서 가장 부유하고 큰 기업들은 소규모 기업뿐 아니라 전통적인 대기업들에게 최고의 기술을 제공하는 기술 제공업체다.

④ 긱 이코노미에서 개인 사업자는 대기업에서 일하는 것과 거의 같은 혜택으로 의료보험을 이용할 수 있다.

⑤ 전 세계 많은 직장인에게 "해고되기 전에 그만두어야 하는가?"라는 질문의 답은 예, 아니오가 아니라 "적절한 시점에"이다.

# THE NEW
# ROARING
# TWENTIES

# 비즈니스 기회를 창출하는 새로운 비즈니스

새로운 광란의 20년대에 사업가 및 대기업의 최대 기회 중 하나는 다른 사업가와 소규모 기업의 성공을 위한 고용 경로를 창출하는 것이다.

이 장에서는 12개 기둥으로 인해 대기업과 소기업, 정규직과 계약직의 구분이 어떻게 모호해지고 있는지 살펴볼 것이다. 이 모호함은 새로운 광란의 20년대에 번영의 주요 동인이 될 것이다. 오늘날 세계 최대 기업들의 핵심 제품은 소규모 사업을 일괄 공급하는 것이다.

5장 '구조적 실업'에서 소개한 격언을 다시 살펴보자.

기술 변화로 인한 실업은 진정한 경제 성장을 나타내는 첫 번째 신호다.

기계나 더 나은 방법이 노동자를 대체해도 사회는 여전히 대체된 노동자의 작업 결과물을 얻는다. 다만 그 작업이 기계나 더 나은 방법으로 수행될 뿐이다. 대체된 노동자가 새로운 일자리를 얻어 사회가 이전 일자리와 새로운 일자리 모두에서 경제적 이득(GDP)을 얻을 때 진정한 경제 성장이 일어난다.

따라서 새로운 광란의 20년대에 사회의 가장 큰 요구와 기회는 대체된 노동자를 사업가 또는 새로운 사업가의 직원으로 다시 일하게 만드는 것이다.

오늘날 성공을 거둔 수십억 달러 규모의 기업들은 자산이나 정보를 공유하는 공유 경제에서 출발했으나 실직한 사람들에게 돈을 버는 새로운 방법을 제공하는, 즉 비즈니스 기회를 창출하는 새로운 비즈니스로 빠르게 진화했다.

# 앞서간 암웨이, 따라간 에어비앤비와 우버

1959년, 리치 디보스Rich DeVos와 제이 밴 엔델Jay Van Andel은 세계 최초의 직접 판매, 다단계 마케팅 회사인 암웨이Amway를 시작해 그들의 방식에 따라 건강, 미용, 홈케어 제품을 판매하는 모든 사람에게 비즈니스 기회를 제공했다. 이후 60년 동안 수천 명의 암웨이 사업가들은 백만장자가 되었다. 나는 암웨이의 전 공급업체로서 수백 명의 암웨이 사업가들을 개인적으로 만났다. 1997년 6월 〈석세스Success〉지 커버스토리에 소개된 것처럼 암웨이는 내가 설립한 제인 퍼블리싱Zane Publishing이라는 교육 출판 및 컨설팅 회사의 대규모 유통업체가 되었다. 오늘날 암웨이는 전 세계 연 매출 88억 달러 규모의 회사다. 미국의 직접 판매 산업은 1600만 명의 독립 사업자들과 함께 1140억 달러의 매출을 올리고 있다.

비즈니스 기회를 창출하는 새로운 비즈니스는 최근의 소셜 미디어와 기술 발전 덕분에 이제 막 시작되고 있다. 이는 코로나19 대유행으로 일하는 방식이 완전히 바뀌고 소셜 미디어(페이스북, 인스타그램, 화상전화, 줌 회의 등)가 소매점과 사무용 건물을 대신하기 전부터 등장한 현상이다. 〈포브스〉지에 따르면 공유 경제의 새로운 비즈니스는 2014년 140억 달러 규모에서 불과 10년 만인 2025년에 3350억 달러까지 증가할 것으로 예상된다.

앞에서 설명했듯이 2007년에 조 게비아와 브라이언 체스키는 자기 집의 남은 방을 빌려주는 에어비앤비를 설립했다. 오늘날 에어비앤비는 700만 건의 일일 임대 숙소가 등록되어 있으며 2022년 6월 기준 기업가치는 약 600억 달러다. 에어비앤비의 폭발적 성장은 자기 집을 빌려주는 개인 집주인이 아닌 부동산 사업가들에게서 비롯되고 있다. 새롭게 등장한 부동산 사업가들은 에어비앤비와 그 경쟁업체인 홈어웨이, 브르보, 부킹닷컴, 트리바고, 호텔스닷컴 등을 통해 (이들 경쟁업체를 합치면 에어비앤비보다 훨씬 크다) 숙소를 임대할 목적으로 여러 채의 부동산을 구매한다.

또한 앞서 설명했듯이 2009년에 개릿 캠프Garrett Camp와 트래비스 칼라닉Travis Kalanick은 그들이 보유한 리무진과 운송 회사로 추가 가치를 창출하기 위해 스마트폰 애플리케이션 형태로 우버를 설립했다. 우버는 세계 최대 규모의 차량호출 회사로 빠르게 변모했고, 승객의 요구에 따라 차량을 운행할 목적으로 자동차를 구매해 비즈니스 기회로 삼는 사업가들이 생겨났다. 일부 우버 사업가들은 법적으로 독립 계약자인 '직원'에게 할당할 우버 전용 차량을 구매하기도 한다. 우버 이츠는 고객이 지역 식당에서 음식을 주문하고 결제하면 우버 기사가 음식을 배달해 주는 서비스를 통해 이미 20억 달러 이상의 매출을 올리고 있다. 우버는 개인 운송의 판도를 완전히 바꿔놓았다.

## 우버 이야기

우버는 수십억 우버 승객의 삶을 변화시키며 그들에게 막대한 영향을 미쳤다. 또한 운전자들의 삶에 훨씬 더 큰 영향을 미쳤고 운전자 중에는 우버 이전에 돈벌이가 되는 일자리를 찾지 못한 사람도 있었을 것이다.

2014년, 아내와 나는 로스앤젤레스에서 자동차 없이 3일 동안 머무르며 우버를 이용해보기로 했다. 당시 우리는 로스앤젤레스 공항 반경 20마일(약 32킬로미터) 내에서 12곳의 결혼식과 비즈니스 미팅에 참석해야 했다.

휴대폰을 이용해 원하는 곳으로 우리를 태워다줄 운전자와 연결하고 메시지를 보낸 지 5분 정도 지나자 고급 차량이 나타났다. 3일 동안 우버를 이용한 총 비용은 150달러로(1회 탑승당 약 11달러) 렌트카 이용 시 지불했을 450달러보다 훨씬 저렴했다(렌트카 비용 하루 60달러, 호텔 주차비 하루 42달러, 주유비 40달러, 주차비 100달러 내외). 하지만 우버 이용의 주요 가치는 비용 절약이 아니었다. 우버 이용은 직접 운전하며 주차장을 찾는 것이나 기존의 택시와 리무진을 이용하는 것보다 훨씬 쉽고, 빠르고, 효율적이었다.

이 모든 것은 기술이 우리가 구매하는 대부분의 제품 및 서비스의 비용을 낮추고 가치를 높이는 새로운 공유 혁명에서 우리가 기대했던 점이다. 우리가 예상하지 못한 것은 우버 사업가들(여러 유형의 운전자들)의 커뮤니티였다. 그들은 우버에서 시간당 20~30달러를 벌고 있다고 말했지만 그보다 훨씬 더 많은 가치를 얻었다.

운전자들은 어떻게 우버와 일하는 사업가가 되었는지 저마다의 스토리가 있었다. 세 명의 이야기를 살펴보자.

조셉은 렉서스 신형 SUV 차량으로 호텔에서 딤섬 레스토랑까지 우리를 태워다 주었고 이용료는 팁 20퍼센트를 포함해 8.85달러였다. 우리가 LA의 교통체증을 만나자 조셉은 우버 앱의 추천 경로를 벗어나 우회해도 될지 물었다. 나는 그에게 LA를 얼마나 잘 아는지 물었고 그는 산타모니카 근처에서 평생 살았다고 말했다(내가 알기로 집값이 100만 달러부터 시작되는 지역이다). 나는 돈이 필요하지 않은데 왜 우버 운전을 하는지 물어보았다. 그는 최근 이혼했고 아이들이 없는 주말에 우버 운전을 한다고 답했다. 그는 외로워질 때면 우버 앱을 켜서 새로운 사람들을 만나고 방문객들에게 자기가 좋아하는 장소를 설명해주며 잠시 운전을 하곤 했다. 때로는 유명인 승객을 태울 수 있기를 희망하며 우리가 묵었던 벨에어 호텔 앞에 주차하기도 했다. 그는 다른 일을 하고 싶으면 언제든 앱을 끌 수 있기 때문에 우버 운전을 직업으로 여기지 않았다.

콘스탄틴은 프리우스 차량으로 호텔에서 베벌리힐스의 재니악 러닝 센터Zaniac Learning Center까지 우리를 태워다 주었고 이용료는 11.22달러였다. 콘스탄틴은 그날이 LA에 온 첫날이라고 말했다. 그는 홀로 단기 휴가를 보내기 위해 애리조나에서 전날 밤 도착했고 훨씬 더 재미있는 휴가를 보내기 위해 (우버) '일'을 맡았다. 그는 LA 지리를 전혀 몰랐지만 그나 우리에게 문제가 되지 않았다. 우버가 제공한 GPS와 스마트폰이 어디로 운전할지 알려주었기 때문이다.

로저는 먼지 하나 없이 깨끗한 쉐보레 세단으로 호텔에서 LA 공항까지 우리를 태워다 주었고 이용료는 팁을 포함해 22.22달러였다. 똑같이 공항까지 가는 데 호텔 리무진 요금은 팁 없이 139달러, 택시는 55달러였을 것이다. 나는 공항까지 가는 25분 동안 로저에게 우버 운전을 하게 된 이야기를 들려달라고 부탁했다. 로저는 50살에 화가가 되고 싶다고 결심했으나 집세와 식비를 충당하기 위해 하루에

200달러를 벌어야 했다. 그래서 매일 아침 8시부터 대략 정오까지, 즉 연료비와 우버 수수료 20퍼센트(현재 25퍼센트)를 제외하고 수입 200달러를 벌 때까지 우버 운전을 한 뒤 오후에는 스튜디오에서 그림을 그리곤 했다. 가끔 일찍 일어난 날에는 6시에 일을 시작하기도 했는데, 그런 날에는 8시쯤 몹시 배가 고파졌다. 그는 느긋하게 식사하는 것을 좋아해서 우버 앱을 끄고 다시 운전할 준비가 될 때까지 아침 식사를 즐기러 가곤 했다. 그는 하루에 200달러를 벌 수 있을 만큼만 일하고 스튜디오로 돌아가는 것에 단련이 되어 있었다.

2014년 LA에서 그렇게 처음 주말을 보낸 이후 아내와 나는 전세계 50여 개 도시에서 수백 차례 우버 및 경쟁업체들의 차량을 이용했다. 그리고 여러 운전자 덕분에 언제나 즐거운 경험을 했다. 내가 운전자들에게서 본 공통적인 특징은 공유 혁명에서 우버 및 경쟁업체들이 유연성을 제공하지 않았다면 대부분은 아니어도 상당수의 운전자들이 아예 일을 하지 않았을 것이라는 점이다.


## 당신의 파트너가 되기를 원하는 아마존

우리는 이미 11장에서 아마존의 성공적인 소비자 잉여 관리에 대해 논의했다. 이제 아마존이 다른 사업을 위한 기회를 어떻게 창출하는지 살펴볼 것이다. 아마존은 1995년 고객 리뷰를 기반으로 한 온라인 서점으로 출발했다. 이후 1998년에는 이 모델을 이용해 전자제품, 소프트웨어, 비디오 게임, 의류, 가구, 식품, 장난감, 보석 등 거의 모든 것을 판매하기 시작했다.

다음 해에는 웹사이트를 보유한 사업가가 웹사이트 방문객을 아마존닷컴의 특정 제품 페이지로 보내 수수료를 얻을 수 있는 아마존 어소시에이트라는 제휴 프로그램을 시작했다. 현재 세계 최대 규모의 제휴 마케팅 프로그램인 아마존 어소시에이트가 어떻게 운영되는지 살펴보자.

당신에게 아마존닷컴에서 무언가를 구매하고 싶게 만드는 웹사이트나 소셜 미디어 게시물이 있다고 하자. 그것은 당신이 사용하기 위해 최근 구매한 물건일 수도, 얼마 전 리뷰한 제품일 수도, 특정 나라로 여행갈 때 가져가야 할 물건처럼 어떤 제품군에 대해 알고 싶게 만드는 스토리일 수도 있다. 당신은 아마존 어소시에이트에 등록하고 난 뒤 게시물에 아마존닷컴의 특정 페이지나 제품으로 연결되는 링크를 넣기만 하면 된다. 또는 어떤 제품군에 대한 설명 페이지를 아마존에 생성할 수도 있다. 당신의 웹사이트나 소셜 미디어 방문객이 링크를 클릭해 아마존닷컴에서 제품을 구매하면 당신은 (1)방문객을 해당 제품으로 연결시킨 것에 대해 수수료를 받고 (2)방문객이 24시간 동안 아마존닷컴에서 구매한 모든 물건에 대해 수수료를 받는다. 당신이 그 방문객을 아마존 웹사이트로 연결했기 때문이다.

수수료는 고급 미용 제품의 경우 약 10퍼센트, 식품이나 비디오 게임의 경우 1퍼센트 정도이며 대부분의 품목은 4~6퍼센트 선이다.

이 제휴 마케팅이 아마존의 기존 판매 모델과 완전히 구분되는 별도 프로그램임을 주목하라. 기존 모델은 판매자가 가격을 정해 자신의 제품을 아마존에서 직접 판매하고 아마존이 청구하는 수금 및 주문 처리 비용을 판매 가격에서 제외한 뒤 대금을 받는 방식이다.

## 비즈니스 기회를 창출하는 새로운 비즈니스는 차세대 유망 산업이다!

에어비앤비, 우버, 그 밖의 수많은 경쟁업체들은 스스로를 숙박, 외식, 운송 산업에 속해 있다고 여기지만 나는 그들이 머지않아 수조 달러의 가치를 창출할 훨씬 더 큰 산업의 시초라고 생각한다. 이 산업은 기술을 지닌(운전하는 방법부터 맞춤형 포장 음식 요리법까지) 누구나가 자신의 비즈니스를 시작하고 관리할 수 있게 해줄 새로운 비즈니스다.

당신이 일했던 회사나 산업을 돌아보고 당신만의 공유 경제 분야에서 이러한 비즈니스를 구축하는 데 당신이 습득한 지식을 어떻게 적용할 수 있는지 생각해보라.

기존의 비즈니스 프레임워크 안에서 당신의 비즈니스를 시작해 참여할 수 있는가? 아니면 다른 사람들에게 기회를 창출해줄 당신만의 비즈니스를 그릴 수 있는가? 아니면 두 가지를 조합할 수 있는가?

① 대부분의 사회에서 가장 크고 즉각적인 경제적 기회는 실업자, 특히 현재 실업 급여를 받고 있는 사람들이 일자리를 얻도록 돕는 것이다.

② 전쟁이나 유행병과 달리 기술 변화로 인한 실업은 진정한 경제 성장의 첫 번째 신호다. 기계나 더 좋은 방법이 노동자를 대체해도 사회는 여전히 대체된 노동자의 작업 결과물을 얻는다. 다만 그 작업이 기계나 더 좋은 방법으로 수행될 뿐이다.

③ 대체된 노동자가 새로운 또는 더 많은 제품 및 서비스를 생산하는 새로운 일자리를 얻어 사회가 이전 일자리와 새로운 일자리 모두에서 GDP를 얻을 때 진정한 성장이 일어난다.

④ 실업 급여를 지급하는 현 시스템은 기술 변화로 인한 구조적 실업이 아닌 경기침체로 인한 실업에 대응하기 위해 대공황 시기에 설계되었다. 당연하게도 기술 변화로 인해 사라진 일자리는 다시 생기지 않는다. 적어도 대체된 노동자에게는 그렇다.

⑤ 실업 해소를 위한 근본적인 사회 프로그램은 현재 실업 급여를 받고 있는 사람에게 비즈니스 기회를 제공하는 프로그램이다.

⑥ 새로운 광란의 20년대에 사업가에게 최고의 비즈니스 기회는 다른 사업가에게 비즈니스 기회를 제공하는 비즈니스를 시작하는 것이다.

# 17장

# 진짜는 지금부터

미국의 전성기가 기다리고 있습니다. 진짜는 지금
부터입니다.

　　　　　　　　-로널드 레이건 대통령, 1984년 11월 5일

나는 레이건 대통령이 백악관 집무실에서 텔레비전을 통해 앞의 문구를 전하는 모습을 보며 어떤 느낌을 받았는지 기억한다. 그날은 대통령 선거 전날 밤이었다. 선거 운동을 지배했던 경제와 국가 안보, 두 가지 이슈에 대한 미국의 가능성에 거의 모든 사람이 들떠 있는 것 같았다. 1984년, 레이건 대통령 재임 시절 미국의 GDP는 한국전쟁 이후 가장 극적인 증가를 기록했고(7.2퍼센트) 향후 소련과의 관계 회복 가능성이 대두되고 있었다. 다음날 유권자들은 압도적으로 레이건 대통령을 지지했다. 레이건 대통령과 부시 부통령은 50개 주 가운데 49개 주를 확보하며 압승을 거두었고, 이는 1789년 만장일치로 조지 워싱턴이 당선된 이후 가장 큰 격차로 승리한 대통령 선거였다.

그날 밤, 레이건 대통령은 두 번째 임기에 대한 전망을 이야기하며 선거 전날 밤 연설을 이렇게 마무리했다.

"진짜는 지금부터입니다!"

예상대로 레이건의 두 번째 임기 동안 GDP는 12퍼센트 증가했고 얼마 지나지 않아 소련과 70년 동안 지속해온 냉전 또한 종식되었다.

1984년 당시 레이건의 낙관주의는 오늘날 내가 새로운 광란의 20년대에 대해 느끼는 바와 같다. 나는 새로운 광란의 20년대가 고통스러운 변화와 변동성의 시대가 될 것임을 알고 있다. 하지만 당신과 내게 막대한 기회가 있다는 믿음 또한 갖고 있다. 앞서 각 장에서 설명했듯이 어째서 내가 '진짜는 지금부터!'라고 생각하는지 몇 가지 이유를 살펴보자.

# 기술과 경제 연금술

경제 연금술 이론은 기술, 특히 정보기술의 가속화로 무한한 부가 창출된다는 점을 설명한다. 공급망 교란, 인플레이션, 전쟁, 시장 변동 등으로 일시적인 부족이나 혼란이 있을 수 있지만 전반적인 추세는 인간의 욕구와 열망을 충족하는 새로운 방식을 가져오는 더 발전된 기술을 향해 나아간다.

사실 우리는 막대한 기술 격차가 있다. 그 격차란 실제 활용으로 전환되는 것을 뒷받침하는 아이디어, 혁신, 프로세스다. 새로운 광란의 20년대로 빠르게 나아감에 따라 정보기술에 의해 향상되는 전환의 속도 또한 빨라질 것이다. 응용 기술에 관한 한 진짜는 정말 지금부터다.

향상된 커뮤니케이션 능력은 지난 15년 동안 GDP를 크게 증가시킨 실질적인 요인이었다. 애플 아이폰과 경쟁업체들의 등장은 전 세계 인구의 절반을 실시간으로 연결했다.

100년 전에는 정보가 일관되고 포괄적인 형태로 전달되는 데 몇 주 심지어 몇 달이 걸렸다. 하지만 이제는 몇 초밖에 걸리지 않는다. 허위 정보와 가짜 뉴스로 인해 혼동을 야기할 때도 있으나 우리는 전 세계에서 일어나는 일을 즉각적으로 알 수 있다.

믿기 어렵겠지만 정보를 소통하고, 처리하고, 저장하고, 조작하는 능력은 새로운 광란의 20년대에 급격히 확대될 것이다. 모든 것을 고려할 때, 이러한 능력은 긍정적으로 작용해 경제 연금술(무한한 부)을 발전시킬 것이다. 하지만 변동성 높은 불안정한 시대에 복잡한 도전을 제기하기도 한다. 다시 말하지만 긍정적으로 생각하되 회의적인 시각을 유지하라.

암호화폐는 블록체인이라는 빙산의 일각이다. 블록체인 기술은 메타버스와 다중 현실이라는 새로운 세계 질서의 일부가 될 것이다. 우리는 시간과 공간을 그리고 인간의 내러티브에서 시간과 공간의 역할을 이제 막 이해하기 시작했다.

우리는 흥미로운 시대에 살고 있다. 이것은 축복이자 저주다.

## 에너지 혁명

4장 '에너지 혁명'에서는 신기술이 어떻게 추가적인 에너지원을 개발하고 있는지 살펴보았다. 수압 파쇄, 파도, 더 효과적인 굴착기술, 바람, 수력 발전, 수소, 태양열, 핵분열 등의 방법은 에너지 공급을 두 배 증가시키고(2배 향상) 유가를 낮춰 석유로 만드는 여러 제품들의 가격 또한 낮출 수 있을 것이다. 다음 10년 동안 에너지 가격은 역사상 처음으로 하락할 것이다. 하지만 진짜는 지금부터다.

우리는 에너지를 사용하는 장치 및 시스템에 더 발전된 기술을 적용하여 어떻게 그만큼의 에너지를 절약할 수 있는지(또 다른 2배 향상) 또한 살펴보았다. 석유 같은 일부 에너지원의 가격이 매우 탄력적이라는 사실을 기억하자. 즉 수요가 25퍼센트 감소하면 유가는 75퍼센트 또는 그 이상 하락할 수 있다. 이는 판매되지 않고 넘치는 원유를 감당하거나 원유 선물 계약을 물리적으로 인수할 수 있는 사람이 거의 없기 때문이다.

에너지를 절약할 수 있는 장치 및 시스템에는 전기 자동차, 지능형 냉난방 시스템, 주택 건설 그리고 특히 조명이 있다. 조명은 전 세계 에너지의 22퍼센트를 소비한다. 백열전구를 LED 전구로 바꾸기만 해도 조명에 쓰이는 전 세계 에너지 비용을 90퍼센트, 2조 달러 절감할 수 있다. 이는 일본 총경제규모의 절반가량에 해당하며, 전 세계 인구 80억 명에게 가구 당 연간 약 1000달러를 지급할 수 있는 금액이다.

이외에도 에너지 의존의 모든 규칙을 재편할 잠재력을 지닌 지열 에너지가 있다. 천문학적 우연의 결과로 지구는 막대한 지열 에너지를 갖게 되었다. 지구는 용융 상태의 뜨거운 용암핵과 더불어 적당한 크기를 갖고 있다. 용융핵은 거대한 핵 가열기다. 우리는 지구핵 내부와 지표면에 도달하는 태양에서 지열 에너지를 찾을 수 있으며, 잠재적으로 무한한 지열 에너지를 갖고 있다.

새로운 광란의 20년대에 우리는 지열 에너지를 찾고, 처리하고, 운송하고, 저장하고, 전기나 열로 변환하는 기술을 개발하기 시작할 것이다. 이 모든 일들이 언제 일어날지 정확한 시기를 파악하기는 어렵지만 그러한 시대가 오고 있는 것은 분명하다!

대면 회의 대신 줌 회의, 오프라인 쇼핑 대신 온라인 구매, 외식 대신 포장, 웨이즈 AI를 갖춘 자율주행 전기 자동차 도입 등 에너지를 사용하는 많은 일들을 없앰으로써 더 많은 에너지를 절약할 수 있을 것이다. 궁극적인 에너지 절약은 애초에 에너지를 사용하던 작업을 없애는 것에서 비롯된다. 에너지 공급과 수요의 이 모든 변화는 현재 빠르게 일어나고 있으며 새로운 광란의 20년대에 세계적인 비즈니스 기회를 창출할 것이다.


## 우리 곁에 다가온 로봇

로봇이 경제와 업무 재정의에 미치는 영향은 아무리 강조해도 지나치지 않는다. 산업 및 농업 부문에서는 사람이 제한적으로 개입해도 전체 공장과 농장이 정상적으로 작동한다. 이러한 추세는 앞으로 더욱 빨라질 것이다.

서비스 및 개인 부문에서 우리는 의식하지 않은 채 이미 로봇 애플리케이션을 이용하고 있다. 휴대전화, GPS, 자동화된 고객 서비스, 소셜 미디어는 일상생활의 한 부분이 되었다.

엔지니어링 전공자나 기술 전문가가 아니라 해도 당신은 점점 커지는 로봇의 영향력을 이해할 수 있다. 그 방법 중 하나는 로봇이 당신의 일상에 미치는 영향을 관찰하고 어떤 것도 당연하게 여기지 않는 것이다. 우리는 자신을 알아야 할 뿐만 아니라 로봇도 알아야 한다.

우리는 인공지능을 도입하고 있으며, 이는 슘페터의 창조적 파괴를 급격히 증가시킬 것이다. AI는 로봇이 자신의 환경을 인식하고 목표 달성의 가능성을 높이기 위해 자신의 행동을 변경할 수 있는 능력이다. AI는 우리가 인식하지 못한 가운데 일상적인 기술이 되는 경우가 많다.

로봇은 에너지 혁명에서 중요한 역할을 할 것이다. 로봇을 이용해 석유와 가스를 더 효율적으로 채굴할 수 있을 뿐 아니라 대체 에너지원으로의 전환을 크게 앞당길 수 있을 것이다.

로봇은 로봇이 수행하는 거의 모든 일의 속도와 정확성을 향상시키는 반면 늘어나는 구조적 실업에 막대한 영향을 미친다. 새로운 광란의 20년대에는 로봇 주도 경제로의 전환을 통해 수십억 명의 사람들을 돕는 것이 무엇보다 중요할 것이다.


## 지정학적 필수 요소

새로운 광란의 20년대에 평화와 번영을 이룩하기 위한 열쇠는 생산적인 미-중 관계다. 두 나라는 가장 친한 친구가 될 필요는 없지만 국가 정책 문제에서 서로 배우고 얻을 것이 많다는 점을 인식해야 한다. 전 세계가 함께 번영할 방법을 찾기 위해 고유한 두 강대국에게 이토록 의존한 적은 한 번도 없었다.

중국과 미국의 이러한 협력 관계는 러시아라는 와일드카드의 위험을 완화하고 관리하는 데 도움이 될 것이다. 중국이 미국과의 협력을 통해 앞으로 자국의 GDP와 GNH가 개선될 수 있음을 인식한다면 러시아는 더욱 고립될 것이다. 이는 러시아 독재 정권의 필사적인 행동을 야기할 수도 있으나 경제적, 심리적 고립은 결국 러시아에 타격을 줄 것이다. 또한 더 많은 나라들이 나토 가입을 요구할 것이다.

중국 지도부는 국민을 신경 쓰며 국민을 위해 무한한 부를 원한다. 현재 러시아 지도부는 개인적인 권력과 부를 유지하는 것에만 관심이 있다.

미-중 관계는 적대감, 불신, 민족주의에 시달려 왔다. 하지만 위대한 두 나라가 이러한 차이를 넘어 공공의 이익을 추구하는 것이 매우 중요하다. 나는 새로운 광란의 20년대에 두 나라의 협력이 가능할 것이라고 굳게 믿는다.

## 일의 의미

새로운 광란의 20년대는 변동성과 전례 없는 기술 발전 속에서 자기 성찰과 반성의 시대가 될 것이다. 일은 자신과 다른 사람들을 위한 것이며 삶에 의미를 부여할 수도 의미를 없앨 수도 있다. 밀레니얼 세대와 Z세대는 점점 더 자신의 일에서 의미를 찾고 싶어 한다. 그렇지 않으면 그들은 전혀 일하지 않을 것이다. 베이비붐 세대도 조기에 은퇴하거나 자신이 하는 일에서 새로운 목적을 추구한다. 그들은 자신이 다른 사람에게 진정 도움이 되고 더 나은 미래에 기여할 수 있는지 묻는다.

기술은 새로운 부와 기회를 만들고 구조적 실업을 야기했다. 구조적 실업은 기술 주도의 부에서 비롯된 자연스러운 결과이나 그 영향을 받는 사람들, 특히 자신을 보호할 능력이 가장 부족한 사람들에게 매우 큰 충격을 준다.

언젠가는 인구의 3분의 1만이 일하게 될 것이라고 했던 케인스의 예측이 옳을지도 모른다. 하지만 그는 GNH보다 GDP에 직접적으로 기여하는 측면의 일을 생각했다. 경제 성장에 기여하는 바가 아무리 적다해도 일은 중요할 수 있다. 케인스의 예측에서 문제가 되는 측면에 대한 부분적 해결방안으로 긱 이코노미의 폭발적 성장과 공유 혁명이 있다. 긱 이코노미와 공유 혁명은 노동자들에게 독립적인 위치에서 일할 수 있는 기회를 제공한다.

새로운 광란의 20년대에 인플레이션에 연동된 보편적 기본소득의 이점은 아무리 강조해도 지나치지 않는다. 보편적 기본소득은 구조적 실업과 로봇 경제로의 전환이 미치는 영향을 완화해줄 것이다. 또한 많은 사람들에게 자기 사업을 시작하고 일에서 의미를 찾을 수 있는 기회와 유연성을 제공할 것이다. 보편적 기본소득은 의료 혜택과 장애 급여의 간소화 및 상식적 운영과 더불어 전 세계 수백만 명에게 큰 변화를 가져다 줄 것이다.

나는 베이비붐 세대, X세대, 밀레니얼 세대, Z세대 모두에게 큰 신뢰를 갖고 있다. 이들 중 게으르거나 딴 생각에 몰두한 세대는 없다. 그들은 그저 의미를 찾아야 할 뿐이다. 이는 쉽지 않지만 가능한 일이다. 나는 각 세대가 새로운 광란의 20년대의 도전과 기회에서 각자의 기반을 찾을 것이라고 생각한다. 새로운 광란의 20년대는 기술이 주도하는 개인적 성장과 반성의 시대가 될 것이다.

언론은 격렬한 파벌 정치와 개인숭배를 찬양한다. 하지만 2021~2022년 의회가 경기부양, 인프라, 선거 개혁, 총기 규제, 과세, 기후변화, 의료 관련 입법에서 놀랍게도 생산적이었음을 고려하자.

우리는 혼란과 분열의 맥락에서 우리 자신을 바라본다. 역사를 읽어보면 언제나 그랬다는 것을 알 수 있을 것이다. 여론과 반대로 우리 시대는 기술과 경제 연금술의 놀라운 잠재력을 제외하면 그렇게 독특하지 않다.

나는 지금까지 본 것이 전부가 아니며 진짜는 지금부터라고 진정으로 믿는다. 당신은 기술 주도의 부와 혼란이 공존하는 변동성의 시대에 성공을 거둘 수 있다. 당신 자신에게 투자하라. 세상을 더 나은 곳으로 만들고 당신을 더 나은 사람으로 만드는 사업에 투자하라. 새로운 광란의 20년대는 당신의 시대가 될 수 있다!

THE NEW
ROARING
TWENTIES

# 새로운 광란의 20년대를
# 살아갈 당신에게

당신이 새로운 광란의 20년대에 성공할 수 있는 방안에 대해 개인적인 경험을 바탕으로 몇 가지 생각을 나누고자 한다.

새로운 광란의 20년대는 예측할 수 없고 불안정한 시대일 것이다. 또한 변화의 속도는 점점 빨라질 것이다. 중심을 잡고, 집중하고, 침착함을 유지하라. 거의 모든 것이 당신의 통제를 벗어난다. 그러니 그 점에 대해 걱정하지 말기 바란다. 당신에게 있는 변화의 힘에 집중하라.

당신에게 맞는, 현재 또는 미래의 당신과 어울리는 당신만의 길을 시도하라. 다른 사람이 당신의 길을 터무니없거나 잘못되었다고 생각하더라도 신경 쓰지 말아야 한다. 그것은 당신의 길이다.

다른 사람에게 귀를 기울이고 열린 마음을 가져야 한다. 당신이 동의하지 않는 사람들과 관계를 맺어라. 그들을 설득하기 위해서가 아니라 그들의 관점을 더 잘 이해하기 위해서다. 당신과 다른 사람들을 포용하고 다른 문화와 방식을 인정하고 배워야 한다. 이를 통해 당신은 사려 깊고 전체적인 관점을 형성할 수 있을 것이다.

경제적 성공은 가치 있는 목표이긴 하나 부자들은 때때로 그리 행복하지 않다. 가난은 많은 스트레스를 일으키지만 부유함 또한 놀랍게도 많은 스트레스를 야기한다. 당신이 가진 것에 대해, 신이 당신에게 주신 삶에 대해 매일 감사하라.

투자수익률을 희생하더라도 개인 유동성(현금)을 유지하도록 노력하라. 긴급 상황을 해결하거나 기회를 이용하기 위해 수표를 쓸 수 있다는 것은 강력한 느낌이다.

다른 사람에게 도움이 되는 기회를 모색하라. 이것은 당신을 궁극적으로 행복하게 만든다. 당신이 옳은 일을 하고 있다는 인식 외에 어떤 대가도 기대하지 말아야 한다.

좋은 친구가 되라. 다른 사람들에게 관심을 갖고 다가가라. 그들이 당신에게 다가오기를 기다리지 말라. 사람들은 각자의 삶을 사느라 바빠진다. 하지만 그들은 당신에게 소식을 들으면 반가워할 것이고 당신은 그들과 자신에게 많은 것을 더해줄 것이다.

무언가를 안다고 생각하는 사람들을 조심하라. 사실 무언가를 정말로 아는 사람은 아무도 없다.

의도하지 않은 결과의 법칙을 인식하라. 어떤 행동의 결과로 온갖 종류의 일들이 일어날 수 있으며, 그중 대부분은 당신이 예상하지 못한 일이다. 예상치 못한 것을 기대하라.

건강은 매우 중요하다. 건강하지 않으면 모든 것이 무의미하다. 코로나19 대유행은 이러한 사실을 인식하고 실천할 수 있는 독특한 기회였다.

간단한 해결책은 없다. 하지만 인생에 대한 접근은 간단하고 명확하다. 질문에 솔직하게 답하라. 진실을 고수하라. 그것이 가장 안전한 길이다.

당신은 거대한 도전과 기회의 시대에 살고 있다. 새로운 일에 도전하고 새로운 삶을 사는 것을 두려워하지 말기 바란다. 신중하고 계산된 위험을 감수하라. 성공을 기대하되 실패에 너무 낙담하지 말라. 일반적으로 위대한 성공은 역경을 통해 이루어진다.

당신은 기술, 결단력, 끈기, 인내를 지니고 있다. 무언가를 마음속에 그릴 수 있다면 당신은 그것을 해낼 수 있다. 계획한 것과 다르게 흘러갈 수도 있지만 그래도 괜찮다. 당신에게 가장 좋은 길이라 해도 어둠과 어려움이 닥칠 때가 많을 것이다. 그 길을 지속하고 회복력을 갖추어야 한다. 당신은 어려움을 헤쳐 나갈 수 있다. 당신은 영웅의 여정을 가고 있다.

당신은 거인의 어깨 위에 서있다. 신이 당신 곁에 함께 하길.

# 무한한 부의 시대가 온다

초판 1쇄 발행 2023년 7월 12일

지은이 폴 제인 필저, 스티븐 P. 자초
옮긴이 유지연
편  집 김은지
디자인 페이지엔

펴낸곳 ㈜해와달콘텐츠그룹
브랜드 오월구일
출판등록 2019년 5월 9일 제 2020-000272호
주소 서울특별시 마포구 양화로 183, 311호
E-mail info@hwdbooks.com
ISBN 979-11-91560-32-9 03320